새로워져야 합니다

Seo Kong-Sek
RENOVATIONS IN NEED

© Benedict Press, Waegwan, Korea 1999

새로워져야 합니다
1999년 5월 초판
2008년 4월 3쇄
지은이 · 서공석 | 펴낸이 · 이형우
ⓒ 분도출판사
등록 · 1962년 5월 7일 라15호
718-806 경북 칠곡군 왜관읍 왜관리 134의 1
왜관 본사 · 전화 054-970-2400 · 팩스 054-971-0179
서울 지사 · 전화 02-2266-3605 · 팩스 02-2271-3605
www.bundobook.co.kr

ISBN 89-419-9908-1 03230
값 10,000원

서 공 석

새로워져야 합니다
오늘의 그리스도인이기 위하여

분 도 출 판 사

머 리 말

복음은 각 시대의 문화 안에 삶을 발생시킵니다. 신약성서는 예수의 죽음과 부활 이후 예수를 따르는 사람들의 삶 안에 발생한 예수에 대한 이야기를 문자로 정착한 것입니다. 그 안에는 예수에 대한 기억도 있고 신앙인들이 하는 실천도 있으며 그 시대의 문화적 요소들도 있습니다. 그리스도 신앙 전통은 초대 신앙인들이 발생시킨 그 언어를 바탕으로 발생한 삶들의 역사적 전승입니다. 시대에 따라서 삶의 모습은 다양했습니다.

그리스도 교회가 조직되기 시작한 것은 로마 제국의 문화권 안에서 된 일입니다. 그리스도인들이 로마 제국 황제로부터 신앙의 자유를 얻은 것이 313년, 그리스도교가 로마 제국의 국교國敎로 된 것이 380년입니다. 따라서 교회 조직은 로마 제국의 것을 귀감으로 한 것이었습니다. 4세기말부터 시작된 게르만족의 유럽 내 이동과 정착이 있었고 유럽 봉건사회가 시작되었습니다. 이러한 혼란과 새 질서가 출현하는 시기에 교회는 주교들이 중심이 되어 정치적·문화적·사회적으로 눈부신 활동을 하였습니다. 그리스도교 신앙 없는 중세 유럽 사회는 상상할 수 없습니다. "사회는 곧 교회"라는 표현이 하나도 과장된 것이 아니었습니다. 교회는 봉건사회 안에서는 봉건적 요소를 흡수하고 그후 발생하는 절대군주 사회 안에서는 군주체제적 요소를 흡수하였습니다. 따라서 오늘의 교회 안에는 그런 요소들이 화석化石으로 남아 있습니다.

복음과 신앙에 대한 합리적 언어가 신학입니다. 신학적 주제들을 알기 쉽게 요약하여 제시하는 것을 교리라 합니다. 신앙이 팔레스티나를 넘어서 그리스 문화권이었던 로마 제국 안으로 유입되면서 신앙을 영접한 지성인들은 모두 그리스 철학에 물든 분들이었습니다. 신앙에 대한 초기 신학적 사색은 그리스 철학의 주류를 이루던 플라톤 사상이 지닌 범주들 안에서 된 것이었습니다. 13세기에 토마스 아퀴나스는 스페인에 이주한 아랍 사람들이 가져온 아리스토텔레스의 철학을 수용하여 후에 스콜라 철학이라 불리는 신학체계를 수립하였습니다. 플라톤의 철학이나 아리스토텔레스의 철학은 형이상학입니다. 형이상학은 오래 동안 이렇게 신학언어의 기반이었습니다.

형이상학은 우열優劣이 있는 이원론二元論입니다. 눈으로 볼 수 없는 초자연, 실체, 영혼, 정신이 자연, 우연, 육신, 물질보다 우월합니다. 현세적인 것보다는 영원한 것이 더 가치를 지닙니다. 사람이 세상 안에서 가지는 기능보다는 신분이 더 중요합니다.

오늘 우리는 형이상학적 사고를 하지 않습니다. 신분의 서열에 따라 인간의 실효성이 정해지는 사회가 아닙니다. 그러나 교회의 언어는 아직도 형이상학적 잔재를 그대로 지니고 있습니다. 신앙의 중요한 개념들이 의미를 발생시키지 못합니다. 신앙언어가 빈혈현상을 일으키고 있습니다. 과거의 개념들이 삶을 반영하지 못하기 때문입니다. 상응하는 삶의 장을 만나지 못하기 때문입니다. 교회 안에는 대화가 없고 신앙은 초자연적 지식을 전해주는, 서품으로 품위가 올라간 분들에 대한 순종과 같이 인식되고 있습니다. 복음은 교회 구성원 모두에게 주어졌지만 일부 계층의 사람들에게 하느님이 위탁하신 것같이 되어버렸습니다. 복음은 본래 기쁜 소식이었지만 이제는 부담스런 소식이 되었습니다.

인류와 인류 역사를 외면하고 구원을 말할 수 없습니다. 교회는 인류 역사와 대립된 의미에서 유일한 구원의 매개체가 아닙니다. 구원을 독점했다는 착각이 빚어내는 독선적 행태들은 과거 식민주의 시대를 벗어난 오늘에도 그리스도교의 정체성과 혼동되고 있습니다. 하느님은 인류 역사 안에 현존하십니다. 그 현존은 세상 사람들에게도 교회에도 숨겨진 것입니다. 하느님의 구원은 인류 역사 안에 주어졌습니다. 그리스도 교회는 예수로 말미암아 발생한 구원의 언어를 보존하고 그 언어에 입각하여 삶의 전승을 이어가는 공동체입니다. 하느님의 현존에 대한 살아 있는 기억이 보존된 곳입니다. 이 살아 있는 기억 안에 예수 그리스도는 지금도 살아 계십니다. "그분은 지금도 계시고 전에도 계셨으며 또 장차 오실 분"(묵시 1,8)이십니다. 그분은 지금도 말씀하십니다. 인류 역사 안에 일어나는 변화를 외면하고 과거 한 시대의 신앙적 표현에만 집착하면 과거 한 시대의 예수 그리스도만을 믿겠다는 말입니다.

신앙인이 신앙을 전승하는 것은 새로운 삶, 곧 새로운 실천을 발생시키면서 가능한 일입니다. 과거의 언어와 과거의 삶을 반복하면서 과거 신앙인의 복제품이 되는 것이 아닙니다. 권위를 지녔다는 사람의 지시에 순종하는 어린이가 되는 것도 아닙니다. 신앙인은 복제된 양도 아니고 말 못하고 따라만 다니는 양도 아니라는 것입니다. 새로운 작품으로서의 자기 삶을 살아야 합니다. 시대가 다르면 작품作風도 다릅니다. 복음을 현대인인 자기 삶으로 새롭게 연주해야 합니다. 우리는 과거의 유산을 받아서 새롭게 생각하고 새롭게 말하고 새롭게 행동해야 합니다. "새 포도주는 새 가죽부대에 담는 법"(마르 2,22)이라는 주님의 말씀입니다.

이 책에 엮은 글들은 우리 신앙인이 새로워져야 할 일부 주제들에 대한 것입니다. 대부분이 최근 정기 간행물에 기고한 글들입니다. 그 출처를 서두에 밝혔습니다. 독립된 글들이었기에 중복된 부분들이 있어 수정을 하였습니다만 아직도 미진합니다. 부끄럽게 생각하면서 독자 여러분의 넓으신 아량을 기대합니다. 많은 편달이 있으실 것을 빕니다.

1999년 2월 28일

徐公錫

목 차

머리말 ………………………………………… 5

1. 계시에 대한 이해 ………………………………… 11
2. 신앙언어 …………………………………………… 35
3. 타종교들에 대한 이해 ─ 종교신학 ……………… 73
4. 토착신학 …………………………………………… 105
5. 여성신학 …………………………………………… 127
6. "삼위일체" 교리 …………………………………… 135
7. 고해성사 …………………………………………… 143
8. 성찬의 이해 ………………………………………… 173
9. "예수 성심" 신심 …………………………………… 193
10. 수도생활 …………………………………………… 211
11. 교회쇄신 …………………………………………… 241
12. 교회 권위주의 ……………………………………… 261
13. 그리스도 신앙교육 ─ 『가톨릭 교회 교리서』를 중심으로 … 281

원문 출처

1. 계시 이해
   『사목』 183호(1994년 4월) 61-76

2. 신앙언어
   『신학전망』 108호(1995년 봄) 17-41

3. 타종교들에 대한 이해, 종교신학
   『종교신학연구』 제7집(1994년) 183-203

4. 토착신학
   『사목』 175호(1993년 8월호) 97-117

5. 여성신학
   『종교신학연구』 제10집(1997년) 275-80

6. "삼위일체" 교리
   『종교신학연구』 제9집(1996년) 289-94

7. 고해성사
   『한국 가톨릭 교회 이대로 좋은가?』(분도출판사 1998년) 159-81

8. 성찬의 이해
   『종교신학연구』 제3집(1990년) 251-62

9. "예수 성심" 신심
   미발표

10. 수도생활
    『종교신학연구』 제4집(1991년) 253-70

11. 교회쇄신
    『사목』 217호(1997년 2월) 24-37

12. 교회 권위주의
    『공동선』 1998년 5,6월호 155-70

13. 그리스도 신앙교육, 『가톨릭 교회 교리서』를 중심으로
    『신학전망』 112호(1996년 봄) 28-50

1

계시에 대한 이해

들어가면서
1. 두 공의회 문헌에 나타나는 계시
2. 계시 개념
3. 계시의 그리스도적 성격
4. 말씀을 체현體現하는 신앙 공동체
5. 하느님은 스스로를 주시는 분이다
나오면서

들어가면서

얼마 전 한국 교회의 언론매체에서는 사적 계시에 대한 시비가 있었다. 사적 계시의 정당성을 주장하는 정행만 신부[1]와 김남수 주교[2]의 글과 그것들을 반박하는 글들[3]이 발표되었다. 이 글은 그 논쟁을 재론하고자 하지 않는다. 다만 사적 계시를 주장하는 사람들의 계시 개념이 제1차 바티칸 공의회(1869~1870)의 표현을, 그 표현이 발생한 역사적 여건을 무시하고 절대화하여 확대해석한 반면, 그것을 반박하는 글들에 나타나는 계시 개념은 초기교회 신학과 제2차 바티칸 공의회 이후 신학이 사용하는 것임을 지적하고 싶을 뿐이다. 이 글에서 필자는 두 개념의 교의(敎義)적 근거를 살펴본 다음 현대신학에서 계시를 어떻게 이해하는지를 요약하고자 한다.

이 글에서 말하는 현대신학이란 트렌토 공의회 이후 발생한 반(反)개신교 신학과, 계몽주의 이후 유럽에서 발생한 여러 형태의 합리주의를 배격하는 신학을 극복하고 신앙을 정초(定礎)하는 초기 교회의 체험에 충실한 해석학적 신학을 의미한다. 오늘날 신학은 하느님 말씀에 대한 해석학으로 이해된다. 신학은 계시언어를 그 시대를 위해 더 이해하기 쉽게 그리고 더 호소력있게 만드는 사명을 띠고 있다. 계시언어는 교회 공동체의 신앙을 위해 규범적 역할을 하지만 어느 시대에나 단순히 반복만 할 수 없는 언어다. 언어는 인간의

---

[1] 「사적 계시와 나의 회고」, 『사목』 168 (1993,1), 112-24.
[2] 「상주 데레사와 나」, 『생활성서』, 1993, 9월호, 102-5.
[3] 윤민구, 「사적 계시의 올바른 이해」, 『평화신문』, 1993.2. 14, 21, 28일자. 류강하, 「한국천주교회의 영성생활과 사적 계시」, 『빛두레』, 1993.2, 21, 28일, 3,7일자. 김승훈, 「마귀가 라틴말을 하였습니다」, 『빛두레』, 1993. 9월 5일자. 이제민, 「사적 계시와 기적의 올바른 이해」, 『평화신문』, 1993,9,5, 12, 19일자.

것이다. 따라서 언어에는 문화적 출처가 있다. 언어에 대한 평가는 인간이 책임지는 표현을 상대화하는 것이다. 언어는 역사적 새로운 상황 앞에 주어진 문화 유산과 대화를 하기 위해 끊임없이 새로워져야 한다. 따라서 신학은 과거의 신앙 표현들을 바탕으로 새로운 문자활동을 하는 것이다.

제2차 바티칸 공의회 이전까지 사용된 신학 교과서 안에 나타나는 교의신학은 3단계로 되어 있다. 먼저 신앙 명제의 제시가 있다. 그리고 성서, 교부들, 신학자들을 차례로 인용하여 그 명제를 증명한다. 여기서 제시하는 명제는 항상 교도권敎導權이 가르치는 것이고 그것을 정당화하기 위해 과거 모든 신앙 문서들 중에서 취사선택한다. 이것도 하나의 해석이지만 상반되는 의견을 제거하기 위한 해석이다. 이렇게 하면서 교의신학은 교회가 항상 이해하고 가르친 교의를 충실히 해석하는 것으로 생각하였다. 성서와 다른 문서들은 그 명제들을 정당화하기 위해 동원되었다. 토마스 아퀴나스Thomas Aquinas는 공의회, 신학자들, 그리고 주교들이 만든 신앙의 명제들도, 그것들이 계시 사건 안에 나타나는 하느님 진리의 표현이 아니면 모두 참된 것이 아니라고 말하는 반면, 트렌토 공의회 이후 스콜라 신학은 신앙 명제의 진위는 오로지 교도권의 권위에 달린 것같이 말한다.[4] 여기서 교도권의 권위는 성서 권위를 대행하는 것 같다. 이런 권위주의적 신학은 성서, 교부, 교도권의 가르침 사이에 일관된 발전이 있다고 주장한다.

폐쇄적이고 권위주의적인 신학은 제2차 바티칸 공의회 이후부터 무너졌다. 이제 교의신학은 해석학적 형태로 변했다. 교의신학은 계시된 진리라 할지라도 역사성을 지닌다는 사실과 해석하는 주체인 인간의 역사성을 진지하게 고려한다. 그러면서 교의신학은 그리

---

[4] C. Geffré, *Le christianisme au risque de l'interprétation*, Paris, 1983, 68 참조.

스도교 메시지의 오늘을 위한 의미를 찾는다. 신앙의 진리는 응결된 형태로 세세 대대로 전해져야 하는 불변의 언어가 아니다.

오늘 신학의 출발점은 신앙의 변하지 않는 명제들이 아니라 예수 그리스도의 사건으로 말미암아 열려진 해석학적 장場에 들어 있는 다양한 텍스트들이다. 예수 그리스도 사건을 증언하는 첫번 텍스트인 신약성서도 초기 그리스도교 공동체의 해석이었다.[5] 새로운 상황이 발생하자 이 첫번 문서들은 새롭게 해석되고 그 해석은 새로운 텍스트들을 낳는다. 이 새로운 텍스트들은 성령의 작용으로 교회가 지닌 과거의 그리스도적 근본 체험과 새로운 역사적 체험을 혼합해서 증언한다. 해석학으로서의 신학은 과거 텍스트들을 근거로 항상 새로운 텍스트들을 산출한다. 해석학적 신학은 전통이 증언하는 그리스도 근본 체험과 오늘의 인간 체험에 대한 비판적 관계를 바탕으로 예수 그리스도의 사건을 새롭게 해석한다. 따라서 오늘의 신학은 진리의 역사성을 진지하게 고려한다.

교의신학은 모든 신학의 특권적 장인 성서와 전통을 끊임없이 순환한다. 성서는 교회 안에 발생하는 모든 신앙 언설에 대해서 최종적 권위를 가지지만 신학은 하느님 말씀의 충만함을 증언하는 성서와 교의 사이에 있는 해석학적 순환을 존중하면서 그리스도교 메시지의 새로운 이해를 추구한다. 오늘의 신학은 과거 교의적 명제들이 만들어진 역사적 여건을 이해하고 또한 현대 성서학이 제공하는 성서 독서방법으로 교의적 명제들을 재해석하기를 꺼려하지 않는다.

---

[5] P. Ricoeur, 「해석학과 불트만」, 『종교신학연구』 제5집, 분도출판사, 1992, 256-8.

1. 두 공의회 문헌에 나타나는 계시

계시를 하나의 별도 주제로 취급한 공의회 문헌은 제1차 바티칸 공의회의 「교의헌장」Dei Filius 제2장[6]이 처음이다. 제2차 바티칸 공의회는 더 나아가서 독립된 헌장 「하느님 계시에 관한 교의헌장」Dei Verbum을 만들었다. 후자는 타협의 문서[7]와 같은 것이기에 전자의 표현들을 수용하면서 현대를 위한 새로운 계시 개념을 제시하고 있다. 제2차 공의회는 19세기말과 20세기초에 걸친 현대주의Modernismus 위기 이후 발전한 성서신학과 교부敎父신학을 충분히 수용하여 그리스도교 신앙의 기원에 충실하면서도 현대인이 이해할 수 있는 언어를 제공하려 하였다.

모든 공의회의 교의적 정의는 그 시대가 제기한 신앙 문제에 대한 답이다. 따라서 우리는 그 시대가 제기한 문제를 생각하지 않고 공의회의 교의적 표현을 고찰할 수 없다. 모든 시대에 통용될 수 있는 인간의 언어는 없기 때문이다. 제1차 바티칸 공의회가 직면한 문제는 계몽사상으로 발생한 이신론理神論이 계시 사실을 부인하는 데 있다. 이신론은 인간 이성의 절대적 자율성을 주장하기 위해 계시 자체를 거부한다. 역사적 계시의 외적 도움 없이, 인간의 비판 이성이 구원을 위한 진리를 발견할 수 있고 또 그렇게 하는 것이 인간의 윤리적·종교적 이상이라고 계몽사상과 이신론은 주장한다. 따라서 계시는 역사 안에 스스로 성취되는 의미의 내재적 총체를 가리킨다. 구원은 비판적 이성과 인간 자유의 자율적 발전이 가져

---

[6] Denzinger-Schönmetzer, 3004-3007.

[7] E. Schillebeeckx, *Christ. The Experience of Jesus as Lord*, New York, 1981, 45.

다주는 결과이다. 계몽주의는 인간 이성의 빛으로 도달할 수 있는 진리 외에 신이 제공하는 계시가 있다는 사실을 거부한다. 신이 제공하는 정보로서의 계시는 인간 이성과 자유를 소외시키는 것으로 보였다. 계몽사상은 인간 이성이 아무런 역할을 할 수 없는, 권위와 순종의 장에서만 이해되는 계시를 반대한 것이다.

이런 계몽사상과 이신론 앞에서 제1차 바티칸 공의회는 이성의 자연적 인식 외에 초자연적 계시 사실이 있음을 선언한다. 공의회는 자연과 초자연이라는 두 개의 길이 있음을 말한다. 인간은 피조물을 통해서 인간 이성의 자연적 빛으로 하느님을 인식할 수 있다. 그러나 초자연 질서의 하느님이 당신의 선하심과 지혜로우심으로 인류에게 당신 스스로와 당신의 뜻이 "결정한 것들"(decreta)을 알려주기 원하셨기에 열리는 두번째의 길이 있다. 이 문헌이 계시라고 말하는 것은 자연적 인식의 대상과 구별되는 초자연적 계시 내용이다. 자연 이성이 발견한 진리들 외에 계시로써 주어진 초자연적 진리들이 따로 있다는 것이다.[8] 이 초자연적 진리들은 이성이 발견하는 진리와 양적으로 구분된다.

이성이 대상으로 하는 진리와 구분되는 계시 진리가 있고 이 진리는 교회 권위에 의해 보존되며 신앙인은 권위에 대한 순종으로 그 진리들을 수용할 수 있다는 생각은 중세신학에 이미 있었던 사상이다.[9] 그러나 이 신학은 계시 자체와 신앙진리를 혼동하지는 않는다. 중세신학에서 계시는 구원을 위한 교리들이 아니라 구원의 기원에 대한 말이었다. 따라서 계시 개념에는 초언어적 성격이 들어 있다. 계시가 있다는 말은 객관화할 수 없는 유래와 원천이 그리스도교 신앙 안에 있다는 것을 말하기 위함이다. 토마스 아퀴나스

---

[8] Denzinger-Schönmetzer, 3004-3005.

[9] *S.Th.* I, q.1, a.1; a.8, ad 2.

는 인간이 하느님의 계시 안에서 사고하는 모든 것은 계시의 대상이 될 수 있는 것(revelabilia)이라고 말한다.[10]

제1차 바티칸 공의회는 계시 사실과 계시 내용(decreta)을 동일한 것으로 말함으로써 초언어적 사실인 계시가 언어적인 것으로 전락하도록 만들었다. 초자연적 계시의 가능성을 부정하는 그 시대의 사상 앞에 계시의 초자연성을 긍정하는 것이 제1차 바티칸 공의회가 설정하는 경계이다. 이 경계 안에서 계시에 대해 말하라는 것이다. 이 문헌이 겨냥하는 그 시대의 문제를 외면하고 그 표현들만 그대로 수용하여 절대화하면, 계시는 하느님의 정보 제공에 힘입어 우리 지식의 양이 늘어나는 것이 되고 만다. 따라서 계시는 이성이 접근할 수 있는 진리들과 병행하는, 순종으로 받아들여야 하는 일련의 진리들, 곧 초역사적 성격을 지닌 언술言述들을 의미하게 된다.

제2차 바티칸 공의회는 제1차 바티칸 공의회의 표현들을 수용하면서도 후자의 입장을 넘어선다. 공의회는 하느님의 위격적 자기 전달과 예수 그리스도 안에 주어진 구원임을 강조한다. 하느님은 초자연적 진리를 주시는 것이 아니라 당신 스스로를 전달하신다. 제1차 공의회가 하느님이 "결정하신 것들"을 말하지만 제2차 공의회는 바울로계 서간의 표현인 "하느님 뜻의 신비"[11]를 계시하고 알려주신 것으로 말한다.

계시는 하느님이 스스로를 알려주신 것이며 그리스도가 지닌 신비를 나타내고, 아버지의 자녀가 되는 우리의 삶을 보여주신 것이다. 계시는 삼위적 성격을 지닌다. 계시가 있는 것은 "인간이 혈육을 취하신 말씀, 즉 그리스도를 통하여 성령 안에서 성부께로 가까

---

[10] *S.Th.* I, q.1, a.3, ad 2.

[11] Sacramentum voluntatis suae, 「하느님의 계시에 관한 교의헌장」, 제2항: 에페 1,9 참조.

이 나가고 천주성에 참여"¹²하게 하기 위함이다. 이것이 계시가 목적하는 바이다.

   제1차 공의회는 하나의 교리를 주는 수직적 행위를 계시라고 묘사하였다. 그러나 제2차 공의회는 구원의 역사 안에 말씀과 업적으로 계시하시는 하느님을 말한다. 우리가 계시에 대해 인식하는 것은 과거의 신앙체험이 담긴 텍스트들을 통해서 가능하다. 하느님은 역사 안에 당신 스스로를 나타내고 주셨다. 이 스스로를 나타내고 주심은 예수 그리스도 안에 그 절정을 이루기에 예수 그리스도는 계시의 충만함이다. 우리는 그리스도와 복음에 대한 믿음으로 아버지, 아들, 영의 생명에 참여한다. 이제부터는 예수 그리스도의 이야기 안에 확인되지 않는 것은 계시라고 말할 수 없다.

---

¹² 위의 문서, 같은 곳.

2. 계시 개념

계시라는 단어는 인간이 스스로 지배할 수 없는 것을 하느님이 사자使者를 통해서 사람들에게 알려주는 행위를 의미하는 것으로 사용되어 왔다. 예언자는 이 사자를 가리킨다. 제2차 바티칸 공의회는 그리스도적 성격을 외면하고 계시라는 용어를 사용할 수 없음을 말하면서 예수 그리스도를 하느님의 말씀이라고 말한다. 이 말은 예수 그리스도 안에 우리를 위한 하느님의 말씀을 들어야 한다는 것이다. 초대교회가 예수 그리스도에 대해 회상하고 해석하면서 발생하는 신앙체험을 문자로 정착시킨 것이 복음서들이다. 우리가 성서를 하느님의 말씀이라고 부르는 것은 성서 안에 수록된 초대교회의 신앙체험 언어가 우리를 위한 하느님의 말씀을 발생시키는 언어이기 때문이다.[13] 우리가 그 언어를 읽을 때 하느님이 발신자發信者로, 우리가 수신자受信者로 보이면 그 언어는 우리에게 하느님의 말씀이 된다. 그러나 성서의 언어는 사람들의 언어이다. 따라서 우리는 그 언어의 출처와 발생 당시의 의미에 대한 연구를 한다. 이런 연구를 우리는 성서 역사비평학이라 부른다.

그리스도교 신앙에 있어서 하느님의 말씀은 먼저 예수를 의미한다.[14] 물론 옛날 예언자들, 이스라엘의 현자들, 연대기 작가들과 이스라엘의 신앙인들이 하느님의 말씀을 전한 것으로 인정한다. 그러나 그들의 말은 하느님의 말씀과 동일시되지 않는다. 요한 복음은 예수를 하느님의 말씀이라고 말한다. 예수는 보이지 않는, 그러나

---

[13] E. Schillebeeckx, *Expérience humaine et foi en Jésus Christ*, Paris, 1983, 44-9.

[14] 제2차 바티칸 공의회, 위의 문서, 제3항 참조. R. Latourelle, "Révélation", *Catholicisme hier aujourd'hui demain*, vol.12, Paris, 1990, 1088.

말씀하시는 하느님과 특수관계 안에 있다는 뜻이다. 요한 복음은 또한 "말씀이 육이 되셨다"고 말하면서 예수의 인간 조건을 부인하지 않는다. 하느님의 말씀이 인간이 되었기에 예수 안에서는 인간의 말이 하느님 말씀의 차원과 질質을 가지게 된다.

그리스도교 계시 개념에는 일련의 사건들이 들어 있다. 모든 사람에게 하느님의 뜻을 전하는 예언자로서 예수의 삶, 죽음, 부활이 계시 개념에 속한다. 따라서 그리스도교 계시 개념은 사실적史實인 것 안에 뿌리를 두고 있다. 이 개념은 살과 피를 가졌다고 말할 수 있다. 어떤 생각이나 지식이 다른 세상에서 우리에게 전해지는 것이 계시라고 생각하는 것은 잘못된 일이다. 그리스도교는 비결종교秘訣宗敎도 아니고 초능력을 가지고 저승과 의사소통을 하는 무속종교도 아니다. 예수 그리스도에 대해 초대교회가 남긴 언어 안에서, 또 그 언어로 말미암아 발생한 역사 안의 신앙체험들을 언어화한 것들 안에서 우리는 하느님의 말씀을 듣는다. 교회 초창기부터 그리스도교는 모든 형태의 영지주의靈知主義를 배척했다는 사실을 잊지 말아야 한다. 예수 그리스도 외에 다른 비밀스런 정보는 없다.[15]

언어는 다의성多義性을 지니기에 해석되어야 한다. 말하는 주체는 언어의 다의성을 제거하지 못한다. 따라서 하느님의 말씀이 될 수 있는 언어도 다의성을 지니고 있다. 하느님의 말씀은 객관적 언어체계 안에 계시로 나타나지 않는다. 하느님의 말씀은 말씀하시는 하느님이라는 주체 앞에 스스로를 여는 인간 주체의 자유 안에 계시로 나타난다. 다의적 해석이 가능한 언어를 매체로 하여 말씀하시는 주체인 하느님과 그 말씀을 듣는 주체인 인간의 자유 사이에 일어나는 사건을 우리는 계시라고 부른다. 계시는 모든 시대를 위하여 고정된 지식을 하느님이 위로부터 내려주시는 데 있지 않다.

---

[15] 제2차 바티칸 공의회, 위의 문서, 제4항 참조.

계시는 역사 안에서 하느님의 일하심과 그 일하심에 실천적으로 응답하는 신앙인의 체험이다. 계시 개념은 신앙인이 예언자들이나 예수를 통한 역사적 사건들 안에 하느님의 절대적 자유만 보고 다른 이유 없이 믿고 응답해야 함을 말하기 위해 만들어진 개념이다.

3. 계시의 그리스도적 성격

예수는 당신 설교의 벽두에 "때가 차서 하느님 나라가 다가왔습니다. 회개하고 복음을 믿으시오"(마르 1.15)라고 선포한 것으로 초대교회 공동체는 전한다. 이 말씀은 유대인이 고대하던 심판자의 말이 아니고 세례자 요한의 메시지와도 달랐다. 예수는 죄인들, 버려진 사람들, 희망없는 사람들과 가까이 지냈다. 선포된 하느님 나라의 가까움과 요구된 회개는 예수의 행위들 안에 구체적이고 비유적 형태를 띤다. 그 시대 통용되던 유대인 사회의 규범에 준하여 보면 예수의 말씀과 행위는 하느님과 무관한 것으로 보일 수도 있었다. 많은 사람들은 예수의 말이나 행동에 하느님의 계시가 없다고 생각한다. 마귀의 휘하에 있다고 생각한다(마르 3.22). 그러나 다른 사람들은 그분 안에 하느님의 말씀과 행위를 보고 그의 권위를 인정하면서 "예언자"(마태 21.46)라고 말한다. 이 말은 예수의 말과 행동 안에 하느님이 계시다는 고백이다. 하느님이 그렇게 행동하신다는 것은 다른 데 근거가 있는 것이 아니라 하느님이 스스로 결정하신 것이다. 예수의 말씀과 행위는 다른 지평에 갖다놓고 이해할 수도 있었다. 예수를 신성모독으로 단죄한 것은 바로 그런 예의 하나이다. 하느님의 행위는 볼 수 없는 것이고 인간이 확인할 수 있는 근거를 제공하지 않는다. 하느님은 예수의 말과 행동 안에 계시다. 하나의 인간인 예수는 확인해볼 수 있는 행위들로 하느님의 대변자인 예언자로 인정되고 부활의 힘으로 모든 성서와 모든 계시적 사건의 보이지 않는 주체로 고백된다. 이런 의미에서 예수는 하느님의 말씀이다.

예수를 하느님 말씀으로 생각하고 다른 말들의 기준으로 삼는 것은 지상적 활동을 배제하지 않는 것을 의미한다. 예수 그리스도를 하느님의 말씀이라고 하면서 예수의 지상생활을 배제하면 전혀 다른 해석이 발생한다. 그러나 여기서 말하는 예수의 지상생활은 그리스도교 경전 안에 수록된 초대 그리스도인들의 신앙체험이 전해주는 예수의 모습이지,[16] 신약 외경들이 호기심으로 만들어낸 예수에 관한 이야기나, 한국의 가톨릭 교회 내에서 "사적 계시"를 주장하는 사람들이 계시라고 말하는, 접신接神 상태에 있는 무당이 공수供授[17]를 주는 양식으로 된, 예수나 성모 마리아의 사생활에 대한 정보제공을 의미하지 않는다. 아버지의 완전한 표현인 하느님의 말씀은 인간 예수를 통해서 우리에게 알려졌다. 어떤 언어를 하느님의 말씀이라고 말하기 위해서는 그 언어가 예수로 말미암아 열린 장에 상반되지 않는 것이라야 한다. 하느님 말씀을 예수와 동일시하는 것은 신약성서를 계시의 중심으로 삼는 것이다. 하느님 말씀으로서 예수라는 인물은 하나의 우연이 아니다. 그분은 계속해서 말씀하시는 분이다. 말씀이라는 표상은 예수라는 하나의 개체를 보편普遍 안으로 폭발시키는 역할을 한다.[18] 성서는 예언자들과 하느님의 아들 예수의 사건을 전해주는 특권을 지닌 문서이다. 성서는 역사적 사건들을 보도하고 신앙 공동체는 그 설화들을 전혀 다른 여건에서 읽으면서 성서가 지닌 보편성을 증언한다. 이 보편성의 근거를 제공하는 것은 하느님의 말씀이다.

---

[16] E. Schillebeeckx, *Christ. The Experience of Jesus as Lord*, New York, 1980, 62-71.

[17] 공수는 신령의 의사를 인간에게 일방적으로 전해주는 신탁(神託)으로 해석되기도 하고 무당을 통해서 저승 이야기를 전해주는 의사소통으로 이해되기도 한다. 박일영, 「무속의 대동잔치」, 『종교신학연구』 제3집, 분도출판사, 1990, 122, 주 17 참조.

[18] R. Latourelle, 같은 책, 1095-1096.

4. 말씀을 체현體現하는 신앙 공동체

예수 그리스도는 하느님의 말씀이고 모든 신앙 해석의 규범이다. 그러나 이 나자렛 사람 예수는 역사의 현장에서 영원히 사라진 인물이고 우리는 성서 텍스트 안에서만 그에게 접근할 수 있다. 그런데 이 텍스트는 문화적 거리를 지니고 있다. 성서는 기록될 당시 그 시대 사람들의 언어로, 그 시대 사람들을 위해, 그 시대 사람들의 신앙체험을 수록한 것이다.

성서의 형성 과정을 잠시 보아야 한다. 복음 텍스트의 형성에 초대교회 공동체의 역할은 대단히 중요했다는 사실을 우리는 잘 알고 있다. 초대교회 공동체는 새 청중을 위해 예수의 설교에 필요한 첨가와 수정을 하는 것이 그들의 권리이며 사명이라 생각하였다. 그들은 예수가 실제로 하지 않은 말이나 표현을 예수가 한 것처럼 만들었다. 이것은 현대 실증주의實證主義에 물든 우리의 사고방식에는 이해되지 않는 일이지만, 많은 가르침이 그 안에 들어 있다. 초대교회 공동체가 그렇게 한 것은 팔레스티나와 다른 환경에 있는 그리스도인들에게도 성령으로 교회 안에 살아 계시는 예수는 말씀하신다는 확신을 갖게 해주는 일이었다. 초대교회가 윤색하고 각색한 것을 예수의 것으로 말하는 것은 예수가 한 말씀의 역사성 내지 특수성과 그 메시지의 보편성 사이에 균열이 있기 때문이었다. 듣는 사람의 새로운 환경에서 새로운 말이 되는 것은 그 메시지의 성격이다. 이러한 각색은 예수에 대한 기억에 상반되는 것이 아니다. 그분은 계시지 않지만 성령으로 교회 안에 살아 계시다. 역사적으로 예수가 하지 않은 말을 했다고 말하는 것은 그 말씀이 부활 사건으로 열려진 현실에 부합하는 한, 예수의 메시지를 왜곡하는 일이 아니기 때문이다. 따라서 그리스도론적 규범은 성서 텍스트가 전해주는 표현의 일의-意적인 이해에 있는 것도 아니고 부활하신 분을 대변하는 사람의 카리스마와 동일한 것도 아니다.[19] 그 규범은 신앙 공동체가 성서를 참조하여 말씀을 체현하면서 하는 증언 안에서 식별된다.[20] 이렇게 보면 성서는 신앙 진리를 위한 참조의 텍스트이고 신앙 공동체는 그 메시지를 현재화하여 진리를 발생시키는 장소이다. 신앙 공동체는 부활 신앙 안에서 원초적 사건인 예수를 회상하면서 말씀을 발생시키고 기록으로 남겼다.

현대 교회는 성서를 발생시키지 않는다. 신앙 공동체는 그 공동체가 처한 시공時空 안에서 이 회상이 살아 있는 것이 되게 한다. 다양한 상황에서 신앙 공동체의 활동적 현존은, 예수가 설교한 팔레스티나의 여건과 다른 시간과 장소 안에 예수를 상기시키고 사람들이 알아들을 수 있는 복음을 선포한다. 이것을 우리는 해석 혹은 텍스트의 세계로 들어가는 것[21]이라고 부른다. 성서 안에는 오늘 우리의 실천을 위한 차림표가 없기 때문이다.

음악에서 연주가가 하나의 곡을 연주하는 것은 해석하는 행위이다. 해석은 악보의 자동적 재생이 아니라 연주가의 창조적 행위이다. 악보가 없었다면 그 음악의 연주는 없을 것이다. 그러나 또한 창조적 해석인 연주가 없으면 악보는 음악을 발생시키지 않는다.

신앙 공동체의 복음선포도 성서라는 악보를 해석하는 것과 같은 성격을 지닌다. 복음을 실천하면서 사는 사람이 없으면 성서는 있어도 하느님의 말씀인 복음은 없다. 성서가 우리를 위한 하느님의

---

[19] E. Schillebeeckx, 위의 책, *Christ*, 61-2.

[20] P. Gisel, "Vérité et tradition historique", in *Initiation à la pratique de la théologie*, t.1, 1987, 143-59.

[21] P. Ricoeur, "Toward a hermeneutic of the idea of Revelation", *Harvard Theological Review*, vol.70, January-April 1977, 1-37, 특히 22-3.

말씀이 되는 것은 우리 시대에 상응하는 창조적 해석인 신앙인의 삶이 있을 때이다. 이 삶은 성서라는 하나의 문서에서 자동발생적으로 나타나는 것도 아니고 신앙인이 스스로 독자적으로 발생시키는 것도 아니다. 성서언어에 대한 해석으로서의 삶은 창조적인 것이고 우리는 여기에 성령의 일하심을 본다. 성서의 언어를 발생시킨 것도 하느님의 영이고 그 언어와 접촉하는 인간 안에 새로움을 발생시키는 것도 하느님의 영이다. 따라서 같은 성서언어이지만 시대에 따라서 신앙 공동체의 실천적 모습은 다르다.

5. 하느님은 스스로를 주시는 분이다

이스라엘이 하느님을 부를 수 있게 해주는 계약은 하나의 베푸심으로 나타난다. 모세를 통한 계약(출애 3.7-15; 24.1-11)은 하느님과 백성 사이에 공통된 미래를 만드는 것이었다. 이 계약은 있어야 할 필연적 이유가 없다.[22] 그것은 하느님이 베푸신 결과였다. 계약은 하느님이 스스로를 주셨다는 것을 의미한다. 하느님의 이러한 현존은 광야에서 이스라엘의 생존을 보장하는 물을 위시한 선물로써 표시되었다. 이 선물들은 계약에 하느님이 서명하신 것이며 그분의 무상성無償性을 표현한다. 계약 체결과 사람들의 신앙보다 앞서는 것이 하느님의 베푸심이다.

계약 체결에 들어 있는 율법은 하느님의 베푸심 안에는 어떤 거리가 있다는 것을 의미한다. 하느님은 당신의 백성을 유아乳兒로 취급하시지 않았다. 광야에서 하느님이 주신 선물들이 사라지면서 백성은 율법을 가지고 약속된 땅에 정착한다. 이제는 빵과 물은 기적으로 주어지는 것이 아니라 사람이 노동으로 얻는 것이다. 율법은 인간 노동의 산물이 초월적 기원을 가졌다는 사실과 사람들에게 주어진 선물이기에 사람들은 그것을 함께 나눔으로써 하느님께 감사를 드려야 한다는 것을 말한다. 사람들이 만물을 성전에 바치는 것은, 하느님이 그것을 필요로 하기 때문이 아니라, 하느님의 시선이 그 위에 내려오게 하여 그것이 지닌 초월적 기원을 기억하고 나눔의 진리를 거룩한 것으로 하는 행위이다.

---

[22] Ch. Duquoc, "Alliance et Révélation", in *Initiation à la pratique de la théologie*, t.2, Paris, 1982, 7-73.

하느님의 베푸심은 계약 체결의 결과가 아니다. 계약보다 먼저 있는 것이 베푸심이다. 하느님의 베푸심은 어떤 보상報償이 아니다. 이스라엘의 역사서들을 보상이라는 색안경을 끼고 읽는 것은 계약의 참다운 의미를 왜곡하는 것이다. 선택, 계약, 순종, 베푸심, 이런 식으로 순서를 지을 수는 없다. 선택, 계약, 율법, 약속, 이 모든 것이 하느님의 베푸심이다. 이스라엘의 역사가 실패로 나타난 것은 일부 소수의 사람들이 모든 사람을 위해 주어진 것들을 독점하였기 때문이다. 이것은 하느님의 베푸심을 거스르고 그 베푸심에 대한 보답으로서 베풂을 요구하는 계약을 벗어난 행위이다. 율법은 보답으로서의 베풂을 촉구하는 것이다.

말씀은 베푸는 행위와 더불어 살아 있다. 말씀 없이 선물만 있으면 백성은 의사전달의 대상이 아니다. 말씀은 어떤 거리를 강요하면서 이스라엘이 하나의 주체가 되게 한다. 따라서 말씀은 하느님이 백성에게 베푸신 최초의 참다운 선물이다. 말씀으로 백성은 노예가 아니라 하느님의 동반자가 된다. 따라서 말씀은 보답을 호소하는 베푸심이라는 사실을 깨닫게 한다.

하느님의 베푸심은 물질적인 것을 인간 자율성 안에 두면서 무엇으로도 채울 수 없는 공간을 약속한다. 약속은 무엇을 주는 것이 아니다. 역사의 종말이나 천년 왕국(묵시 20.1-6)을 주는 것이 아니다. 약속은 성령을 위한 것이다. 하느님의 이 함께 계심으로 열리는 삶의 공간을 위한 약속이다.

하느님의 베푸심과 약속은 사물들이 그분의 질서 안에 머물 수 있도록 해주었다. 사물들이 그분의 질서 안에 있다는 것은 그분의 베푸심을 표현하는 사물이라야 한다는 것이다. 그것들은 한 개인이나 한 집단을 위해 있는 것이 아니다. 하느님은 환난중에 나타나서 병고나 죽음의 위협에서 구해주겠다고 약속하시지 않았다. 하느님의 베푸심이 우리의 사회적 관계를 지배하고 이 관계 안에서 인간의 욕구가 충족될 때 하느님의 질서 안에 있는 인간의 미래가 있는 것이다. 하느님의 베푸심과 약속은 우리 역사 안에 행복을 만들어야 한다. 사람들은 받은 혜택이 있는 그만큼 보답하는 베풂을 살아야 한다. 그렇게 될 때만 하느님의 베푸심은 인간 소외의 원인이 되지 않는다.

사물들은 그들의 질서 안에 정립되어야 한다. 그들은 신적神的인 것이 아니다. 그것들이 계약의 약속 안에 들어 있다 하여도 그런 것들이 계약의 직접 목적이 될 수 없다. 약속은 공동의 미래를 위한 것이었다. 계약이 약속하는 공생共生을 제쳐놓고 사물을 목적으로 보아서는 안된다. 계약은 하느님이 우리와 함께 계시다는 것이었다. "하느님의 나라"라는 예수의 설교 주제, "친교"*koinonia*, "감사"*Eucharistia*, "새로운 계약" 등의 단어들이 모두 그리스도 신앙의 핵심이 무엇인지를 말해준다.[23]

이스라엘의 역사와 예수의 역사는 사물에 대한 사람들의 기대 안에 하느님의 함께 계심을 계속 삽입하는 것으로 보인다. 사람들은 받을 수 있는 혜택이 공생의 행복보다 더 낫다고 생각한다. 공생보다는 욕망의 충족이 좋은 것이다. 이것은 공생활 초기에 예수가 받았다는 "악마의 유혹" 설화에서 악마가 권하는 것이다. 그리스도교 안에 지금도 살아 있고 성공을 거두는 언어가 기복祈福적인 것이라면 우리는 우리 욕망의 충족을 찾고 있는 것이다. 이스라엘 예언자들은 사물을 주시는 하느님이 아니라는 사실을 말하고 제일 중요한 것은 공생을 위해 하느님을 찾는 것임을 호소한다. 예수는 "먼저 하느님의 나라와 그분의 의로움을 구하시오"(마태 6,33)라는 말씀으로 예언자들의 말을 지속시킨다. 여기서 의로움은 분배의 정의가 아니라 하느님의 베푸심임을 생각하자.

---

[23] 발터 카스퍼, 박상래 역, 『예수 그리스도』, 분도출판사, 1977, 146-7 참조. 샤를르 뻬로, 박상래 역, 『예수와 역사』, 가톨릭출판사, 1984, 301-31 참조.

성령으로 살아 계시는, 부활하신 그리스도는 사람들이 기대하는 혜택을 주시지 않는다. 따라서 우리는 쉽게 하느님의 나라를 미래의 것으로 밀어놓는다. 그리스도는 지금 성령을 주시는 분이다. 성령은 계약에서 약속된 공생을 살게 하는 분이다. 교회가 증언하는 성령은 사람들이 하느님의 원초적 베푸심의 힘에 편승하면서 창조적이고 책임성있는 사람이 되게 이끄시는 분이다. 성령은 어떤 혜택에도 비교될 수 없는 공생인 친교에로 인도하신다. 성령을 이상한 언어를 말하는 능력이나 병의 치유 등 비일상적이고 기적적인, 우리 욕망의 충족과 동일시하는 것은 우리 생활에서 성령을 추방하는 행위이다. 성령의 주어짐과 그것으로 말미암은 하느님의 우리와 함께 계심이라는 친교는 우리가 요구한 것이 아니었다. 그것은 하느님이 베푸신 것이었다.

나오면서

오늘의 세계는 최고유最高有인 신神을 정점으로 한 절대군주絶對君主 사회가 아니다. 이 세상 권위의 후광이 되어주는 하느님이 아니다. 신앙의 언어는 그 시대와 무관하지 않다. 한 사회의 역사적 여건과 그 사회가 만들어 내는 신의 표상表象들 사이에는 상관관계가 있다.

과거 사회에서 사람이 이 세상에 태어나서 산다는 것은 권위 앞에 순종하는 것이었다. "성은이 망극하다"고 생각하며 살았다. 권위는 모두 위로부터 주어진 것이었다. 정통성은 권위를 이어받는 것을 의미했다. 하느님은 위에 계시면서 윗사람을 통해서 일하시는 것이었다. 윗사람들이 결정한 바가 나의 현세적 운명을 좌우하듯이, 하느님이 결정하여 계시하신 바가 나의 내세적 운명을 결정하는 것으로 생각되었다. 그러나 이제 "영주의 신앙이 주민의 신앙" Cujus regio eius religio인 시대도 지나갔고, 주교나 신부의 신앙체험에 맹목적으로 따름으로써 구원받는다고 생각하는 시대도 아니다. 그리스도 신앙은 로마 제국 안에서 성장하였고 게르만족의 유럽 정착과 더불어 시작되는 중세 봉건사회에서는 그 사회를 구성하는 기본 이념이었다. 이런 과정에서 그리스도 신앙언어 안에 자리잡은 권위주의는 현대교회 안에 그 폐해弊害가 심각하지만 그것을 청산하기는 아직도 요원한 일이다.

오늘의 사회에는 위로부터 주어진 권위도 없거니와 순종하면서 사는 백성도 없다. 이제 권위는 신분에 따라 위로부터 주어지는 것이 아니다. 오늘의 권위는 실효성實效性이다. 실효성이 있으면 권위가 있어 보인다. 그리고 그 실효성은 황제의 대관식과 같이 어떤 의식儀式을 통해서 위로부터 신비스럽게 전수傳授되는 것도 아니고 남과 다른 복장을 함으로써 발생하지도 않는다. 실효성은 당사자가 연구하고 수련한 결과로 획득하는 것이다. 따라서 권위는 사람들을 순종시키는 것이 아니라 사람들이 그 실효성을 보고 인정하는 것이다. 권위는 순종을 요구하는 것이 아니라 사람들로부터 인정되는 것이다.

신앙언어를 위한 여건이 크게 달라졌다. 많은 교역자敎役者들의 말이 현대인에게 호소력을 잃은 것은 사람들이 종교적인 것에 대해 무관심하기 때문이 아니라 중세적 권위주의를 바탕으로 한 우리의 언어가 호소력을 상실했기 때문이다. 의식의 자율성은 우리 시대의 부인할 수 없는 현실이다. 그것이 하느님의 권위이든, 교도권의 권위이든, 권위의 이름으로 어떤 지식의 옳음을 주장하면 거부당할 수밖에 없다. 오늘날은 가르치는 사람의 권위 때문에 그 내용을 진리라고 생각할 사람은 없다. 가르치는 내용 자체가 믿을 만한 것이라야 한다. 주교나 신부의 신앙체험에 맹종할 현대 신자들이 아니다. 신앙을 정초定礎하는 사건들 안에서 신앙체험이 발생하는 과정을 보여줌으로써 각자가 자유롭게 또 책임성있게 신앙의 결단을 할 수 있어야 한다.

이집트에서 해방을 앞두고 이스라엘과 계약을 맺으시는 하느님은 당신 이름을 "야훼"라고 가르쳐 주셨다. 함께 계시다는 의미로 주어진 이름이다. 이 이름은 권력을 상기시키는 것도 아니고 하느님에게 마술적으로 접근하는 비밀 통로를 여는 열쇠와 같은 역할을 하는 것도 아니다. 이 이름은 이집트에서의 해방과 유사한, 더 큰 자유를 위한 인간 도약의 장소와 순간에 그 실효성을 발휘하는 이름이다. 그러나 이제 이 이름은 1세기의 한 유대인 예수라는 분과 분리할 수 없는 이름이 되었다. 예수는 이 이름에 얼굴을 주신 분이다. 그래서 마태오 복음은 "나는 세상 종말까지 어느 날이나 항상 여러분과 함께 있습니다"(28.20)라는 부활하신 분의 말씀으로 끝맺는다.

예수 그리스도는 아들이고 말씀이다. "아들"은 아버지를 상기시키는 단어이고 "말씀"은 말씀하시는 주체를 보게 하는 단어이다. 예수 그리스도는 스스로를 보여주고 강요하는 분이 아니다. 예수의 운명은 스스로를 "비우고, 낮추고, 죽기까지" 스스로를 없애는 데 있었다. 그분의 죽음과 승천은 바로 이 없어짐을 말한다. 부활하신 분은 지도자로 군림하시지 않는다. 말씀을 전하는 자가 군림하면 말씀 자체가 왜곡되는 것이 우리의 현실이다. 그분은 지울 수 없는 하나의 흔적을 남기셨다. 성령이 만들어 놓은 성서이다. 예수는 이스라엘 백성에게 주어진 야훼라는 이름 곧 "함께 계심"이라는 것에 살과 피의 역사적 농도와 특수성을 주고 하느님에 대한 모든 개념화와 모든 권력화를 금지하는 십자가의 상처를 그 이름에다 표시하였다. 하느님이 우리를 위해 남기신 것은 예수의 흔적을 담은 성서이다. 예수는 우리가 포착할 수 없는 하느님의 흔적이다. 하느님은 당신의 이름을 주고, 아들을 주고, 성령을 주신 분이다. 그러나 우리 위에 힘으로 군림하시지 않고, 측은히 여기고 용서하고 사랑하는 약자의 겸손함을 사시는 분임을 당신의 아들을 통해서 보여주셨다.[24]

　흔적은 하나의 표현이지만 겸손한 것이다. 그것은 정의定義와 같이 당당하게 강요하지 않고 하나의 관계만 보여준다. 눈이나 모래 위에 있는 발자국과 같다. 그것은 어떤 사람이 지나갔음을 증언한다. 흔적은 정확하고 대단히 귀중하지만 여러 가지 해석에 열려 있다. 예수는 하느님의 흔적이다. 하느님이 한 인간 존재의 행위와 말에 개입하신 것이다. 신앙인들은 그분이 남긴 흔적을 해석하지만 선택의 자유가 있다. 흔적은 겸손하다.

　하느님이 인간과 하시는 교섭은 하나의 얼굴에 연결되어 있다. 그러나 우리는 그 얼굴에 직접 접근할 수 없고 우리에게 남은 것은

---

[24] F. Varillon, *L'humilité de Dieu*, Paris, 1974.

그 얼굴의 흔적이다. 이 흔적을 읽고 생활 안에 체현體現함으로써 해석하게 하는 성령이다. 그리스도교 공동체에 주어진 것은 성령과 예수의 흔적인 성서와 "온 세상으로 가서 모든 사람에게 복음을 선포하라"는 선교사명이다.

하느님은 아들과 성령을 주시면서 말씀하신 분이다. 비밀스런 정보를 주시는 분이 아니다. 성령의 힘으로 아들의 흔적을 기초로 우리 삶의 진리를 발생시키면서 사는 그리스도 신앙인이다. 사람들은 기쁨과 고뇌에서 하느님 아버지를 불렀고 이 부르짖음은 또한 역사 안에 무수한 흔적들을 남겼다. 이 흔적들은 성서가 일으킨 운동의 새로운 역사적 모습들이다. 이러한 부르짖음이 있다는 것은 하느님 나라를 위한 희망이 아직 살아 있다는 것과 하느님은 일하신다는 사실을 증언한다.

신약성서 공동체는 이 부르짖음을 헛되게 하지 않았다. 고통과 죽음은 계속된다. 그러나 하나의 이름, 하나의 얼굴, 하나의 흔적이 신앙인들에게 죽음과 허무가 마지막 말이 아니라는 것을 보증한다. 성령은 이 보증을 하시는 분이다. 하느님은 자신에게 되돌아가지 않는 탈아脫我라는 것, 사랑과 베푸심이라는 것, 지치심이 없고 갈등이 없는 베푸심이라는 것을 증언한다. 성령은 또한 우리가 부르는 이름은 그분과의 친교를 주신다는 것을 증언한다. 이 친교는 아버지, 아들, 성령의 표상으로 표지標識되었다. 하느님은 당신을 계시하면서 증오, 좁은 마음, 죽음 등으로 물든 생명보다 전혀 다른 생명을 맛보도록 초대하신다.

2

신앙언어

들어가면서
1. 신학의 해석학적 성격
　1.1 "놀이" 개념
　1.2 언어와 말씀

2. 예수에 대한 이해
2.1 이스라엘의 종교 전통
　2.2 예수의 실천
2.3 부활, 승천, 성령강림

3. 하느님에 대한 이해
3.1 인간 역사 안에 살아 계시는 하느님
　3.2 우리의 근본인 하느님
　3.3 하느님은 일하신다
3.4 하느님은 인간과 다른 분이다
　3.5 하느님은 아버지이시다
　3.6 하느님은 성령이시다
　3.7 하느님은 어떤 분이시다

나오면서

들어가면서

신학은 역사의 각 시점에 신앙언어를 더 이해하기 쉽고 호소력있는 것으로 만들 사명을 지니고 있다. 신학은 교부 시대부터 그 시대가 제기하는 문제들 앞에 그 시대 언어로써 창의적으로 다양하게 신앙을 표현해 왔다. 그러나 트렌토 공의회 이후부터 신학은 교도권이 제시하는 명제들을 성서, 전통, 신학자들을 인용하여 증명하는 작업이 되었다. 신앙 명제의 진위眞僞는 오로지 교도권의 권위에 달린 것 같았고 교도권의 권위는 성서의 권위를 대신하는 것같이 이해되었다. 프로테스탄트 신학이 가톨릭 교회가 성전聖傳이라고 부르던 전통, 교도권의 권위 및 아리스토텔레스의 형이상학에 기반한 스콜라 신학을 거부하기에 가톨릭 신학은 교도권의 권위를 절대화하면서 프로테스탄트 교회들 앞에, 방어적 성격을 지니게 되었다. 신학은 결국 교회 집권층의 시녀가 되고 말았다. 교계적 권위만이 신앙언어를 올바르게 해석할 수 있는 주체와 같이 되었다. 새로운 언어를 위한 모든 신학적 시도는 잘못된 것으로 철저히 봉쇄되었다. 1864년 비오 9세의 "실라부스"Syllabus(DS 2901~2980)로부터 시작한 근대 사상에 대한 단죄는, 제1차 바티칸 공의회(1869~1870)가 교황의 무류지권無謬之權을 선포하면서 로마 중앙집권화를 실현하는 무기와 같이 되었다. 이 현상은 세계 제2차 대전 후까지 지속되고 교회 안의 새로운 신학적 모든 시도들은 이단시되었다.

이렇게 폐쇄적이고 권위주의적인 교의신학은 제2차 바티칸 공의회 이후부터 무너지기 시작했다. 교의신학은 계시된 진리라 할지라도 역사성을 지닌다는 사실과, 해석하는 주체인 인간과 언어의 역사성을 진지하게 생각하게 되었다. 교의신학은 종래 스콜라 신학의 일률성을 벗어나 이제 해석학적인 것이 되었으며, 그리스도교 메시지의 오늘을 위한 의미와 언어 표현을 찾는 학문이 되었다.

해석학으로서 신학의 출발점은 신앙의 변하지 않는 명제들이 아니라 예수 그리스도 사건으로 말미암아 발생한 해석학적 장場에 들어 있는 다양한 텍스트들이다. 예수 그리스도 사건을 증언하는 첫 번 문서들도 초기 그리스도교 공동체의 해석이었다.[1] 해석학적 신학은 전통이 증언하는 그리스도교 근본체험과 오늘의 인간체험에 대한 비판적 관계를 바탕으로 예수 그리스도 사건을 해석한다.

---

[1] P. Ricoeur, 「해석학과 불트만」, 『종교신학연구』 제5집, 분도출판사, 1992, 255-73 참조.

1. 신학의 해석학적 성격

오늘날 신학은 하느님의 말씀이 성서의 자구字句와도, 교의적 명제들과도 일치하지 않는다는 사실을 알고 있다. 성서와 교의는 복음체험에 대한 시대적 증언이다. 구약성서와 신약성서는 이스라엘과 초대교회가 역사 안에서 한 체험들을 다양한 문학 유형文學類型으로 표현한 것이다. 역사 안에 하느님이 일하신 것과 그 일에 대한 사람들의 응답을 그 시대 언어로 해석하여 문서화한 것이다. 신앙으로 하는 사람들의 응답도 계시 내용에 속한다. 말씀과 언어의 관계 및 사건과 그 의미의 관계는 해석학적 신학의 핵심이다. 그리스도교 역사가 텍스트의 지속적 해독解讀과 그 해독한 것을 살아 있는 말씀으로 전환시키는 실존적 노력의 결과라고 생각하면 그리스도 신앙사는 다양한 해석의 역사라고 말할 수 있다.

성서는 객관화된 언어가 담긴 하나의 텍스트이다. 그것을 제작한 사람들의 손아귀를 벗어나서 우리의 자유스런 해석에 맡겨진 텍스트이다. 성서를 하느님의 말씀이라고 말하는 것은 하느님은 현재 그것을 매개로 우리에게 말씀하시고 우리를 행동하게 하신다는 것을 고백하는 것이다. 성서를 하느님의 말씀이라고 말할 때 우리에게 친근한 이 세상 언어의 회로回路에 균열을 일으켜서 하느님으로 말미암은 전혀 다른 지평이 나타나게 한다는 것을 의미한다.

성서는 또한 인간의 말이다. 우리가 그 출처를 확인할 수 있는 인간 언어체계 안에 있다는 말이다. 그 언어의 출처를 확인하는 것이 현대의 성서 연구방법론인 역사비평학歷史批評學이다. 텍스트가 가진 언어의 역사적 출처를 고증하여 그 텍스트가 발생 단계에 지녔던 의미를 확인해 주는 작업이다. 텍스트의 올바른 이해를 위해 역사비평적 접근은 반드시 거쳐야 하는 관문이다.

성서와 전통은 신학이 해석해야 하는 텍스트이다. 우리가 배워서 익혀야 하는 진리 내용들이 아니다. 성서는 교회 안에 발생한 모든 신앙언어의 해석을 위해 최종적 권위(norma normans non normata)를 가지지만, 그것이 기록된 시대 특정 지역의 신앙체험을 증언한다. 따라서 우리가 해석해야 하는 문서이다. 전통은 성서가 전하는 신앙체험으로 발생한 각 시대의 증언들이다. 성서나 전통의 문서 안에 진리가 있는 것이 아니다. 음악이라는 진리가 악보라는 죽은 언어 안에 담겨 있고 그 음악의 연주사라는 연주 행위의 전승이 있듯이, 신앙인의 삶이라는 진리가 성서나 전통의 죽은 문자들 안에 들어 있고 그것을 산 사람들의 삶의 전승이 있다. 구약의 모세 사건이나 신약의 예수 그리스도 사건은 사람들에게 삶의 변화를 일으켰다. 따라서 진리는 신앙인의 삶 안에 있다.

유대 그리스도교 신앙 전통은 진리 모습들의 족보라고 말할 수 있다. 같은 진리를 시대에 따라 다른 모습으로 구현한 것이다. 정초定礎하는 기원起源의 사건과 가지는 관계는 그 정체성을 위해 본질적이다. 그러나 그리스도교 메시지의 전달은 모든 시대를 위해 제공된 지식을 반복해서 옮기는 것이 아니다. 예수 그리스도 안에 나타난 "은총과 진리"(요한 1.14)를 사람들의 삶 안에 실현시키는 데 메시지의 목적이 있다.

과거에는 예수에 대한 신약성서 진술들이 역사적 사실을 보도하는 것으로 생각하였다. 그러다가 현대의 역사비평학은 성서 해석에 큰 변화를 가져다주었다. 이 변화와 더불어 발생하는 것이 경직된 보수적保守的 성서 해석이다. "과거 교부 시대에나 중세에는 역사비평적 의식이 전혀 없었지만, 오늘의 보수주의적 성서 해석과 같은 주장은 없었다. 그 반면 그들은 역사적 보도라고 믿던 성서 텍스트를 가지고 유비적喩比的 해석을 자유롭게 하였다. 그들이 누리던 자유는 오늘의 진보적 성서학자들도 누리지 못하는 것이었다. 보수주의적 성서 해석은 현대에 발생한 것이다. 이 해석은 역사비평적 의식이 새롭게 하는 도전에 무조건 부정적 반응을 보이는 입장이다. 이것은 성서 해석사에 새로운 현상이다."[2]

성서에 대한 역사비평적 접근은 비교적 새로운 것이다. 신자들이 가진 나자렛 예수에 대한 표상은 현대 역사비평학이 과학적으로 제공하는 것과 부합하지 않는 것도 많다. 이런 이유 때문에 많은 사람들이 역사비평적 연구 결과를 그리스도교 신앙의 이름으로 배척해야 한다고 생각하거나 혹은 고의적으로 외면한다. 그 하나의 예가 1992년에 로마가 발간한 『가톨릭 교회 교리서』다. 이 교리서는 성서 역사비평학이 제공하는 역사적 사실들을 애써 외면하고, 신약성서가 담고 있는 모든 이야기를 역사화하면서, 오늘을 위한 텍스트의 의미를 발생시키는 현대 해석학적 노력을 온전히 무시했다. 문제의 교리서 서문은 그 교리서가 "성 비오 5세의 교리서[3]가 따랐던 전통적 '옛' 순서를 취하고 … 동시에 우리 시대의 질문에 답하기 위해 그 내용을 자주 '새로운' 방법으로 표현한다"[4]고 말하지만, 사실은 16세기 교리언어를 그대로 취하면서 성서, 교부들의 저서와 제2차 바티칸 공의회 문서들을 종횡무진으로 인용하고 있을 뿐이다. 언어가 시대와 공간을 착각하면 그 언어가 담고 있던 메시지가 전달되지 않는다. 우리 시대를 위해 새롭게 해석하고 표현하는 노력을 하지 않으면, 아무리 좋은 문서들을 인용하더라도, 사람들의 머리만 복잡하게 하지, 복음의 메시지는 실종한다는 사실을 잘 입증한 교리서이다. 이런 노력은 시대를 역행하는 것일 뿐 아무런 결실을 가져다주지 못하고, 사람들이 그리스도교 신앙을 외면하는 계

---

[2] E. Schillebeekx, *Jesus. An Experiment in Christology*, New York, 1981, 65-6.
[3] 1566년 발간된 트렌트 공의회의 교리서를 말함.
[4] 『가톨릭 교회 교리서』, 제1편, 한국천주교 중앙협의회, 1994, 7.

기를 제공할 뿐이다. 역사비평이 제공하는 사실史實을 부인하면서 사람들에게 신앙인이 되라고 말할 수는 없다.

신학이 지식의 전수傳受가 아니라 해석이라는 사실을 알면서 새로운 신학의 장場이 나타난다. 그것은 그리스도교의 실천이다. 이 실천은 그리스도교 메시지의 의미를 생성시키고 그것을 확인하는 장이다. 그리스도인은 실천을 도외시하고 성서의 이론적 해석에 머물 수는 없다. 신앙은 실천보다 먼저 있는 이론이 아니다. 이 실천이 성서 해석의 장이며 방법이다. 성서와 실천 사이에는 해석학적 순환이 있다. 실천이 신학의 장으로 부각되면서 신학은 큰 변화를 겪고 있다. 신학은 다원적 성격을 지니게 되었다.[5] 이제 신학은 예수 그리스도로 말미암은, 인간 실존의 시대적·지역적 새로운 가능성들을 만드는 학문이다.

1.1 "놀이" 개념

신앙의 실천적 성격을 부각시키기 위해 "놀이" 개념을 사용할 수 있다.[6] 놀이라는 개념은 흔히 쉽게 생각하는 여가선용의 천박한 수단을 의미하지 않는다. 인간 삶이 놀이들로 되어 있다고 말할 수 있다. 학교생활, 부모 노릇, 자식 노릇, 결혼생활, 직장생활 등 모두가 놀이로 표현될 수 있다. "누가 그리스도 안에 있다면, 그는 새로운 창조물입니다. 묵은 것은 지나갔습니다. 보시오, 새것이 되었습니다"(2고린 5.17). 사람이 새롭게 되었다는 것은 과거와는 다른 새로운 놀이를 한다는 말이다. 그리스도로 말미암아 새로운 놀이를 한다는 의미이다.

---

[5] C. Geffré, "Pluralité des théologies et unité de la foi", in *Initiation à la pratique de la théologie*, t.1, Paris, 1982, 117-42.

[6] H. G. Gadamer, *Wahrheit und Methode. Grundzüge einer philosophischen Hermeneutik*, Tübingen, 1986, 107-16 참조.

놀이가 올바른 것이 되기 위해 우리가 전제해야 할 것들이 있다. 놀이는 진지하게 그러나 자유스럽게 해야 한다. 놀이에 진지하게 임하지 않는 사람은 놀이의 훼방꾼이다. 놀이를 하는 사람은 그 놀이가 지닌 구조를 존중해야 하고 자기 주관에 얽매이지 않을 뿐 아니라 그 놀이에 자기 스스로를 잃어야 한다. 이렇게 될 때 놀이의 상징성象徵性을 살리는 것이다. 그러면 놀이가 지닌 의미가 생산되고 실재實在의 알려지지 않은 성격을 발견하는 힘이 성장한다. 그 반면 자기를 잃지 못하고 자기만을 생각하며 놀이를 하는 사람은 가상적假想的 놀이를 하는 사람이다. 그런 놀이는 본시 없는 것이기 때문이다. 놀이는 놀이하는 사람을 통해서 나타나고 끊임없이 반복되면서 스스로를 쇄신한다. 놀이는 인간의 창의력을 요구하고, 위험 부담이 있는 모험이다. 놀이는 관중에게 개방되어 있다. 관중이 참여할 수 있어야 한다. 관중이 함께 호흡을 할 수 있을 때 놀이는 성공한 것이다. 그러나 놀이하는 사람이 관중만을 의식하면 그 놀이는 흥행이 되고 만다.

필자는 삶의 변화, 운동, 실존론적 범주 등으로 표현하던 것을 대신하기 위해 여기서 이 "놀이" 개념을 사용한다. "놀이"는 과거 형이상학적 신학의 이원론을 극복하는 데 도움이 된다. 가시적可視的인 것을 불가시적인 것으로, 물질을 정신으로, 육신을 영혼으로, 자연을 초자연으로, 다양함을 불변하고 영원한 단일한 것으로 설명하던 형이상학의 시대는 지나갔다. 현대에는 사물의 존재를 묻지 않고 다른 사물과의 관계 안에서 그것이 지닌 실효성을 묻는다. 사람의 신분을 묻지 않고 그 사람의 놀이가 제대로 된 것인지를 생각한다. 따라서 현대인은 사물들의 상호관계가 생성하는 과정을 관찰하고 역사를 중요시한다. 신학적 언어도 그것이 발생한 과정을 관찰하여 그 단계에서 어떤 놀이를 위한 것이었는지를 관찰하고, 그것을 설명할 수 있을 때에만 그 언어는 이해되고 오늘을 위한 새로운 놀이를 발생시킬 수 있을 것이다.

신약성서 언어는 결코 이원론적이지 않다. "누구든지 나더러 '주님, 주님' 하는 사람마다 하늘나라에 들어가는 것이 아니고 하늘에 계신 내 아버지의 뜻을 행하는 사람이라야 들어갈 것입니다"(마태 7.21)라는 말씀을 비롯해서 "누구든지 나의 이 말을 듣고 그대로 행하는 사람은 반석 위에 집을 지은 슬기로운 사람과 같을 것입니다"(마태 7.24)라는 말씀은 실천이 믿음이며 진리임을 말한다. "말씀이 육신이 되시어 우리 가운데서 거처하셨다"(요한 1.14)는 것은 삶, 곧 놀이를 발생시켰다는 말이다. "그분은 당신을 맞아들이는 이들 … 에게는 모두 하느님의 자녀가 되는 권능을 주셨다"(요한 1.12)는 것도 하느님을 아버지로 한 자녀의 놀이를 할 수 있게 해주셨다는 말로 이해된다.

1.2 언어와 말씀

말은 언어의 정신적·신체적 집행을 의미하는 것으로 표지의 한정된 체계를 이용하여 자유스럽게 조립된 것이다. 말은 한정된 언어표지의 체계를 기반으로 무한한 조합을 하여 두 주체간의 관계를 구성한다. 언어가 장기將棋판의 어느 한 순간 상태라면 말은 두 사람의 놀이를 발생시키는 장기짝들의 움직임과 같다. 언어에는 외적 관계가 없다. 사전 안에는 단어를 단어로 설명하지만 하나의 언어 폐쇄회로와 같아서 주체들의 움직임이라는 외부가 없다. 그러나 그 언어가 말이 될 때에는 말하는 사람과 말을 듣는 사람의 움직임이라는 언어 외적 사건이 발생한다.

하느님이 말씀하신다고 말할 때 이 말을 듣는 사람은 하느님에게 근거가 있는 말이 자기를 부른다고 생각하는 것이다. 이것을 말씀-사건이라 부른다. 신앙은 말씀-사건으로 나타나는 어떤 실재를 알아보고 놀이를 발생시키는 힘이다. 하느님의 말씀이라고 말할 때 언어의 객관적 체계가 무시된 것을 의미하지 않는다. 반대로 텍스트를 외적 요인으로 해석하면서 말하는 자의 주관적 의도를 내세워 그 텍스트가 지닌 내적 균형을 무시할 수는 없다. 언어학적 방법을 동원하는 현대 방법론은 우리가 주관적 해석에 빠지지 않게 돕는다.

그리스도 신앙에 있어서 "하느님의 말씀"은 먼저 예수를 의미한다. 구약성서 예언자들을 비롯하여 많은 사람들이 하느님의 말씀을 전했지만 아무도 하느님의 말씀과 동일시되지는 않았다. 그러나 신약성서는 예수를 하느님의 말씀이었다고 말하면서, 그분이 말씀하시는 하느님과 특수관계 안에 있다고 주장한다. 그러나 예수의 인간 조건을 부인하지 않음으로써 인간의 말이 하느님 말씀의 차원과 질質을 가졌다고 말한다. 예수는 말씀 사건으로서의 하느님 말씀이 지닌 초월성에다 우발적 기반을 제공한 분이다.

계시는 말씀-사건이다. 하느님 안에 기원이 있는 말씀을 근거로 사람의 놀이가 발생하는 것을 의미한다. 말씀-사건은 하느님이라는 주체 앞에 스스로를 여는 인간 주체의 자유 안에 계시로 나타난다. 그리스도인들이 예수를 계시자라고 말할 때 그분 행위의 의미를 해석하는 언어 안에서 말씀-사건을 체험한다는 말이다. 그러나 그 언어는 그 시대 사람들을 위해 공동체가 취사선택하여 기록한 것이다. 따라서 말씀-사건은 인간 언어의 다의성으로 말미암은 모호함을 가진다. 예수의 기적 행위도 그 모호함 때문에, 제자들은 그 안에 하느님의 손길을 보고 반대자들은 베엘제불의 활동을 본다. 말씀-사건은 하나의 존재론에서 혹은 종교 일반론에서 연역되지 않는다.

말씀의 이 인간적 성격은 특수언어의 신화적 개념을 제거한다. 하느님의 타자성他者性에서 오는 표상이나 상징은 없다. 가톨릭 교회 안에서는 전통적 표현을 상대화하는 데 대단한 저항이 있다. 흔히 공의회의 교의는 사용된 언어와 동일한 것으로 생각되었다. 언어는 인간의 것이고 인간이 책임지는 표현이다. 신앙체험이나 놀이를 그 시대 언어로 포장한 것이다. 그것은 그 시대에 하느님과 사람을 연결시키는 말씀-사건일 수 있었던 것이다. 그러나 그것은 인간의 언어이기에 언어의 역사성은 고려해야 하는 것이다.

　예수 그리스도를 하느님의 말씀이라고 하면서 그분의 지상생활을 제외하면 전혀 다른 해석을 하게 된다. 그 말씀은 하나의 이념이 되고 만다. 하느님의 말씀은 인간 예수를 통해서 우리에게 알려졌다. 예수를 하느님의 말씀이라고 말할 때, 예수는 하나의 우연이 아니다. 그분은 역사 안에 계속해서 말씀하시는 분이다. 말씀이라는 표상은 예수라는 한 사람의 개별성을 인류 역사의 보편성 안으로 옮겨놓는 역할을 한다. 팔레스티나의 청중과 다른 환경에 있는 사람들을 위해서도 성령으로 교회 안에 살아 계신 예수는 말씀하신다는 것이다. 청중이 새로우면 새롭게 말하는 것이 메시지를 제대로 전하는 것이다.

2. 예수에 대한 이해

예수가 기원전 6~7년부터 서기 30년까지 팔레스티나에서 생존하였다는 사실에 대해서는 의심할 여지가 없다. 자료의 특수성 때문에 예수의 전기는 쓸 수 없다. 예수의 자의식, 용모, 심리 등에 대해서 알 길이 없다. 복음서들은 지상 생애의 예수와 부활하신 그리스도에 대한 신앙 증언을 기록한 것이다. "이런 일들을 기록한 것은 여러분이 예수는 그리스도요 하느님의 아들이심을 믿고, 또한 믿어서 그분의 이름으로 생명을 얻게 하려는 것입니다"(요한 20.31). 예수를 직접 체험한 사람들의 공동체와 그들이 남긴 회상으로 예수를 따르게 된 사람들의 공동체가 표현한 그들의 체험과 실천이다. 우리는 이 문서들로 말미암아 초대교회가 예수에 대해 가졌던 체험에 접근할 수 있다. 예수는 자기 가르침의 요약이나, 자신의 행적에 대한 자료를 남기지 않았다. 예수가 남긴 것은 하나의 운동, 곧 놀이다. 하느님의 새로운 백성이라고 스스로 생각하는 신앙인들의 놀이이다. 종말론적 해방, 곧 하느님의 함께 계심을 사는 놀이다.

유년기 사화幼年期史話라고 불리는 마태오 복음 1-2장과 루가 복음 1-2장은 전기적 기록이 아니다. 이것들은 예수 사건을 구약성서 자료로써 이해하는 신학적 작품이다. 예수는 일시 요한의 세례운동에 가담했던 분이다. 예수의 세례 사실을 보도하는 복음서들은 사람들의 시선이 요한에게로 가지 않도록 장치한다. 요한은 "허리를 꾸부려 그분의 신발끈을 풀어드릴 자격조차 없는"(마르 1.7) 인물이다. 신발끈을 풀거나 "신발을 들고 다니는"(마태 3.11) 것은 종이 하는 일이다. 이사야서를 인용하여 요한은 "심부름꾼", "예수의 길을 닦기 위해"(마르 1.2-3; 이사 40.3) 파견된 인물이라는 해석도 한다. 세례자 요한으로부터 예수가 세례를 받았다는 사실이 초기 교회 공동체에는 그만큼 부담스러웠던 것이다.

한 인간을 이해한다는 것은 그 사람이 태어난 문화·종교적 전통과 그 사람이 가진 관계들, 그의 동시대인들과 가진 관계들, 그리고 그로 말미암아 발생한 역사를 이해하는 것이다. 예수를 이해하기 위해서는 그 시대 이스라엘의 종교 전통과 그것에 대한 예수의 반응, 예수에 대한 사람들의 반응 그리고 예수를 따르는 사람들의 변화 등을 고찰해야 한다.

2.1 이스라엘의 종교 전통

하느님에 대한 이스라엘 사람들의 체험은 모세와의 계약설화(출애 3,7-10; 24,1-8)가 요약한다. 이 계약의 주도권은 하느님에게 있다. 하느님이 이스라엘을 선택하고 계약체결을 하고 미래를 약속한다. 계약 안에 나타나는 하느님은 이 세상을 설명하는 원리로서의 하느님이 아니다. 세상에 대한 어떤 인식이 하느님을 부르게 하는 것이 아니라 계약이 하느님을 부를 수 있게 해준다. 계약은 하느님을 부르면서 "하느님과 함께" 사는 관계의 공간을 정립해 준다. 하느님을 부를 수 있는 관계가 생기기 전에 사람들은 하느님을 알지 못하였다는 것이다.

"하느님과 함께"하는 이 삶의 공간에서 신앙인은 하느님의 거룩하심이 요구하는 변화를 살아야 한다. 십계명은 이 요구된 변화의 헌장憲章이다(출애 20,1-17; 신명 5,1-22). 하느님에 대한 올바른 인식은 윤리적이고 실천적인 변화, 곧 놀이와 더불어 일어난다. 계명을 주면서 불행과 죽음으로 위협하는 것은 "하느님과 함께" 사는 데는 조건이 붙어 있다는 것을 표현하기 위함이다. 계약으로 말미암은 관계는 인간이 하느님을 마음대로 하는 관계가 아니다. 계약에 약속이 있는 것은 이 계약으로 주어지는 어떤 미래가 있다는 말이다. 이 미래는 하느님이 당신의 말씀에 충실하시기에 주어지는 것이지만, 사람은 그 계약으로 발생한 놀이에 충실해야 하는 것이다.

계약은 추리의 원리가 아니라 실천적인 것이다. 하느님은 이 백성의 실천인 놀이 안에 살아 계시다. 이 놀이는 하느님의 이름을 부르면서 시작된다. 따라서 이스라엘 백성이 부르던 하느님의 이름들은 묘사적이거나 개념적이 아니라 역사적이고 관계적이다. 이스라엘의 하느님은 아브라함, 이사악, 야곱의 하느님이고, 출애굽의 하느님이며 모세의 하느님이다. 하느님에 대한 말은 삶의 변화와 더불어 가능하다는 뜻이다. 하느님은 자비롭고 충실하고 정의로우시며 바위이고 해방자이다. 이 하느님에 준해서 사람은 실천해야 한다. 하느님이 당신 백성과 가지는 관계는 사람의 실천이라는 역사적 농도를 지닌 것이다.

계약에 있어서 하느님의 일방성은 충실하고 자비롭고 사랑하시는 하느님에 대한 체험(호세 11.8: 이사 54.4-8: 에제 16장) 외에 두려운 하느님에 대한 체험도 하게 한다. 계약의 하느님은 아무런 협상을 하지 않는다. 용모 없는 하느님이고 그분의 소리는 대변자의 것이다. 이 두려움의 체험이 표출되어 발생한 성서 텍스트들이 있다. 모세에게 사명을 준 다음 그를 죽이려 하는 하느님(출애 10.20), 이사악의 제사 요구(창세 22장), 야곱과의 싸움(창세 32.25-33) 등의 설화와, 예언서들 안에 나타나는 두려운 하느님에 대한 표현들(호세 13.7-8: 에제 21.14-22)이다. 이런 체험은 종교체험의 원시 형태로도 볼 수 있고, 당시 사람들의 사고력의 부족에서 기인하는 것으로도 해석할 수 있지만, 근본적으로는 하느님에 대한 이스라엘의 체험이 그분의 이타성異他性으로 말미암아 어떤 거리와 역설적인 면을 지녔고 그것이 언어로 반영된 것으로 보아야 하겠다. 예언자들이 사라지고 율법이 가장 중요한 말씀이 되었을 때, 이 두려움의 체험은 더 가중된다.[7]

---

[7] Ch. Duquoc, "Alliance et Révélation", in *Initiation à la pratique de la théologie*, t.2, Paris, 1982, 16 참조.

계약은 "하느님의 함께" 계심이다. 이스라엘이 하느님을 부를 수 있도록 주어진 "야훼"라는 이름도 "있다"는 동사에서 나왔다. 이스라엘 백성의 의식 안에는 하느님이 그들을 이집트에서 해방시키면서 이 이름으로 당신을 부르게 해주신 것이다(출애 3,13-15). 하느님은 얼굴 없는 분이지만 이름 없는 익명의 존재는 아니다. 이 이름은 하나의 동사로 되어 있어 어떤 표상이 불가능하며 하느님은 함께 계시고 부를 수 있는 분이지만 그분의 실재와 본질은 전혀 알 수 없는 분이다. 하느님은 이름을 주고 당신을 부르게 하여 친구와 같이 계시다는 것을 보여주지만 그분의 얼굴은 볼 수 없다(출애 33,12-25). 얼굴을 보여달라는 모세의 간청에 "내 모든 선한 모습들을 네 앞으로 지나가게 하여 야훼라는 이름을 너에게 선포하리라. 나는 돌보고 싶은 자는 돌보아주고, 가엾이 여기고 싶은 자는 가엾이 여긴다. … 내 얼굴은 보지 못하겠지만 내 뒷모습만은 볼 수 있으리라"는 답이 주어진다. "하느님의 함께" 계심을 사는 사람들 안에서 그분의 선한 모습을 확인할 수 있다는 말이다. "하느님의 함께" 계심으로 "돌보아주고 가엾이 여기는" 모습으로 변한 사람들의 놀이 안에서 그분의 "뒷모습", 곧 흔적을 볼 수 있다는 말이다.

예언자들이 사라지고 율법 준수만을 생각하게 되면서 이스라엘은 "하느님의 함께" 계심을 망각하고 율법 준수라는 가상적 놀이만을 하게 된다. 함께 계시는 하느님에 대한 체험이 퇴색하면서 하느님과 율법은 사람이 사람을 소외시키고 단죄하는 수단으로 전락한다.

2.2 예수의 실천

예수는 하느님 나라를 선포하신 분이다. 하느님 나라는 "하느님의 함께" 계심이고 이 함께 계심에는 아무도 제외되지 않는다는 것이다. 우리가 하느님 나라를 내세적인 것으로만 생각하는 것은 우리가 가상하는 혜택이 현재 없기 때문이다. 예수는 유대 종교 기득권자들이 "하느님의 함께" 계심에서 제외되었다고 가르치던 사람들, 곧 죄인들, 세리들, 버려진 사람들과 어울린다. 예수에 대한 그들의 평가는 "보아라, 먹보요 술꾼이며 세리들과 죄인들의 친구로구나"(마태 11,19)라는 말이 잘 요약한다. 하느님의 사랑은 계약이 열어놓은 함께 계심의 공간에서 아무도 제외하지 않는다는 것이다. 하느님은 사람을 버리는 분이 아니다. 하느님은 모든 사람의 하느님이고 율법은 그분의 함께 계심을 사는 놀이를 발생시키는 것이라야 한다. "안식일이 사람을 위해 생긴"(마르 2,27) 것이다. 예수는 병도 고치고 죄의 용서도 선포한다. 안식일에 병 고침으로 발생하는 시비는 안식일이 하느님의 날이기에 하느님은 고치고 살리시는 분이라는 것을 보여주는 예수의 행위 때문에 일어난다. 하느님께 회개하고 하느님을 믿음은 하느님의 선하심, 자비, 용서를 실천하는 것이다.

예수의 행위는 일부 사람들에게 감탄을 자아냈다. 그러나 유대교 기득권자들에게는 양심의 갈등을 일으키는 일이었다. 하느님이 죄인을 버리지 않으신다는 것은 하느님의 거룩하심과 정의에 근본적으로 위배된다고 그들은 생각한다. 예수가 폭력에 의해 최후를 맞이하는 것은 그들의 눈에 거짓 예언자로 보였기 때문이다.

예수는 하느님의 나라만 선포하였지 자기 자신에 대해 전혀 선포하지 않았다. 예수는 그 메시지와 행위에서 분리되지 않는 분이다. 예수는 하느님을 "아빠"라는 그 시대 유대인 사회에서는 파격적인 호칭으로 불렀다(마르 14,36; 갈라 4,6; 로마 8,15). 아버지는 아들에게 삶의 기원이고 권위와 가르침이다. 아들이라는 사실은 아버지를 기준으로 하는 아들의 놀이로서 입증된다. "내 뜻이 아니라 아버지의 뜻"(루가 21,42; 마태 26,42; 요한 4,34; 5,30; 6,38)이라는 표현은 하느님 아버지와 예수의 관계를 초대교회가 의식하고 반영한 것이다.

예수의 메시지, 행위, 삶의 방식, 기적, 세리와 죄인들에 대한 예수의 자세, 율법과 성전에 대한 그분의 태도에서 초대교회는 인류를 위한 "하느님의 일"(요한 9.3)을 본다. 하느님의 일을 실천한 것이 예수의 삶이었다. 그것은 하느님 나라에 부합하는 놀이였다. 하느님은 그분과 함께 계셨고 그분은 그 함께 계심을 철저하게 사신 것이다. 초대교회가 아라메아어 "아빠"라는 호칭을 그리스어 신약성서 안에 굳이 보존하여 전한 것은 예수의 메시지와 행위가 지닌 특수성의 원천이 되는 체험을 암시하는 바가 있기 때문이다. 예수가 하느님을 아버지로 부를 때는 하나의 대조를 보고 있다. 인간 고통과 재해의 역사, 폭력과 불의의 역사 앞에 아버지이신 하느님의 선하심은 대조를 이룬다. 아버지는 은혜롭고 악을 거스르는 분, 악이 마지막 말이 되지 않게 하시는 분, 미래를 주시는 분이다. 예수는 이와 같은 "아빠" 체험으로 이 세상의 역사가 주지 못하는 희망의 메시지를 사람들에게 주었다. 예수는 하느님에 대한 자기 체험이 독창적이라는 것을 알고 그것을 바탕으로 가능성과 확신을 사람들 안에 심는다. 예수의 "아빠" 체험은 사람들을 아끼고 자유롭게 하는 힘으로서의 하느님에 대한 직접적 인식이다. "선하신 선생님"이라는 호칭으로 접근하는 사람에게 "하느님 한 분 외에는 아무도 선하지 않습니다"(마르 10.17-18)라는 말씀과 이어서 나오는, 사람들의 구원을 위해서는 "하느님은 무슨 일이나 다 하실 수 있습니다"(10.27)라는 말씀은 예수가 어떤 체험의 장에서 살고 있는지를 엿보게 해준다.

"하느님의 함께" 계심을 사는 것은 인간이 변하는 것이다. 아버지에 준해서 아들이 변한다. 하느님이 용서하는 분이기에 사람도 용서해야 한다(마태 18.23-35). 하느님이 베푸시는 분이기에 사람도 베풀어야 한다(마태 5.40-42; 루가 19.1-10). 예수의 죽음은 하느님에 대해 포기하지 않는 인간이 어디까지 변해야 하는지를 보여준다. 죽음을 앞두고도 예수는 하느님을 중심으로 한 놀이를 중단하지 않는다. 제자들은 죽음 앞에 아무런 대책을 세우지 않는 예수를 포기한다. 그들은 게쎄마니에서 잠들어버리고, 깨어났을 때는 예수를 버리고 도

망친다. 예수는 자기의 실패 앞에 하느님이 하시는 일만 가치가 있다는 사실을 믿고 하느님을 부르면서 자기가 변할 것을 받아들인다. 하느님의 침묵 앞에서도, 예수가 믿었던 하느님은 계시지 않는다고 조롱하는 사람들 앞에서도 "하느님의 함께" 계심에 대한 예수의 믿음은 변하지 않는다. "아버지, 제 영을 당신 손에 맡기옵니다"라는 기도로써 예수의 생애를 끝맺는 루가 복음의 말씀은 하느님을 중심으로 끝까지 자기를 변하게 한 예수의 최후를 잘 요약한다. 예수의 부활은 하느님과 함께하는 삶을 위해 끝까지 스스로를 변하게 한 인간 생명의 당연한 귀결로 보인다.

2.3 부활, 승천, 성령강림

부활, 승천, 성령강림을 시기적으로 분리한 것은 사도행전을 쓴 사람의 각색이다. 하느님은 예수를 죽음에서 살리시고, 그분과 함께 계시고, 예수의 삶을 실천하는 사람들 안에도 함께 계시다는 사실을 말하기 위함이었다. 죽은 예수가 살아 계시다는 부활 사건은 우리 확인의 언어가 표현하지 못하는 것이다. 예수의 부활 장면을 목격했다는 말은 신약 외경(베드로 복음)에만 있다. 복음서에 나타나는 빈 무덤의 발견과 부활하신 예수의 발현이라는 두 종류의 사화들에서는 죽은 예수가 살아 계시다는 증언이 지배하고 있다. 이 부분에 대한 복음서 서술들의 세부를 비교하면 각 복음서들이 다른 이야기를 한다는 인상을 줄 정도로 차이가 많다.

증언은 증언하는 사람이 그 말 안에 자기 스스로를 담아서 전하는 가장 강력한 언어양식이다. 예수가 부활하셨다는 말은 하느님이 그를 거두시고 당신과 같은 모습으로 계시도록 했다는 말이다. 하느님과 부활하신 분은 우리가 관찰하거나 확인할 수 없고, 다만 우리의 "돌보아주고 가엾이 여기는" 놀이 안에서 그분의 "뒷모습"(출애 33.23), 곧 흔적만 볼 수 있다. 부활하신 분으로 말미암아 내가 변하면서 증언이 드러나게 된다.

부활 증언에는 제자들의 삶이 변화된 모습이 포함된다. 제자들은 "죽은 예수가 살아 계시다"라고 말하면서 예루살렘으로 돌아왔다. "죽은 예수가 살아 계시다"는 것이 그들이 행한 설교의 중심이고 교회 출현의 핵심이다. 바로 이 믿음 때문에 제자들은 유대교 회당으로부터 추방당하고, 로마 정권으로부터 박해와 죽임을 당했다.

복음서들이 전하는 빈 무덤 이야기는 무덤이 비었다는 사실을 확인 보도하기 위함이 아니다. 마르코 복음의 빈 무덤 보도에는 흰 예복을 입은 웬 젊은이가 "그분은 부활하시어 여기에 계시지 않습니다"(16.6)라고 말한다. 루가 복음서는 번쩍이는 옷을 입은 두 사람이 "왜 살아 계신 분을 죽은 자들 가운데서 찾고 있습니까?"(24.5)라고 말한다. 이것이 빈 무덤 이야기의 핵심이다. 죽음의 이야기가 아니라 삶의 이야기 안에 예수가 계시다는 말이다. 예수의 죽음이 다가오자 제자들은 예수를 버리고 도망쳤다. 이제 그 죽음의 이야기 안에 머물 것이 아니라 예수의 삶에 대한 이야기 안에서 예수가 어떤 분인지를 보아야 한다는 말이다.

복음서들이 전하는 발현의 이야기들도 사실 보도라는 면에서는 전혀 일치하지 않지만, 제자들이 살아 계신 예수를 만나면서 변했다는 점에서 모두 일치한다. 예수가 부활하셔서 하느님 안에 살아 계시면, 예수가 살아 계실 때 하신 말씀과 실천이 하느님의 것이다. 사람들이 사람은 죽여도 그 안에 살아 있는 하느님의 생명은 말살할 수 없는 것이다. 부활하신 예수가 발현하셨다는 말은 예수의 제자들이 하느님 안에 살아 계신 예수를 생각하면서, 그들이 예수가 살아 계실 때 하신 말씀과 실천으로 시선을 돌렸다는 것을 말한다.

부활의 이야기들 안에 중요하게 보이는 것은 제자들의 자세 변화이다. 예수를 버리고 갈릴래아 고향으로 떠나간 제자들이 살아 계신 예수, 곧 자기들과 함께 계셨던 예수에게로 전향했다는 것이다.

살아 생전에 하신 예수의 말씀과 실천 안에서 하느님의 삶을 보기 시작했다는 말이다. 예수가 부활하셔서 하느님 안에 살아 계시다는 사실을 믿는 제자들은 과거에 그들과 함께 계셨던 예수를 회상한다. 그러면서 예수 안에 살아 있었던 하느님의 생명을 확인한다.

"진리의 영, 그분이 오시면 여러분을 모든 진리 안에 인도하실 것입니다. … 그분은 내 것을 받아서 여러분에게 알려주시겠기 때문입니다"(요한 16,13-14). "누구든지 나를 사랑하면 내 말을 지킬 것입니다. 그러면 내 아버지께서도 그를 사랑하시겠고 우리는 그에게로 가서 그와 함께 살 것입니다"(요한 14,23). 성령이 우리 안에 오시면 예수의 놀이가 우리 안에서 발생하고 예수의 놀이 안에는 하느님이 함께 계시다. 여기서 우리는 삼위일체 교리가 말하는 삼위의 위격성으로 말미암은 의인화 경향에서 좀 벗어나야 할 것이다. 하느님은 원圓인데 그 원의 중심은 곳곳에 있고 그 원의 한계는 아무 데도 없다고 상상할 필요가 있다. 예수의 놀이가 발생하는 곳에 그 원의 중심이 있다. 아버지도 예수도 성령도 하나가 되어 중심을 이룬다. 그런데 그 원의 중심은 놀이가 있는 곳곳에 있고, 그 원의 한계는 없기에 "하느님의 함께 계심"에 한계선을 긋기 위한 우리의 어떤 시도도 헛된 것이다.

예수의 승천은 예수가 역사적 개별성을 넘어서 하느님의 보편성 안에서 그분 실천의 의미를 보아야 한다는 말이다. 예수는 지도자로 이 세상에 군림하시지 않는다는 의미도 된다. 사도행전이 각색한 성령강림은 그리스도교 복음은 이제 모든 사람을 위한 것인데, 그것은 바벨탑 이야기(창세 11,1-9)와 같이 모두가 하나의 언어를 말하게 제도화되고 규격화된 것이 아니라, 각자가 자기의 고유한 방식으로 놀이를 한다는 것이다. 요한 복음은 "영과 진리 안에서 예배한다"(4,24)고 표현할 것이다. 성령은 그리스도인의 놀이에 인간적인 것보다 더 있는 것을 의미한다. 여기서 인간적인 것보다 더 있다는 말은 일상성日常性을 넘어서는 비범한 현상을 의미하지 않는다.

부활하신 예수는 메시아로 일컬어진다. 이스라엘이 고대하던, 인간을 대신해서 이스라엘의 욕구를 충족시켜 주는 왕으로서의 메시아가 아니다. 예수는 십자가에 죽은 메시아다. 자기 스스로를 온전히 내어준 메시아다. 그분으로 말미암아 하느님의 베푸심을 살아야 하는 놀이가 발생한 것이다. 예수는 왕이신 메시아인데 그 왕국에서는 베풂의 놀이가 계속 발생한다. 사람을 위해 하느님이 변하는 것이 아니라 하느님을 중심으로 사람이 변하는 나라, 곧 하느님의 나라를 우리에게 주신 메시아다.

예수는 하느님의 아들이라 일컬어진다. 물론 관찰과 확인의 언어가 아니다. 예수를 지배한 "아빠" 체험, 곧 하느님을 중심으로 한 그분의 놀이를 회상하면서 하는 신앙고백이다. 예수를 하느님의 아들이라고 말하는 것은 그를 높이기 위함이 아니다. 예수 안에 하느님 자녀의 놀이를 보고 하느님과 함께 있는 인간의 모습을 보았기 때문이다. 후에 니카이아 공의회(325)는, 아들에 대한 인식이 아버지에게로 인도하지 못한다고 오해될 수 있는 아리우스Arius의 사상 앞에 "아버지와 아들은 실체적으로 동일하다"고 표현할 것이다. 예수의 놀이 안에 하느님 아버지를 인식할 수 있는 것(실체)이 주어졌다는 말을 그 시대 언어로 표현한 것이다.

성서에는 인간을 희생시켜 하느님이 혜택을 받는다는 생각이 없다. 오히려 사람을 살게 하기 위해 하느님이 스스로를 주셨음을 말한다. 최후만찬에서 예수는 당신의 죽음이 베풂이라는 사실을 말한다. 하느님은 우리의 언설 안에 계시는 분이 아니라, 하느님의 선하심을 실천하기 위해 이 세상의 악惡을 퇴치하는 노력을 진지하게 하는 놀이 안에 하느님은 살아 계시다. 인간을 위한 봉사를 하느님에게 바치는 가장 좋은 예배라고 생각하고 침묵 가운데 실천하는 사람이 예수 그리스도를 믿는 사람이고 "하느님과 함께" 있는 사람이다. 예수의 십자가와 부활은 하느님에 대한 우리의 통속적인 언어가 틀렸음을 말한다.

3. 하느님에 대한 이해

3.1 인간 역사 안에 살아 계시는 하느님

예수는 하느님과 인간이 만나는 공간으로 일상생활의 중요성을 강조하였다. 그분의 생각에 인간 실존이 그 본연의 놀이를 되찾아야 하는 것이다. 하느님은 성서의 글자들 안에 계시지도 않고, 종말에 대한 사람들의 상상이 그려내는 다채로운 묵시문학적 표현들 안에 계시지도 않는다. 하느님이라는 단어가 의미를 지니기 위해서는 인간 삶이 그 의미를 지녀야 한다. 따라서 하느님에 대해 말한다는 것은 하느님 나라에 대해 말하는 것이다. "하느님이 함께" 계시기 위해서는 인간 실존이 갱신되어야 한다. 예수가 인간 삶을 보는 눈은 그것을 절대화하기 위함도 아니고 기성 질서 안에 그것을 유폐시키기 위함도 아니다. 하느님의 이름이 인간의 삶 안에 역사적 농도를 가져야 하는 것이다.

예수의 병 고침과 구마행위는 그 사회가 지닌 종교적 가치관과 관행을 뒤흔들어서 하느님이 역사 안에 살아 계시는 놀이를 발생시키는 행위이다. 권위를 가진 사람들 앞에서도 예수는 놀라울 정도로 자유스럽다. 종교적이든 정치적이든 모든 형태의 권력은 율법주의, 옹졸함, 횡포의 유혹에 빠진다. 권력은 인간의 더 큰 자유와 공동생활의 질서를 보장하기 위해 있는 것이다. 그러나 권력은 봉사라는 미명하에 즉시 자체를 목적으로 한다(루가 22.25-27). 예루살렘의 성전도 절대적이 아니고(요한 4.21), 유대인과 이교도의 구별도 별것이 아니다(루가 7.9). 전통과 성서에 근거를 둔 엄격한 정통주의는 인간 자유와 양심의 중요성을 망각한 것이다.

예수는 인간 본연의 놀이를 만들어주기 위해 노력하였다. 예수는 인간 자유에 대해 진지하다. 인간 자유가 움직여서 하느님이 역사 안에 농도를 지니게 해야 한다. 예언자는 새로운 가능성이 솟아나게 하여 사람들을 각성시킨다. 그러나 실천은 인간 각자의 문제이다. 놀이는 자유롭게 스스로 창의력을 동원해서 해야 한다. 예수는 우리의 정통사상과 타협주의가 요구하는 것과 다른 실천을 제안한다. 예수는 예언자이다. 하느님으로 말미암은 실천을 발생시켜 하느님이 역사 안에 살아 계시게 해야 한다.

예수를 위해서 하느님이 거명되는 장소는 변화된 우리의 삶이다. 병자가 치유되는 것은 하느님이 우리를 단죄하고 버리지 않으신다는 것을 의미한다. 율법과 안식일이 있는 것은 계약이 있고 "하느님의 함께" 계심으로 말미암은 놀이가 있다는 것을 보여준다. 가난한 이들에게 복음이 전해지는 것은 하느님이 강자强者라든가 권좌權座와 제휴하고 계시지 않다는 것이다. 형제적 용서와 화해는 우리에게 요구되는 삶의 새로움이 있다는 것이며, 복수와 책벌責罰의 악순환을 부숴버리는 하느님의 새로움이 있다는 의미이다. 죽음을 회피하지 않고 극복하기 위한 투쟁은 하느님이 마술적으로 인간 한계를 넘어서게 해주는 분이 아니라 인간 삶이 절대적인 것이 아님을 보여주는 한계로서의 죽음이라는 것을 말한다. 이러한 변화는 예수에게 하느님을 의미하는 것이었다.

하느님은 베푸시는 분(요한 4.10)이시다. 하느님의 베푸심은 모세와의 계약에서와 같이 먼저 함께 계심이다. 하느님은 잃어버린 양 한 마리를 찾아 헤매는 목자와 같고, 잃어버린 은전을 찾는 여인과 같으며, 집나간 아들을 기다려 맞이하는 아버지와 같다(루가 15장). 하느님은 사람들을 식사에 초대하는 사람과 같고(루가 14.16-24), 보수를 많이 주는 선한 포도원 주인과 같으며(마태 20.1-16), 종들에게 자기 재산을 맡기는 사람과 같다(마태 25.14-30). 이런 상징성을 살려내는 놀이 안에 하느님은 살아 계시다. 따라서 사람이 하느님 나라를 찾아야 한다(루가 11.9). 좁은 문으로 들어가도록 힘써야 한다(루가 13.24). 받은 것을 값지게 만들어야 하고(마태 25.14-30) 주인이 돌아올 것을 기다리는 종과 같이 깨어 있어야 한다(루가 12.41-46). 놀이를 하는 사람은 진지해야 하고 그것에 몰두해야 한다.

3.2 우리의 근본인 하느님

하느님은 우리의 근본인 실재實在이시다. 이 말은 하느님을 우리 욕구를 채워주는 분으로, 우리 꿈을 투사投射하여 가상하는 분으로 접근하지 말아야 한다는 것이다. 하느님이라는 이름에 상응하는 실재는 우리의 필요, 우리의 기대, 우리의 부족에 응답하는 존재가 아니다. 하느님은 우리가 기대하지 않는 곳에 계시고, 우리가 듣기를 원하는 것과 다른 것을 말씀하신다.

예수에게 하느님은 아버지이시다. 아버지는 아들의 기원이고 법이다. 아버지는 아들이 투사한 결과가 아니다. 아버지는 아들과 다른 뜻을 가졌다. "아버지, … 제가 원하는 대로 하지 마시고 아버지께서 원하시는 대로 하소서"(마르 14.36). 하느님을 아버지라고 부르는 것은 그분이 실재임을 말하는 것이다. 우리는 쉽게 자신을 중심으로 주변을 본다. 이런 경우 아버지는 하나의 위협이나 경쟁 대상일 수 있다. 이것이 흔히 상상하는 하느님의 실재이다. 이스라엘은 이런 위험을 피하기 위해 계약의 하느님이고 이집트에서 해방시킨 아버지이심을 강조한다. 하느님은 함께 계시는 분이다.

예수에게 하느님은 우리의 근본이시다. 우리가 그분의 근본이 아니다. 예수는 현대 무신론을 모른다. 예수에게 그분의 존재는 문제되지 않는다. 문제가 있는 것은 하느님 체험의 장소이다. 사람들이 믿지 않는다고 예수가 비난할 때, 그것은 하느님 존재를 거부한다거나 존재에 대해 무관심하다는 말이 아니라 하느님을 잘못 찾는데 대한 비난이다. 예수가 제기하는 문제는 우리 삶 안에 하느님이라는 단어가 지닌 의미이다.

악의 문제는 우리의 근본으로서의 신을 거부하는 모든 사고의 공통점이다. 구약의 욥기가 제기한 문제고, 토마스 아퀴나스가 13세기에 신의 존재를 말하기 위해 제기하는 문제[8]이며 현대 무신론이 제기하는 문제이다. 복음은 악에 대해 설명하지 않는다. 악은 우리 인과율因果律의 장에 있지 않다. 죄 많은 사람에게 재앙이 주어지는 것도 아니고(루가 13,1-5), 장애를 지닌 사람은 죄에 대한 벌을 받은 것(요한 9,1-3)도 아니다. 악에 대한 복음의 이해는 하나의 행위를 내포한다. 악은 거슬러 싸우는 것이다. 병 고침, 죄의 용서 등 예수의 예언자적 행위들은 악을 퇴치하는 행위다. 악은 사람이 지배할 수 없는 것이다. 악은 인간이 저항해야 하는 것이다. 악은 설명되지도 않고 말살되지도 않는다.

예수의 예언자적 행위가 여는 장이 있다. 이 삶의 장에는 베푸심이 보이고 하느님이 보인다(요한 8,15.18). 그러나 악에는 마귀가 보인다(8,44). 이 두 장場의 차이는 베푸심에 대한 자각의 유무이다. 베푸심에 대한 자각이 없는 곳에 악이 발생하고, 예수는 이것을 죄라고 부른다. 유대인들이 하듯이 하느님으로 악을 해석하지 말아야 한다. 하느님 안에는 악이 발생하지 않는다. 하느님은 베푸심이다. 베푸심은 악의 근거가 될 수 없다.

악이 있음에도 불구하고 하느님을 믿어야 한다. 하느님을 악의 원인으로서 찾을 것이 아니라 악을 거스르는 인간 투쟁의 영역에서 찾아야 한다. 이것은 예수가 보여준 베푸심을 사는 현장이다. "이웃은 형이상학이다."[9] 베풂의 장에 존재의 원리로서 확인되는 하느님의 현존이다. 보이는 현상 안에 보이지 않는 원리를 생각하는 것이 형이상학이라면, 이웃을 위해 내가 발생시키는 베풂의 현상 안에

---

[8] *S.Th.* I. q.2, a.3.

[9] Ch. Moeller, *Littérature du XXe siècle et Christianisme*, Paris, 1960, t.4, 260에서 재인용. 희망을 요약하는 G. Marcel의 말.

우리가 인식할 수 있는 원리는 하느님의 현존이다. 예수의 삶 안에 확인되는 원리와 가치체계는 인간의 합리적인 인과율과는 다르다. 예수에게 하느님은 인간 존재의 원리이다. 하느님은 예수가 보여주는 베푸심에 내재하는 더 큰 베푸심이다. 하느님은 예수가 일으키는 새로운 가능성의 원리이다. 하느님은 설명되지 않고 항존하는 존재론적 조건이다. 인간이 그 제한과 자유 안에서 발견하고 살아야 하는 장의 근본인 실재이다.

3.3 하느님은 일하신다

과학적 사고방식 안에 하느님의 자리는 없다. 우리는 모두 하느님이 계시지 않는 듯이 산다. 하느님이라는 단어가 인간이 하는 투사의 결과였던 그만큼 하느님은 우리 삶의 장에서 후퇴한다. 예수에게 하느님은 불필요한 분이 아니었다. 하느님은 행동하시고, 가까이 계시고, 삶에 개입하시는 분이었다. 예수가 말씀하신 하느님은 일하시는 분이다. "아직까지 내 아버지께서 일하고 계시며 나도 일하고 있습니다"(요한 5.17).

복음서 안에 하느님의 실효성은 생명의 징표들 안에서 볼 수 있다. 예수는 해방하고 살리는 분으로 행동한다. 이 행동들은 때에 따라, 상대에 따라 달리 나타난다. 하느님의 일하심은 표준화되어 있지 않다. 하느님의 일하심은 우리 자유에 주어진 하나의 말씀이다. "너희가 이 지극히 작은 내 형제들 가운데 하나에게 해주었을 때마다 나에게 해준 것이다"(마태 25.40).

하느님의 일하심이 우리 삶의 장에 받아들여지면 다른 사건들과 공명共鳴한다. 예수는 모든 것을 하지 않았다. 그러나 그분의 치유, 기득권층과의 충돌, 안식일 계명의 어김 등은 우리 생활에 새로운 빛을 준다. 예수의 이런 행위들은 우리에게 말하는 것이 있고 하나의 연쇄반응을 일으킨다. 하느님이 일하시는 장이 우리 안에 열린다.

하느님의 일하심은 수익성이나 인간적 성공을 말하는 인간 삶의 이야기 안에 나타나지 않는다. 하느님의 일하심은 베푸심으로 채색된 것이다. 이 일하심은 일의 결말을 내는 것이 아니라, 말씀하고 시작하시는 데 있다. 그분은 말씀하고 시작하시는 분이다. 그리고 하느님의 시작은 우리의 주도권을 내포한다. 우리의 행동과 하느님의 일하심은 경쟁관계에 있지 않다.

예수의 예언자적 행위는 인간의 피동성, 타협주의, 불의, 특권, 경멸 등을 비판하여 인간이 참다운 자유를 찾도록 해준다. 그리고 이 자유는 베풂을 배운다. 예수는 유대인들의 메시아 사상을 거부했다. 이 사상은 사람들의 자유를 빼앗고 잘못된 베푸심으로 몰고가기 때문이다. 하느님은 신뢰하고 용서하고 미래를 여는 분이다. 하느님은 가능성의 하느님이시다. 사람은 사람의 미래를 닫는다. "사실 죄인이지!"(루가 7.39). 이것이 사람이 사람에 대해 하는 일이다. 하느님은 우리 습성과 고정관념과 숙명을 바꾸고 우상들을 상대화해서 인간이 찾는 안전의 폐쇄회로를 깨는 분이다. 하느님은 베푸신다. 베푸심의 새로운 장을 여는 분이다. 살과 피의 경계를 넘어서 살리시는 부활의 하느님이다. 인간적인 것은 그분을 말하는 근거가 될 수 없다.

3.4 하느님은 인간과 다른 분이다

예수는 하느님이 당신의 이름을 우리 가운데 "거룩하게" 나타낼 것을 청한다. "아버지의 이름이 거룩히 빛나시며". 성서에 거룩하다는 말은 우리와 전혀 다르다는 것을 의미한다. 하느님을 안다는 것은 그분이 우리와 전혀 다른 분이라는 것을 인정하는 것이다. 하느님과 우리의 차이는 바로 이 베푸심에 있고, 그분과 우리의 관계는 이것을 기초로 한다. 이 베푸심의 장을 떠난 하느님과의 관계는 여러 형태의 인간 횡포를 정당화하는 것이 되거나, 아니면 하느님과 인간의 관계를 경쟁적인 것으로 전락시킨다. 베푸심만이 하느님과 인간의 관계를 참다운 것으로 해준다. 이 베푸심이 나타나기 위해서는 하느님과 인간이 달라야 한다.[10] 하느님이 당신의 이름을 거룩하게 하셔서 당신과 우리 사이의 차이를 보이시면 "아버지의 나라가 임하시"는 결과를 가져온다. 하느님의 베푸심은 우리의 베풂 안에 임하신다.

하느님이 우리와 다르다는 말을 흔히 생각하듯이 윤리적 영역에 국한시키지 말아야 한다. 하느님은 거룩하시고 우리는 죄인이라고 생각하면 죄가 하느님에 대한 우리 체험의 유일한 장이 된다. 그러나 하느님과 우리 사이의 차이는 기쁜 소식이다. 하느님의 베푸심은 우리 기쁨의 원천이다. 예수께서 남기신 성찬을 "감사"Eucharistia라고 부르는 것은 성찬이 하느님의 베푸심을 상기시키는 새로운 계약이고 우리를 그 베푸심에 참여시키는 상징이기 때문이다.

하느님이 다른 분이라는 말은 우리가 상상하고 추측하는 것과 다른 분이라는 의미이다. 그분을 우리 체험과 동일시할 수 없다. 하느님은 우리 모든 사람의 하느님이시다. 그분을 우리가 속하는 집단, 곧 교회 안에만 계시는 분으로 생각하지 말아야 한다. 하느님을 하나의 종교질서 안에 유폐시키지 말아야 한다. 오늘의 종교신학이 안고 있는 과제이다. 하느님을 한 시대, 한 문화의 표현 안에 유폐시키지 말아야 한다. 오늘의 토착신학이 과제로 하고 있는 문제이다. 하느님은 우리와 전혀 혼동될 수 없는 분이시다. 하느님은 하느님이다. 그래서 유일하신 분이다.

하느님이 우리와 다르다는 것은 우리와 무관함을 말하지 않는다. 그분이 무관하시면 그분의 거룩하심은 우리 소외의 원인이다. 하느님은 베푸심으로 우리 안에 계시고 우리 베풂의 원인이시다. 예수는 하느님을 아버지라 부른다. 아버지는 아들 생명의 기원이다. 그

---

[10] A. Delzant, *La communication de Dieu*, Paris, 1978, 37; 116-21.

러나 전혀 다른 분이다. 아들이 아버지의 기원이 아니기 때문이다. 아버지는 아들에게 법이다. 베푸심의 법으로 아들 안에 살아 계시는 하느님이시다.

3.5 하느님은 아버지이시다

　아버지라는 호칭에 대한 정신분석학의 비판은 아버지라는 단어에는 인간 유년기를 지배한 원초적 욕구가 감춰져 있다는 것이다. 예수가 아버지라는 호칭을 사용할 때, 정신분석학이 비판하는, 모든 것이 되고 싶은 욕구, 인간 조건을 받아들이지 않으려는 욕구를 투사한 것은 아니었다. 하느님을 아버지라고 부르는 것은 내 존재를 그분에게서 받았다는 것을 인정하는 것이고, 말씀과 법을 통해서 다른 사람과 관계의 질서 안으로 들어가는 것이다. 아버지가 가상적인 것이 아니기 위해서는 다른 형제들과 부모의 사랑을 공유할 줄 알아야 한다. 따라서 나는 다른 사람들과 함께 사는 인간임을 받아들이면서 하느님을 아버지라 부를 수 있다. 하느님을 아버지로 참답게 인정하는 것은 타인을 받아들이고 타인의 연약함과 결핍을 자기 것으로 받아들이는 것이다. 이것이 하느님을 사랑하고 이웃을 사랑하는 그리스도인의 체험이다.

　예수를 기초로 아버지이신 하느님을 생각해야 한다. 예수가 아버지를 부를 때, 그분은 형제들을 자유롭게 만들고 스스로는 죽음으로 나간다. 이 죽음은 버려졌다는 체험을 하게 했다. 그는 아버지를 불렀지만 아버지는 인간 조건이 지닌 법을 깨고 아들을 보호하지 않았다. 예수는 많은 사람들 가운데 하나였고, 이것으로 예수는 많은 형제들 가운데 첫째가 되었다. 아버지이신 하느님에 대한 우리의 말은 우리의 투사에서 벗어난 존재를 말하는 것이라야 한다. 십자가를 포함한 예수의 모습 안에 확인되는 아버지가 하느님이다.

　아버지라는 호칭은 악과 하느님은 아무 관계가 없음을 말한다.

"여러분 가운데 어느 누가 아비된 자로서, 아들이 생선을 청하는데 생선 대신 그에게 뱀을 주겠습니까?"(루가 11.11). 아버지는 아들이 자라는 데 돕는다. 아버지의 베푸심은 아들도 베풀게 해서 스스로를 성취하게 한다. 따라서 아버지와 함께 있는 것은 살아 있는 것이다. "나의 이 아들은 죽었다가 다시 살아났다"(루가 15.24). 이것이 그리스도인의 생명이다.

3.6 하느님은 성령이시다

예수가 말씀하신 하느님은 또한 영靈이시다. "바람(pneuma)은 불고 싶은 곳으로 붑니다. 그리고 당신은 그 소리는 듣지만 어디서 와서 어디로 가는지를 모릅니다. 영으로 난 이는 모두 이와 같습니다"(요한 3.8). 숨결은 하느님의 일하심을 나타내는 구체적 형상이다. 예수는 하느님의 베푸심에 인간적 욕구를 개방하는 것을 성령이 하시는 일이라고 말한다.

성령은 하느님의 힘이다(사도 1.8). 모든 시작은 성령이 하시는 일이다. 성령은 혼돈의 무력함을 깨고 모든 것을 존재하게 하신다. 성령은 또한 종말론적 시기를 시작한다. 예수의 잉태(루가 1.35), 예수의 설교(루가 4.14), 예수의 부활(1디모 3.16; 로마 1.4), 교회의 시작(사도 2.32) 등이 모두 성령이 하신 일이다. 성령은 모든 시작의 원천이다. 우리의 희망도 성령이 주시는 것이다(갈라 5.5). 성령은 새로운 미래를 베푸시는 힘이다.

모든 시작은 결별과 버림이고 아직 없는 것을 향한 도약이다. 창조하시는 성령은 분리하시는 분으로 일하신다. 기원은 우리 정체성을 확인하는 장소가 아니다. 기원과 멀어지면서 인간은 자기를 발견하고 실현한다. 아브라함은 기원의 땅을 버리고 떠나서 약속의 땅을 볼 수 있었다(창세 12.1-4). 낙원은 거룹들과 불칼로 막혔다(창세 3.24). 우리는 낙원에 돌아가지 못한다. 성령은 기원의 가상적 나라에서 우리를 나오게 하여 미래의 길로 들어서게 하시는 하느님의 베푸심이다. 약속은 원초적 욕구의 충족을 위한 것이 아니다. 성령은 자유의 원천이고 창조적 힘이다.

성령은 기억이다. "협조자, 곧 아버지께서 내 이름으로 보내주실 성령께서 모든 것을 여러분에게 알려주실 것이고 내가 여러분에게 말한 모든 것을 생각나게 해주실 것입니다"(요한 14.26). 성령은 예수의 역사적 실재를 상기시킨다. 예수에 대한 기억을 외면하고 하느님을 아버지로 부르지 못한다. 예수는 다른 분을 받아들이고 자기 욕구가 지닌 논리를 그분에게 강요하지 않으면서 자기의 한계와 죽음을 받아들인 분이다. 예수를 상기시키는 성령은 신앙인이 예수를 기준으로 자녀됨을 살도록 하시는 분이다.

성령은 하느님의 나라라는 장의 숨결이고 흐름이다. 신앙인이 하느님을 부르고 이 장에서 산다는 것은 형제들을 인정하고 베푸시는 하느님의 양식으로 행동하는 것이다. 자기를 중심으로 한 행복과는 전혀 다른 행복의 약속을 사는 것이다. 성령은 자유의 원천으로서 타인을 인정하게 한다. 성령은 법을 대화적이고 사회적이게 만든다. 성령은 법이 절대화하는 것을 막는다. "하느님을 아버지로 인정하게 하는 같은 행위로써, 성령은 다른 사람들을 형제로 볼 수 있게 해준다. 법은 여기에 이 형제됨을 설정하는 말씀으로 있다."[11] 이 장에서는 자기 스스로를 주지 않으면, 자기를 얻을 수도, 하느님을 알 수도 없다는 것을 의미한다. 성령이라는 말은 인간적인 것보다 더 있는 것을 의미한다. 아버지와 영의 차이는 우리의 이해에만 있는 것이 아니라 하느님의 실재 안에 그 근거가 있는 것으로 보아야 한다. 예수는 부활하신 후 성령의 베푸심을 선포한다. 우리가 부활의 베푸심을 살 때만 성령과의 관계 안에 있다.

---

[11] Ch. Duquoc, *Dieu différent*, Paris, 1978, 108.

3.7 하느님은 어떤 분이시다

하느님은 어떤 위격적 존재이다. 대부분의 그리스도인들에게는 아무런 문제가 없는 표현이다. 그러나 일부 타종교 전통에서는 하느님은 "어떤 원리", "어떤 힘", "최고의 어떤 것", "전체"로 더 쉽게 이해된다.

이스라엘에게와 마찬가지로 예수에게 하느님은 어떤 분이시다. 특히 아버지라는 호칭은 그것을 말한다. 영의 경우와는 다르다. 예수는 영에 대해 말씀하지만 영에게 말씀하지도 기도하지도 않는다. 아버지의 경우는 분명하다. 하느님은 우리와 함께 계시고 우리를 사랑하시기에 하느님은 어떤 분이시다. 하느님은 당신 스스로를 전달하고 베푸시는 분으로 계시고 또 우리 기도의 상대로 계시다. 예수는 하느님에 대해 위격적 관계를 넘어서는 어떤 관계를 암시하지 않는다. 신앙은 하나의 관계이며 대화이다. 하느님을 위격으로 말하는 것은 그분이 "어떤 원리"나 "전체"가 아니라는 뜻이다. 그러나 위격성은 하나의 유비 analogia라는 것을 잊지 말아야 한다.[12] 지나친 의인화는 금물이다.

하느님을 위격이라고 말할 때, 하느님은 하나의 사물이 아니라는 뜻이다. 하느님은 자유를 지닌 하나의 주체이다. 우리가 정의할 수 없는 분이시다. 하느님은 세상이나 인간에서 연역할 수 있는 하나의 관념이 아니다. 하느님은 인간이 만든 모든 우상과, 이 세상의 것을 절대화한 어떤 언표와도 다른 분이다. 위격이신 하느님에 대한 성서적 신앙은 인간의 모든 우상, 모든 절대화, 모든 이념을 비판한다. 인간의 자유는 이 비판에서 발생한다. 하느님을 위격이라고 말하는 것은 그분은 하나의 기능으로 전락하지 않는다는 것을

---

[12] K. Rahner, *Grundkurs des Glaubens*, Herder, 1976, 79-83. W. Kasper, *Le Dieu des Chrétiens*, Paris, 1985, 229-33.

의미한다. 위격으로서의 하느님은 모든 것을 결정하는 분이고 실체로서보다는 관계나 사랑으로 접근해야 하는 분임을 말한다.

  예수가 하느님의 위격성을 말하는 것은 예수가 가진 하느님의 베푸심에 대한 관념과 관계있는 것으로 생각된다. 하느님이 어떤 분이라고 말하는 것은 하느님이 역사 안에 베푸시는 분임을 긍정하는 유일한 방법이다. 하느님은 사랑하시는 분이고 사랑은 위격적일 수밖에 없다. 그러나 그분의 위격성은 인간이 위격이라고 말하는 것과 같은 뜻으로 위격이 아니라는 것을 생각해야 한다. 그래서 하느님은 전혀 다른 분이다. 그러나 어떤 위격성을 떠나서 예수가 말씀하시는 하느님을 상상할 수는 없다.

나오면서

한국의 신학이 있기 위해서 우리는 먼저 트렌토 공의회 이후 가톨릭 교회 안에 절대적인 것으로 군림하는 유럽 중세의 언어와 제도를 탈피할 수 있어야 한다. 토착화土着化라는 이름으로 한국에서도 많은 글들이 발표되었지만, 대부분의 저자들이 유럽 중세 교리언어와 그리스도교 복음의 메시지를 동일시하여, 유럽 중세 교리와 한국의 종교, 문화 유산을 비교하면서 유사점을 찾으려는 시도를 하였다. 그러나 그들이 이해한 그리스도교 신앙 내용이라는 것이, 그것을 포장한 유럽 중세 언어와 동일시된 것이라서, 복음적 메시지를 상실하고 다만 종교학적 언어가 되고 만다. 그것도 현대 한국인이 잘 모르는 과거의 유산에서 가져온 언어로 우회迂廻하여 표현한 것이기에 복음의 메시지는 이중二重으로 실종되고 만다. 우리가 교리라고 사용하는 유럽 중세 언어가 그리스도교 메시지를 한 번 희석시켰고, 그 언어를 전달하기 위해 우리 고래古來의 문화 유산에서 등가等價 개념들을 찾아내기 때문에 그 결과는 복음적 체험을 또 한 번 희석하는 결과를 초래한다.

　한국의 신학이 왜 필요하냐고 반문할 수 있다. 가톨릭 교회는 보편교회라서 로마를 중심으로 모두가 같은 말을 해야 하지 않느냐고 말할 사람도 있다. 이 세상에 언어가 다양하듯이 문화도 다양하고, 사람의 개성과 모습도 모두 서로 다르다. 언어가 같아서 가톨릭이 아니다. 그것은 바벨탑을 짓는 사람들이다. 체험과 삶이 예수 그리스도적인 것이라야 한다. 그러나 각자의 성격과 환경이 다르듯이 사람의 표현도 일양적一樣的인 것일 수는 없다. 신학은 그리스도교 놀이의 언어화 작업이며 과거의 언어로 된 텍스트들에서 그 시대를 위한 놀이를 발생시키는 작업이기도 하다. 한국의 역사적·문화적·사회적 여건이 있다면 당연히 한국의 신학도 있어야 할 것이다. 다른 여건에서는 다른 놀이가 발생하기 때문이다.

지금까지 한국의 제도교회에는 대화 문화가 없다. 과거 군사정권 하에서 사회참여를 부르짖던 교회 직무자들과 그것을 반대하던 자들 사이에 대화가 전혀 불가능했던 사실이 그 하나의 예이다. 각자가 모방만 하는 사람들이라 자기 고유의 생각이라는 것이 없다. 모방하는 사람들은 자기가 모방하는 것 외에 다른 것을 들을 수 있는 마음의 여유가 없다. 식민지에 사는 사람들이 그런 사람들이다. 중세와 근세의 유럽 귀족 가문 출신 주교들을 모방하기에 바쁜 사람들, 트렌토 공의회가 교회의 새로운 분열을 막기 위해 정립한, 본당 공동체 안에서 절대 권한을 행사하는 본당신부상을 모방하기에 바쁜 사람들, 이런 사람들은 자기가 모방하는 표준이 있기에 다른 사람의 말이 들리지 않고 기고만장하기만 하다. 자기가 흉내내는 모델만이 오로지 자기의 보람이다. 따라서 대화라는 것은 있을 여지가 없다. 유럽 중세교회가 힘들여 세운 고딕 성당에 들어가면 사람은 위만 쳐다보게 되어 있다. 그 시대에는 대화가 필요치 않고 위만 보고 행동하면 잘 살 수 있었다. 그러나 오늘은 그렇게 행동하면 사람 노릇을 하지 못한다. 오늘은 횡적으로 많은 정보를 주고받으며 서로 긴밀히 얽혀서 사는 세상이다.

한국의 신학이 가능하기 위해 우리는 먼저 예수 그리스도의 복음을 현대인으로서 이해하는 노력을 해야 한다. 그리스도 신앙이 오랜 역사 안에 발생시킨 다양한 언어들이 있다. 그중에는 원천과의 관계를 왜곡시킨 것도 많이 있다. 그 언어들을 복음서라는 정초하는 체험의 언어에 비추어 비평함으로써 신앙체험들의 시대적 포장을 벗겨보는 수고를 해야 한다. 오늘의 한국인이 그리스도교 메시지를 올바로 이해하고 그것을 실천하면, 그것이 그리스도교 신앙의 토착화이다. 메시지를 유럽 중세 언어로 왜곡시키면 오늘을 위한 놀이가 발생하지 않는다. 현대 젊은이들이 신앙을 외면하는 이유 중의 하나이다.

유럽 중세 사회는 모든 것을 존재론적 서열로써 인식하였다. 그 사회의 질서는 권위와 순종이었다. 서열의 위에 있는 사람은 권위를 행사하고 아래에 있는 사람은 순종으로 그 권위를 받아들이는 사회였다. 세상이 이런 식의 신분사회를 탈피한 지는 오래되었다. 아직도 그 신분사회를 탈피하지 못한 지각생들은 복음의 신선함을 다시 배워야 한다. 복음은 모든 시대를 위한 메시지를 지녔다. 과거의 제도와 관행으로 사람이 사람 행세를 못하게 만드는 유대 종교 기득권자들을 신랄하게 비판하신 예수였다. 하느님은 사람을 살리시는 분이고 생명은 새로움이다. 유럽 중세를 탈피하지 못한 우리 교회가 현행 제도와 관행을 유지하기 위해 교구, 본당, 수도원에서 사람들의 자발성을 봉쇄하여 얼마나 많은 생명을 희생시키고 있는지를 생각해 보아야 한다. "한 사람이 이 백성을 위해서 죽고 온 민족이 멸망하지 않는 것이 당신들에게 더 이롭다"(요한 11.50)는 가야파의 정치적 편법은 오늘도 한국 교회 도처에서 실천되고 있다는 사실을 알아야 한다.

복음은 우리에게 섬기는 사람이 될 것을 요구한다. 예수도 섬기는 사람이었다고 복음은 말한다(마르 10.45 참조). 섬기는 사람은 섬기는 대상을 위해 무엇이 가장 좋은지를 알기 위해 귀기울여 들을 줄도 아는 사람이다. "영을 끄지 말고, 예언을 업신여기지 마시오. 모든 것을 살펴보고 좋은 것을 지키시오"(1데살 5.19-21). 이것이 섬기는 자의 자세일 것이다. 한국 제도교회 기득권자들의 놀이 안에는 유럽 중세사회의 찌꺼기들이 많이 보인다. 복장과 장신구들이 주는 우월감은 말할 것도 없고, 서품으로 보장된 신분, 그것도 평생토록 보장된 신분이라는 것이 현대사회 안에는 잘못된 놀이를 발생시킨다. "새 포도주는 새 가죽부대에 넣어야 한다"(마르 2.22). 스스로 목자라고 생각하는 사람들은 요한 복음 10장을 다시 읽어보아야 한다. "나 외에 온 자들은 모두 도둑이요 강도입니다"(8절). "나는 착한 목자입니다. 어진 목자는 양들을 위하여 자기 목숨을 내놓습니다"(11절). "내 목소리를 듣고 한 목자에 한 양떼가 될 것입니다"(16절). 자기가 제도교회의 기득권자라고 생각하는 사람들도 "한 목자이신" 예수 그리스도 밑에 다른 사람들과 "한 양떼"가 되도록 실천해야 한다. 아니면 "나 외에 온 자들"이라는 불미스런 자리밖에 없다. 요한 복음 21장에서 베드로에게 양떼를 치라는 말씀을 하시지 않았느냐고 반문할 수도 있다. 목자가 되라는 말씀이 아니다. "내 어린양들을 먹여 기르시오"(21.15). "내 양들을 지켜보시오"(16절). "내 양들을 먹여 기르시오"(17절). 철저히 "내 양들"이다. 요한 복음은 예수의 기도를 전하면서 "아버지께서 세상에서 택하여 제게 주신 사람들"(17.6), "이들은 아버지의 사람들입니다"(9절)라는 말을 남겨서 예수가 당신을 따르는 사람들을 어떻게 보셨는지를 우리에게 알려준다. 예수의 놀이 안에 그들은 아버지께서 맡겨주신 사람들이었다.

우리 신학의 언어는 새로워져야 한다. 유럽 중세 언어를 탈피하는 길은 먼저 복음을 올바로 인식하여 과감하게 새로운 언어를 발생시킬 때만 가능할 것이다. 우리가 한국인으로서 복음을 올바로 실천할 때, 이 땅에 그리스도 신앙의 미래가 있을 것이다. 현재 본당에서 젊은이들이 서서히 이탈하고 있는 현상을 심각하게 생각해야 한다. 들을 것이 없다는 중론이다. 언어가 통하지 않기 때문이다. 그들은 유럽 중세 사람들이 아니다. 로마 교회의 언어가 이 땅의 미래를 열어주지 않을 것이며, 유럽 중세사회에서 얻어온 신분적 제도와 관행이 우리를 위해 복음의 메시지를 발생시키지 않을 것이다.

이 땅에 신학교나 수녀원이 많다는 것이 이 땅의 복음적 미래를 약속하지 않는다. 신학생이나 수도생활 지망자들에게 과거 중세 언어를 그대로 주입하면서 그들을 사회에서 격리시키는 것만이, 그들을 "영성적으로" 올바르게 교육하는 것이라고 생각하는 사람들이 있다면 큰 오산이다. 과거와 동일한 사람을 만드는 것이 미래를 위한 설계가 아니다. 젊은이들은 젊은이들 사이에서 새로운 언어로 신앙을 표현할 수 있어야 한다. 격리만이 능사라고 생각하면, 결국은 사람들과 말이 통하지 않는 세대를 키워내는 것이다. 그들의 신앙언어는 독백은 될 수 있어도 말씀이 되지는 못할 것이다. 현재의 신학교나 수녀원에서는 바로 이 중세 언어의 지배로 능력있는 사람도 무능하게 만드는 교육을 하고 있다는 인상을 준다. "죄가 많아진 곳에 은총은 넘쳐흘렀다"(로마 5,20)고 말씀하시니 "희망할 수 없는데도 희망하면서"(로마 4,18) 기다려 보아야 한다.

중요 관련 문헌

H. G. Gadamer, *Wahrheit und Methode. Grundzüge einer philosophischen Hermeneutik*, Tübingen, 1986,

R. Marlé, *Le problème théologique de l'herméneutique*, Paris, 1968.

C. Geffré, *Le christinisme au risque de l'interprétation*, Paris, 1983.

P. Ricoeur, 「해석학과 불트만」, 『종교신학연구』 제5집, 분도출판사, 1992.

Ch, Duquoc, "Alliance et Révélation", in *Initiation à la pratique de la théologie*, t.2, Paris, 1987, 11-31.

E. Schillebeeckx, *Jesus. An Experiment in Christology*, New York, 1981.

E. Schillebeeckx, *Christ. The Experience of Jesus as Lord*, New York, 1981.

F. Varillon, *L'humilit de Dieu*, Paris, 1974.

A. Delzant, *La comminication de Dieu*, Paris, 1978.

K. Rahner, *Grundkurs des Glaubens*, Herder, 1976.

W. Kasper, *Der Gott Jesu Christi*, Mainz, 1982.

③

타종교들에 대한 이해
— 종교신학

들어가면서
1. 그리스도 신앙의 역사성
2. 예수 그리스도의 유일성과 보편성
3. 예수 그리스도의 신성神性
4. 삼위일체의 상징성
나오면서

들어가면서

　제2차 바티칸 공의회 이후 종교신학은 그리스도교 신학 안에서 그 비중을 더해 가고 있다. 교회일치 운동이 그리스도교의 대내적 과제라면 종교신학은 대외적 과제라고 말할 수 있겠다. 종교들의 상호 부정이 어떤 참혹한 전쟁들을 일으켰고 또 현재도 일으키고 있는가를 생각하면 종교간의 상호 이해는 세계평화를 위해 필수적 조건이라는 데 이의를 제기할 사람은 없을 것이다.
　그러나 종교신학의 문제는 세계평화를 넘어서는 곳에 있다. 종교신학이 직면하는 것은 진리의 문제이다. 그리스도교 종교신학이 과제로 하는 것은 타종교들에 대한 그리스도교적 이해와 자세이다. 현대사회의 다원 현상과 더불어 종교다원 현상은 외면할 수 없는 현실이다. 4세기 로마 제국 안에서 신앙의 자유를 얻으면서부터 20세기 식민주의가 끝나는 시기까지, 서구의 그리스도교회가 타종교 전통에 대해 보였던 배타성은 이제 더 견지할 수 없는 것이 되었다. 이러한 현실 앞에 그리스도인은 타종교 전통들을 받아들이고 그 전통들의 신학적 의미를 생각해 보아야 한다. 그리스도교 언어 전통 안에서 타종교의 존재 가치를 말할 수 있어야 한다. 이것이 종교신학의 가장 우선하는 과제일 것이다.
　예수 그리스도의 유일성과 그리스도 사건의 보편성은 그리스도교 전통의 중심을 이루는 믿음이다. 전통적으로 그리스도교가 주장하는 예수의 유일성은 예수를 통해서 또 예수 안에 하느님이 결정적으로 스스로를 나타내셨다는 데 있다. 예수 그리스도가 지닌 보편성이란 모든 시대와 장소의 사람들을 위해서 예수와 그분이 하신 일은 구원적 가치를 지닌다는 것이다. 인간 예수의 인간적 조건, 말씀, 행위, 삶, 죽음과 부활은 그리스도 신앙이 말하는 하느님의 결정적 계시를 구성한다. 예수 그리스도의 우월성에 대해 어떤 표현을 사용하든, 예수 그리스도는 이렇게 구원언어의 중심에 자리잡고 있다.

이러한 전통적 그리스도 중심주의는 최근 직면한 종교다원 현상 앞에서 그리스도의 유일성과 보편성에 대해 다시 생각하게 만든다. 이 유일성과 보편성은 다른 것을 부정하는 것이 아니라 다른 것들을 내포하는 것이며, 폐쇄된 것이 아니라 다른 것들을 향해 열려 있는 것이며, 분파적인 것이 아니라 우주적이라는 뜻으로 이해하게 되었다.[1] 신비로서의 그리스도는 인간에게 스스로를 전달하는 하느님이다. 따라서 하느님이 인간 삶에 개입하는 곳, 그분의 현존이 체험되는 곳이면 그리스도적 신비는 어디에나 있다고 말할 수 있다. 그러나 이 신비는 그리스도교 계시를 통해 나자렛 예수의 인간적 조건 안에서 알아보지 못하는 사람들을 위해서는 어떤 의미로 "익명"으로 있다는 것이다. 모두가 그리스도적 신비를 체험하지만, 그리스도인들만 그것을 올바로 이름 부른다는 것이다. 이것이 칼 라너K. Rahner가 말한 "익명의 그리스도인"[2] 이론이다. 이 이론은 가톨릭 신학자들을 포함하여[3] 많은 사람들로부터 거센 비판을 받았다. 물론 칼 라너 자신은 그 표현이 종교간의 대화를 위한 것이 아니라 타종교 전통들에 대한 그리스도인의 이해를 분명히하기 위함임을 밝히고 있다.[4]

---

[1] Ch. Duquoc "Le christianisme et la prétention à l'universalité", *Concilium*, 155, 1980, 75-85. J. Comblin, "Le débat actuel sur l'universalité chrétienne", 같은 책 87-96.

[2] K. Rahner, "Die anonymen Christen", *Schriften zur Theologie*, VI, Einsiedeln, 1965, 545-54.

[3] 예를 들면, H. Küng, *Christsein*, München, 1974, 불어역, *Etre chrétien*, Paris, 1978, 99-101; H. Urs von Balthasar, *Cordula ou l'épreuve décisive*, Paris, 79-90.

[4] K. Rahner, "Bemerkungen zum Problem des 'anonymen Christen'", *Schriften zur Theologie*, X, Einsiedeln, 1972, 531-46.

그리스도의 신비가 타종교 전통들 안에 감춰져 있다는 것은 그리스도인들에게는 큰 변화를 가져다준다. 그리스도인은 타종교 전통에 대해 개방적이고 영접하는 자세를 지녀야 한다. 타종교 안에 있는 모든 것이 그리스도적인 것은 아니다. 그러나 타종교 전통들은 그리스도 신비의 새로운 면모를 보여줄 수 있다. 예수 그리스도로 말미암아 발생하는 어떤 의미를 그리스도인들이 보지 못하는 반면, 타종교 전통에 속하는 사람들이 보고 있을 수 있다. 타종교 전통들은 다른 방식으로 하느님의 은총을 중개한다고 말할 수 있다. 하느님의 현존은 다양한 중개에 열려 있는 것이다.[5]

한스 큉H. Küng은 "익명의 그리스도인"에 대해 비판하면서 그리스도론적 규범성을 지닌 신중심주의를 주장한다. "그리스도교의 절대적 특수성은 이 예수를 인간이 가지는 하느님과의 관계, 사람들과의 관계 및 사회와의 관계를 위해 대단히 중요하고 결정적이고 규범적 존재로 생각하는 데 있다."[6] 예수 그리스도는 탁월한 모형이고 신과 인간의 관계를 위해 가장 완전한 상징이다. 그에게 예수는 유일하고 참다운 하느님의 실제적 계시다. 예수가 하느님의 아들이라는 말은 사람들에게 파견된 "하느님의 대리자, 대변자, 메시지의 전달자, alter ego, 친근한 자, 친구"[7] "그리스도인들을 위해 결정적 규범을 제공하는 자"[8]를 의미한다.

존 힉J. Hick이 대표하는 종교다원주의자들이 있다.[9] 그리스도교가 다른 종교 전통과 진지하게 대화하기를 원한다면, 먼저 예수 그리스

---

[5] 그리스도교의 예수와 불교의 보살을 비교하면서 자비의 하느님 체험을 잘 설명한 논문이 있다. 길희성, 「예수, 보살, 자비의 하느님」, 『사목』, 168 (1993,1), 62-111.

[6] H. Küng, 위의 책 132.

[7] 같은 책, 451, 522-3.

[8] L. Swidler (ed.), *Toward a Universal Theology of Religion*, New York, 1987, 247.

[9] L. Swidler, 위의 책 참조. J. Hick – P. F. Knitter (eds.), *The Myth of Christian Uniqueness. Toward a Pluralistic Theology of Religions*, New York, 1987 참조.

도의 인물과 그 행업의 유일성을 주장하지 말 것이며, 그것이 구원을 위한 보편적 구성요소라는 말도 하지 말아야 한다는 것이다. 존 힉은 그리스도론의 혁명을 주장한다. 이 혁명은 전통적 그리스도 중심주의적 관점에서 새로운 신중심주의적 관점으로 옮겨가는 패러다임의 변화에 있다. 이를 코페르니쿠스적 혁명이라 부른다.[10] 그리스도를 중심으로 타종교 전통들이 회전하지 않고, 하느님을 중심으로, 그리스도교를 포함한 모든 종교들이 회전하고 있다는 것이다. 패러다임의 이런 변화는 그리스도교와 예수 그리스도가 지금까지 누린 특권적 의미에 대한 주장을 포기하는 것이다. 힉은 포괄적 그리스도론의 모든 형태를 불필요한 것으로 단정하고 신중심적 다원주의만이 유일한 종교신학이라 주장한다. 예수 그리스도의 특권적이고 보편적 역할을 주장하는 그리스도교 입장을 넘어서 모든 종교 현상을 동등하게 보아야 하고, 평등한 입장에서 종교간의 대화를 해야 한다는 것이다. 폴 니터P. F. Knitter는 대화를 위해 예수 그리스도의 유일성을 잠정적으로 또 방법론적으로 포기해야 한다고 주장한다. 이것을 포기하지 않으면 대화가 불가능하기에 잠정적으로 포기해야 한다는 것이다. 그렇게 하면 이 대화를 통해서 예수 그리스도 안에 유일한 것이 있다는 것을 발견하게 될 것이라는 입장이다.[11]

힉의 입장을 따르는 사람들이 즐겨 사용하는 표현들은 "패러다임의 변화", "코페르니쿠스적 혁명", "루비콘 강을 건넘"[12] 등이다. 이들은 모두 종교 전통의 가치를 동등한 것으로 보고 그리스도교의 배타적 혹은 규범적 성격에 대한 주장을 포기해야 한다는 것이다.

---

[10] J. Hick, *God has many names*, Philadelphia, 1982, 이찬수 역, 『하느님은 많은 이름을 가졌다』, 도서출판 창, 1991, 41.

[11] P. F. Knitter, *No Other Name?* New York, 1985, 171-231, 변선환 역, 『오직 예수 이름으로만?』, 한국신학연구소, 1986, 273-323 참조.

[12] L. Swidler, 위의 책, 224-9. J. Hick & P. F. Knitter, 위의 책, vii-xii, 16-34.

만일 예수 그리스도의 보편성이 있다면, 다른 구원적 모습들이 하는 바와 마찬가지로, 모든 사람의 욕구에 응답하는 메시지의 성격과 관련지어서만 말할 수 있다는 것이다.[13]

예수 그리스도의 유일성, 보편성, 신성에 대한 그리스도교 언어가 현대 그리스도교 종교신학의 가장 민감한 주제로 등장해 있다. 과연 그리스도 신앙언어는 배타적이기만 한가? 이 언어를 포기하지 않으면 타종교와의 대화는 불가능한가? 우리는 이 주제들에 대한 해석학적 접근을 통해 종교신학의 그리스도교적 입장을 밝혀보려는 것이다.

---

[13] L. Swidler (ed.), 위의 책, 227-30. P. F. Knitter, 위의 책, 같은 곳.

1. 그리스도 신앙의 역사성

그리스도 신앙의 기원에 있는 것은 하나의 증언이다. 유대인 몇 사람이 예수의 생애와 죽음에서 일어나는 일련의 일들을 체험하게 되고 그들의 생활은 변한다. 그들이 체험한 것은 언어 안에 정착하고 그 언어는 하나의 전승을 이루면서 새로운 언어와 실천을 낳았다. 그리스도교 전통은 하나의 이론에서 발생하지 않고 어떤 체험의 이야기에서 시작하였다.

사람들은 경험한 것을 말과 체현體現으로 해석하면서 명확하게 인식한다. 이 해석의 과정에 그 시대 언어체계를 빌려서 말이 나타나고 이 말에는 은유隱喩(metaphor)들이 사용되었다.[14] 은유는 하나의 체험을 그 문화권이 지닌 분류체계 안으로 가져들어오는 역할을 한다. 은유는 이미 알려진 의미 영역을 새로운 체험이 제공한, 아직 알려지지 않은 의미영역을 위해 사용하는 해석의 행위다. 초기 교회가 예수와 더불어 한 체험은 "아들", "그리스도", "사람의 아들", "다윗의 아들", "주님" 등의 은유로 해석되었다. 이 언표들은 팔레스티나 문화권에서 통용되던 의미영역을 보여주는 표상들이다. 신약성서는 예수에 대한 체험을 해석하기 위해 은유들을 사용한 과정을 기록한 책이라고 말할 수 있다. 그렇다면 신약성서가 지닌 다양한 표현들은 우리가 자동적으로 이해할 수 있는 것들이 아니다. 그 시대의 산물이기에 우리는 그 표현들의 출처를 먼저 생각해 보아야 한다.

한번 채용된 은유는 그 자체가 지닌 의미 영역을 넓혀 간다. 예를 들면 "아들"이라는 표상이 전달하는 의미는 처음에는 하느님이 파

---

[14] P. Ricoeur, "Poétique et Symbolique", *Initiation à la pratique de la théologie*, t.1, Paris, 1987, 51-6. A. Vergote, *Interprétation du langage religieux*, Paris, 1974, 42-57.

견한 사자使者였지만, 그후 하느님과의 관계에 있어서 예수의 유일성, 선재성先在性과 예수 안에 나타난 하느님의 충만한 계시 및 예수를 따르는 모든 사람의 아들됨 등을 의미하는 것이 된다. 니카이아 공의회(325)의 시기에 오면 "아버지와의 실체적 동일함"으로 발전하고 칼케돈 공의회(451)에서는 "참으로 하느님, 참으로 인간"으로 해석되었다. 니카이아에서부터는 삼위일체 안의 "아들"이고 시초에 지녔던 "아들"의 종속론적 성격은 사라진다.

은유가 공동체 안에 받아들여지면 고백의 언어가 되고, 이제부터는 새로운 체험들을 발생시키고 해석해 주는 망網을 형성하게 된다. 개체와 공동체의 정체성을 정초하고 새로운 현실 앞에 계시 상황을 체험하게 하는 망으로 남게 된다. 이 언어의 망을 사용하여 체험하고 표현한다는 것은 그 전승이 낳은 하나의 공동체에 속하는 것을 의미한다.

2천년 가까운 그리스도교 체험의 전통 안에 해석은 많이 축적되었다. 각 시대 그리스도인들은 예수로 말미암은 체험을 그 시대가 지닌 은유로 표현했다. 이것은 지극히 당연한 일이다. 그러나 예나 오늘이나 일부 그리스도인들은 그 체험보다는 한 시대의 해석으로 나타난 표현에 더 집착하면서 배타적 자세를 취하는 경우를 본다. "중세가 신앙 조항 또는 교리라고 부르던 것이 권위를 지녔던 것은, 그것을 교회의 직무적 권위가 보장하기 때문이 아니라, 하느님의 진리가 그 안에 나타나는 결과적 사실 때문이었다."[15] 합리주의에 물든 스콜라 신학은 16세기 반反종교개혁의 분위기 안에서, 보편개념과 실재의 연결을 끊어버린 유명론唯名論을 의식한 나머지 교의를 교회 교도직이 정의하여 선포하는 것으로 생각했고, 그 선포는 진리라고 믿었다. 그러면서부터 신앙언어의 은유적 성격은 전혀 고려되지 않았다.

---

[15] W. Kasper, *Dogme et Evangile*, Paris, 1967, 40.

그리스도 신앙의 기원에는 체험이 있었고 은유로서 그 체험을 표현하고 나누는 하나의 공간이 있었다. 따라서 신앙은 하나의 역사를 고백하는 행위이다. 이것은 과거 언어로 된 망을 통해서 현재를 체험하고 자연 안에 그리스도교적 특수한 현재가 발생하게 하는 행위이다. 진리는 이 언어의 망을 통해서 발생한다. 진리는 하나이며 단순하고 우리 마음대로 할 수 있는 것이 아니다. 초기의 정초하는 체험과 그것을 기초로 발생한 증언의 역사적 망을 통해서 새롭게 발생하는 신앙인의 모습 안에 진리가 있다. 진리는 해석이고 증언의 질서에 속하는 것이다. 신앙은 증언으로 된 망 앞에 새로운 증언으로 답하는 것이다.

언어화된 과거의 증언과 현재의 증언 사이에는 어떤 불연속성이 있다. 하나의 콘체르토가 악보 안에 있다가 연주가의 연주로 현재화되었을 때 연주가의 창조력이 작용하여 만드는 불연속과 같은 것이다. 콘체르토의 연주와 마찬가지로 신앙은 어느 특정의 시간과 장소에 육화된 것이다. 따라서 신앙이 사용하는 그 시대의 은유도 항상 다르게 마련이다. 어제의 증언이 어제의 세계 안에 발생했듯이, 오늘의 증언은 오늘의 세계에서 발생해야 한다. 따라서 어제의 언어와 오늘의 언어를 하나씩 비교 검토하여 전통에 충실하였는지 그 여부를 가릴 수는 없다. 같은 언표가 전혀 다른 맥락에서는 초기의 것과 전혀 다른 의미를 지닐 수 있다. 따라서 하나의 언어에 집착하는 행위는 그 의도와는 관계없이 하나의 배신이 될 수 있다.

그리스도 신앙의 지속성은 동질적 발전에 있지 않다. "동일성의 논리라는 덫"[16]에 걸리지 않게 해야 한다. 지속성은 시간의 여건에 따라 다른 요소들이 작용한다는 것과 전승이 기록된 과거 언어를 읽는 방식이 다르다는 것을 전제해야 한다.

---

[16] Ch. Duquoc, *Dieu différent*, Paris, 1978, 139.

진리는 실천적이고 육화된 것이다. 그리스도교 진리는 명제들 안에 있지 않다. 진리는 언어의 전승으로 말미암아 발생하는 모습들을 역사 안에 설정한다.[17] 이 모습들은 역사의 불투명성과 우연성을 지니고 발생한다. 이것은 육화된 것이기에 세상의 모습들이다.

---

[17] P. Gisel, "Vérité et tradition historique", in *Initiation à la pratique de la théologie*. t.1, 1987, 143-59 참조.

2. 예수 그리스도의 유일성과 보편성

그리스도교 전통이 하느님에 대해서 아는 것은 오로지 예수 그리스도로 말미암아 발생한 언어를 통해서이다. 이 말은 인류 안에 하느님에 대한 자연 인식이 있다는 사실을 거부하는 것이 아니다. 제1차 바티칸 공의회는 하느님에 대한 인식이 성서언어 밖에서도 가능하다는 사실을 로마서(1.20)를 인용하면서 긍정하였다.[18]

힉과 니터의 주장은 자연신학이 하는 주장과 같다. 같은 하느님이 여러 종교 안에 다양하게 현현한 것으로 보는 입장이다. 이들은 그리스도교의 유일한 하느님에 대한 주장을 인류 종교가 각기 다른 방식으로 알게 된, 절대자에 대한 다양한 길로 대치하는 것이다. 니터는 힉과 함께 편집 출판한 책의 서문[19]에서 이 책의 목적이 그리스도교가 세계 다른 종교들 앞에 주장하는 우월성, 절대성, 규범성 안에 들어 있는 유일성의 신화적 의미를 비판하는 데 있다고 말한다. 그리스도교 공동체가 유일성과 보편성을 배타적으로 주장하는 데 대한 비판을 종교다원주의 신학의 근본 과제라고 생각하고 있다.

힉은 "육화한 신의 신화"로서의 그리스도론을 말하는 선구자다.[20] 그에 따르면 하느님 아들의 강생에 대한 그리스도교적 믿음은 요한계 전승과 성서 이후 그리스 사상의 영향을 받은 전승이 작용하여 예수의 메시지를 신화적 언어 안에 옮겨놓은 데서 발생한다. 그리

---

[18] DS 3004.

[19] J. Hick – P. F. Knitter (eds.), *The Myth of Christian Uniqueness. Toward a Pluralistic Theology of Religions*, New York, 1987, vii.

[20] J. Hick, *The Myth of God Incarnate*, London, 1977. J. Hick & P. F. Knitter (eds), 위의 책, 16-34 참조.

스도교 전승이 범한 오류는 은유적으로 이해해야 하는 것을 문자 그대로 알아들은 데에 있다. 하느님의 아들이 인간이 되었다는 존재론적 그리스도론은 이 오류에서 발생한다. 따라서 "육화한 신의 신화"를 벗겨서 그리스도 중심적 관점을 신중심적인 것으로 만들어야 한다는 것이다. 예수 그리스도는 구원의 구성요인도 아니고, 하느님과 인간 사이의 관계를 규범하는 존재도 아니다.

니터는 종교간의 대화 실천이 그리스도교를 포함하여 모든 종교 전통이 지닌 진리를 판단하는 기준이 되어야 한다고 주장한다.[21] 그리스도교는 다른 종교들과 대등하게 대화하기 위해서 그리스도의 유일성에 대한 주장을 당분간이라도 제쳐놓아야 한다는 것이다. 만일 예수 그리스도가 유일한 존재라면 대화에서 그것을 입증해야 한다. 다른 데서 유일성을 찾지 말아야 한다. 대화를 실천하다 보면 하느님이 인류 역사를 위해 원하시는 것의 보편적이고 규범적 표현으로서 나자렛 사람 예수가 하나로 만드는 상징으로 나타날 수도 있다는 주장이다.[22]

유일성과 보편성에 대한 배타적 주장을 제거한다는 것은 종교들이 지닌 등가가치等價價値들을 중요시해야 한다는 말이다. 질키L. Gilkey는 힉과 니터가 펴낸 책[23]에서 그리스도교, 유대교, 불교와 타종교 공동체들에게 그들 교리 관점을 수정해야 함을 말한다. 각 종교 공동체는 그들 교리가 배타주의적 요소를 지닐 수는 있지만, 보편적 요소는 포기해야 한다고 말한다. 그들은 절대적인 것을 주장할 수 있지만, 그들 종교의 상대적 등가성等價性을 인정해야 한다는 것이다. 스미스W. C. Smith[24]는 우상숭배 개념을 사용하여 유일성과 보편성

---

[21] P. F. Knitter, 위의 책, 205-31, 변선환 역, 324-64쪽.
[22] 위의 책, 231, 변선환 역, 364쪽.
[23] 위의 책, 37-50, 특히 46-8.
[24] 위의 책, 53-66.

에 대한 그리스도교 공동체의 주장은 우상숭배라고 지적한다. 모든 배타적 주장이나 포괄적 주장을 중단하여 우상숭배를 벗어나고 타종교들과 동등한 위치로 돌아올 것을 요구한다.

이런 다원주의 신학자들의 주장에 대해 디노이아(J. A. Di Noia)[25]는 위에 소개한 종교다원주의 학자들이 종교들의 기존 긍정들이 지닌 특수성들을 포괄하려 하지 않고 수정하려 든다고 비판한다. 그들은 종교의 일반적 원리로써 한 종교의 기본을 평가하기에 종교적 다원성에 대해 비다원주의적 해석을 한다는 것이다. 그들의 접근 전략이 비다원주의적이다. 일반화시켜 버린 구원 중심주의를 불러들여[26] 종교 공동체들이 추구하고 권장하는, 인생이 지닌 최종 목표의 다양성과 그것에 도달하기 위한 길의 다양성을 최소화시켜 버렸다. 이런 다원주의는 결국 그리스도 신앙의 테두리를 넘어서도 구원이 가능하다는 설명을 하는 데 그치고 만다.

참다운 종교다원신학이 되기 위해서는 각 종교 전통이 그 언어 안에 지니고 있는 유일성과 보편성에 대한 배타적 주장을 존중해야 한다.[27] 그리스도교 공동체가 제안하는 인생의 목표와 그리스도 신앙이 제안하는 것 사이에 있는 차이들을 도외시하지 않고도 비그리스도교 종교들이 지닌 영원한 전망들을 이해할 수 있는 여유가 있어야 한다. 종교다원신학은 그리스도교 신학이기 위해 그리스도 신앙언어 전통에 충실하면서도 타종교 전통이 말하는 다른 교리들을 받아들일 수 있어야 한다. 그리스도교 신학은 그리스도교와 타종교

---

[25] G. D'Costa, *Christian Uniqueness Reconsidered, The Myth of a Pluralistic Theology of Religions*, New York, 1990, 119-34.

[26] J. Hick이 말하는 자기 중심주의(self-centeredness)에서 실재 중심주의(Reality-centeredness)로의 이전을 예로 들 수 있다. J. Hick & P. F. Knitter (ed,) 위의 책, 23 참조.

[27] P. J. Griffiths, "The Uniqueness of Christian Doctrine Defended", G. D'Costa (ed), 위의 책, 157-70, 특히 170 참조.

들이 지닌 유일성과 보편성에 대한 배타적 주장을 수정하지 않고도 종교신학을 충분히 할 수 있는 것이다. 세계 종교들을 변하게 하지 않고, 그들의 고유한 모습들을 그대로 주시하고, 그들의 다양함 안에 그들을 설명할 수 있는 신학이라야 한다.

일반적 의미의 종교라는 것은 없다.[28] 기원과 역사가 있는 언어 전통과 경전 그리고 실천이 있다. 유일성과 보편성을 주장하는 과거의 배타적 신학은 그리스도교 관점에서 종교를 정의하고 타종교가 지닌 그리스도교와의 상이점들을 모두 참다운 종교를 부인하는 탈선으로 생각했다. 이들 역사적 종교들 안에 가치있는 것은 오로지 그리스도교와 등가가치를 지닌 것들이었다. 이런 접근방식은 그리스도교와의 상이점들을 모두 종교의 무효성을 말하는 것으로 보았다. 그리스도의 유일성과 보편성은 모든 상이함을 폐기하는 제국주의적인 것이었다. 이와 같은 논리를 오늘의 종교다원주의자들 안에서 발견한다. 그들이 가장 기본적으로 가정하고 있는 것은 종교의 본질이 있다는 생각이다. 이 본질이 모든 종교들의 공통된 성격이고, 그들 종교의 중심적이고 규범적인 것이다. 따라서 불교, 유교, 그리스도교 등 어느 종교가 종교라고 결정되면 우리가 알 것은 이미 다 아는 것이고 그 종교에 대한 평가도 할 수 있다는 생각이다.

오늘날 다원 사회 안에서 상이함은 탈선이 아니라 관계를 가능하게 하는 것으로 인식된다. 등가가치는 상이함을 인위적으로 폐기한 다음에 남는 것이다. 그러나 상이함 안에 각 종교의 고유함이 있다. 유일성과 보편성의 주장을 포기하라고 권하는 다원주의 신학은 종교들의 상이함을 교묘히 제거한 후 등가가치들만 골라서 하나의 보

---

[28] W. C. Smith, *The Meaning and End of Religion*, London, 1978. 길희성 역, 『종교의 의미와 목적』, 분도출판사, 1991. J. Cobb, "Beyond 'Pluralism'", G. D'Costa (ed), 위의 책 81-95 참조. 홍정수, 「다종교 상황에서의 예수의 유일성」, 『종교신학연구』 5, 분도출판사, 1992, 171-91, 특히 181-5.

편신학과 종교들의 "UN" 같은 것을 만들려는 시도로 보인다. 이런 시도는 각 종교 전통들이 지닌 언어 전통을 파괴하고 각 종교가 발생시키는 종교체험을 불가능하게 할 것이다. 종교들의 유일성과 보편성에 대한 주장은 그 논리의 끝까지 가도록 두어야 한다. 상이함 안에서 서로를 풍요롭게 하는 관계가 성립되고 서로를 돕는 진리가 나타날 것이다.

그리스도 신앙은 그 역사적 특수성에서 분리할 수 없다. 이 신앙은 역사적 구체성 안에 제한되어 있으면서 하느님과의 관계 안에 있음을 주장하는 것이다. 이 구체성 안에는 다양한 시대의 표현들로 된 언어 전통, 경전, 전례, 삶의 양식 등이 있다. 모두가 예수 그리스도라는 사건으로 발생한 것들이다. 그래서 예수 그리스도는 유일한 것이다. 그러나 종교다원주의자들이 지적하였듯이 그리스도교 역사 안에 이런 구체성들을 끊임없이 절대화하는 경향이 있다는 사실도 시인해야 한다. "그 시대 역사적 여건으로 교회 안에 발생한 의식儀式과 제도들이 모두 신적 기원으로 절대화됨을 볼 수 있다. 이런 경우 모든 것의 기원은 신화적 힘을 발휘한다. 신화적 힘이라는 말은 하느님의 계시가 하나의 역사적 특수 형태 안에 담겨 있다고 주장하면서 그 형태의 반복만을 강요하는 행위를 말한다".[29]

그리스도교가 다른 종교 문화 사회가 있다는 것을 알고 세계를 무대로 한 그리스도교 의식을 갖게 된 것은 최근의 일이다. 그리스도교가 몸담아 온 문화와 구별되는 다른 문화들이 있다는 사실은 하느님이 예수 안에 스스로를 계시하면서 하나의 특수성을 절대화하지 않았다는 것을 의미한다. 이것은 역사적 구체성이 절대화될 수 없다는 것과 이 역사적 상대성 때문에 우리의 역사 안에서 하느님을 만날 수 있다는 사실을 알게 해주었다. 보편성은 생명과 같이

---

[29] Ch. Duquoc, *Dieu différent*, 143.

한없는 다양함이다. 보편적인 것은 하나의 개별적인 구체적 실현과 변화를 통해서 이루어진다(pars pro toto).³⁰

부활하신 분은 승천하였다. 예수 그리스도가 보이지 않는 것은 우리의 역사가 역사로 남게 하는 것이다. 따라서 그리스도교 기원의 개별성은 상이함들이 존속할 것을 요구한다. 성령은 "각자에게 내려오고", 각자는 "영이 그들에게 일러주는 대로 여러 가지 다른 언어로 말하기 시작했다"(사도 2,3-4). 그리고 예수는 성령으로 "세상 종말까지 어느 날이나 항상 우리와 함께 있다"(마태 28,20). 예수는 하느님의 숨결이 일하는 사람들 안에 있다. 따라서 예수 안에 된 하느님의 시현이 마치 종교사의 종말을 고하듯이 상이함들을 폐기할 것을 요구하는 것으로 생각하지 말아야 할 뿐 아니라, 종교들이 하는 신에 대한 다양한 체험들 안에 그리스도인은 유일하고 보편적인 예수 그리스도의 모습들을 확인할 수 있어야 한다.

---

³⁰ C. Geffré, "Pluralité des théologies et unité de la foi", in *Initiation à la pratique de la théologie*, t.1, Paris, 1987, 117-42, 특히 126-8 참조. 파니카(R. Panikkar, J. Hick & P. F. Knitter, 위의 책, 92, 107)도 사용하는 "pars pro toto"다. 그는 이 표현으로 모든 종교가 지닌 초월적 요소를 무분별하게 말하기 위함이 아니라는 것을 말한다. "실제 있는 강의 물이 화학적으로 순수한 물이라고 생각하면 안된다. 각 종교가 다르듯이 각 강의 물 안에 포함된 염분이나 미세 물질이 모두 다르다."

3. 예수 그리스도의 신성神性

신과 인간의 관계를 위해 예수가 지닌 결정적이고 규범적 성격은 죽음을 넘어선 부활에 있다. 예수의 부활은 그분 생애 전체에다 하느님이 인정한다는 도장을 찍은 것이다. 십자가의 치욕적 죽음에도 불구하고 예수의 일은 하느님의 일이었음을 나타낸 것이다. "예수의 부활과 현양으로 말미암아 한 조각의 세상이 결정적으로 하느님에게 이르게 되었으며 하느님으로부터 궁극적으로 받아들여졌다."[31] 이제 예수 앞에 결단하는 것은 하느님 앞에 결단하는 것이다. 죽고 부활한 예수는 세상을 향해 하느님이 하신 궁극적 투신의 위격화이다. 예수는 수난과 죽음을 통해서 인간 삶의 궁극적 문제들에 답한다.[32]

한스 큉[33]이 하느님을 위한 예수 그리스도의 궁극적 규범성을 주장하는 데 대해 폴 니터[34]는 어떤 형태로든 그리스도의 궁극성을 주장하는 한 그가 포괄주의는 벗어날 수 없다는 사실과, 종교간의 대화는 결국 "고양이와 쥐의 대화"밖에는 되지 않는다는 것을 말하면서, 루비콘 강을 건너서 참다운 종교다원주의자가 되라고 권한다. 예수 그리스도의 궁극성과 규범성의 포기는 존 힉[35]과 폴 니터[36]가

---

[31] W. Kasper, *Jesus der Christus*, 박상래 역, 『예수 그리스도』, 분도출판사, 1977, 269.

[32] H. Küng, *Etre chrétien*, 458-75.

[33] "What is True Religion? Toward an Ecumenical Criteriology", L. Swidler, 위의 책, 231-50, 특히 247.

[34] "Hans Küng's Theological Rubicon", L. Swidler (ed), 위의 책, 224-9.

[35] "The Non-Absoluteness of Christianity", J. Hick & P. F. Knitter (eds), 위의 책, 16-34.

[36] *No Other Name?*, 변선환 역, 273-323.

주장하는 "육화교리"와 "하느님 아들" 호칭에 대한 포기의 당연한 귀결이기 때문이다. 이들은 그리스도교가 그리스도의 궁극성을 주장하게 만드는 주범은 "육화교리"의 신화라고 생각한다. 모든 종교를 같은 수준에 있는 구원의 길로 생각하려면 그리스도교의 전통적 "육화교리"는 용납되지 않는다는 것이다.

이 문제는 사실 불트만 이후 많은 논란의 대상이 되었던 주제이다. 그리스도 신앙이 "육화교리"와 "하느님 아들" 호칭을 발생시킨 것은 예수의 "하느님 나라" 설교와 그분의 활동이 종말론적 성격을 지녔기 때문이다. 예수를 통해서 하느님의 임박한 미래가 나타난 이상 예수를 제외하고 구원을 향한 다른 접근의 여지가 없었던 것이다. "예수에 대한 유일성 주장의 근거를 후기 그리스도교적 해석 안에 나타나는 예수의 신격화에서 보는 사람들은 예수가 주장한 종말론적 궁극성을 진지하게 받아들이지 않는 사람들이다."[37] 예수가 종말론적 주장을 한 배경에는 예수를 지배하는 하느님의 현존이 있었고, 이 하느님 현존에 대한 체험이 "육화교리"와 "하느님 아들" 호칭으로 발전한 것이다.

예수를 지배하는 하느님 현존은 예수 안에 하느님의 이야기를 발생시키고, 여러 가지 은유로 표현된 예수에 관한 이야기들은 그리스도인들이 하느님을 체험하는 망이 된다. 그래서 예수는 "모든 사람을 비추는 빛"(요한 1.9)인 하느님의 말씀이다. 예수와 그리스도인 사이의 관계는 하느님에 대한 특수한 시선을 제공한다. 따라서 예수는 "은총과 진리가 충만한 분"(요한 1.14)이다. 하느님 앞에 가질 수 있는 자유와 하느님에게 응답하는 올바른 삶의 형태로서 예수 안에 말씀이 육이 되었다. "우리가 예수의 실존을 처음부터 끝까지 하느님의 것으로 말하는 것은 그 실존이 세상의 모든 것을 새로운 통일

---

[37] W. Pannenberg, "Religious Pluralism and Conflicting Truth Claims", D'Costa, 위의 책, 101.

성과 이해 안으로 가져오는 힘을 지녔다는 사실을 인정하기 때문이다."[38] 이렇게 보면 말씀의 "육화교리"와 "하느님 아들" 호칭은 그리스도교의 특권적 위치와 배타성을 말하는 것이 아니다. 그것들은 그리스도 신앙체험을 위한 언어 망의 중심을 이루는 은유들이다.

그리스도교가 다른 종교와 구별되는 것은 바로 이 언어체계의 중심이 있기 때문이다. 이 중심이 있기에 그리스도 신앙이 대상으로 하는 하느님이 있다. 예수는 온전히 하느님 중심적 존재이기에 "하느님의 말씀"이고 "하느님의 아들"이다. 우리는 그분 안에 우리를 위한 하느님의 말씀을 듣고 하느님 안에 생명의 기원을 둔 한 인간의 모습을 본다. 그래서 "나를 본 사람은 이미 아버지를 본 것"(요한 14,9)이다.

요한 복음이 "육화" 개념으로 예수의 선재사상先在思想을 표현하기 전에 초대교회에는 이미 예수의 선재사상이 있었다.[39] 여기서 선재는 시간 이전, 허구의 시간 안에 실존함을 말하는 것이 아니다. "육화"는 신적 존재가 인간적 실존으로 되었다는 것을 말하지 않는다. "하느님의 아들"이 육화했다는 것은 하느님의 신비 안에 영원히 존재하던 말씀이 역사 안에 실제로 인간이 되었다는 것을 의미한다.[40] 이것이 육화이다. 힉과 니터가 비난하는 신화의 개념과는 다르다.

사도들의 초기 복음선포에 나타나는 그리스도론은 기능적 그리스도론이지만, 그후 그리스 문화권에 그리스도교가 정착하면서 그리스 철학의 존재론적 표현들을 사용하게 된다. 니카이아 공의회가 "호모우시오스"*homoousios*라는 용어를 사용하여 예수 그리스도의 신성

---

[38] R. Williams, "Trinity and Pluralism", D'Costa (ed), 위의 책, 8.

[39] 예: 골로 1,15-20; 필립 2,6-11.

[40] K. Rahner, "Zur Theologie der Menschwerdung", *Schriften zur Theologie*, IV, Einsiedeln, 1960, 불어역 "Réflexions théologiques sur l'Incarnation", *Ecrits théologiques*, vol.3, Paris, 1963, 81-101.

神性을 긍정한 것은 그 대표적 예다. "실체적 동일성"을 의미하는 이 단어는 성서에도 없고 니카이아 이전 교부들에게도 생소한 단어이다. 알렉산드리아의 클레멘스Clemens(c.150~c.215)와 오리게네스Origenes(c.185~c.254)가 사용한 단어이지만 니카이아가 부여한 의미와는 달리 두 물체가 같은 본질에 속함을 말하기 위해 사용되었다. 에우세비우스Eusebius(c.260~c.340)는 이 단어가 공의회에서 사용된 것은 아들이 아버지와 다른 실체를 갖지 않고 모든 점에 있어서 아버지와 비슷하며 피조물과는 전혀 다른 분임을 말하기 위함이었다고 설명하고 있다.[41] 공의회는 이 단어를 사용함으로써 아리우스의 주장을 배척하고 그 시대 언어로써 기원의 체험을 해석하였다. 아들은 피조물이고, 없는 때가 있었다는 아리우스의 주장 앞에 아들은 아버지와 동일 본체임을 천명한 것이다. 아들의 역할을 긍정하기 위해 그 시대 그리스 철학의 존재론적 표현을 사용한 것이다. "유사함"을 의미하는 "호모이오스"homoios라는 단어를 피한 것은 그 시대에 이 단어가 본질적 비슷함을 말하지 않고 외적 비슷함만 의미하기 때문이다. 결국 니카이아 공의회가 방어한 것은 예수 그리스도로 말미암아 발생하는 체험은 하느님에 대한 체험이라는 것이다. 모두가 존재론적으로 생각하는 시대였다. 플라톤 철학은 우리가 지각知覺하는 모든 성질, 상태, 작용 등의 근저에 있으면서 우리 인식의 대상이 되는 이데아idea를 실체라고 말한다. 따라서 실체는 사물의 현상을 넘어서 보편적 인식을 하게 해주는 사물의 원리이다. 그렇다면 하느님 아들로서의 동일한 실체는 사도들이 설교한 기능적 그리스도론을 새롭게 표현한 것이다. 즉, 기능을 말하기 위한 존재론적 언어이다.[42]

---

[41] I. Ortiz de Urbina, *Nicée et Constantinople*, Paris, 1963, 84.

[42] W. Kasper, *Einführung in den Glauben*, Mainz, 심상태 역, 『현재와 미래를 위한 신앙』, 분도출판사, 1979, 58-9.

"신성에 있어서 완전하고, 인간성에 있어서도 완전한, 참으로 하느님이고 참으로 인간"인 분으로 표현한 칼케돈 공의회의 정의는 하느님도 아니고 인간도 아닌 그리스도의 단일한 성(mia phusis)을 주장하는 에우튀케스Eutyches를 겨냥한 표현이다. 예수 그리스도 안에는 하느님의 진리와 인간의 진리가 함께 있음을 말한 것이다. 이런 존재론적 은유들의 의미 영역은 확대 해석하지 말아야 한다. 이런 정의는 존재론적 내용을 모든 시대를 위해 결정적으로 표현한 것이 아니다. 그 시대에 제기된 문제에 대해 그 시대 언어로써 답한 것이다.

나자렛 예수에 대해 알리는 그 시대의 언어이다. 그분의 영향과 그분을 따르는 사람들이 발생시킨 증언의 언어 안에서 읽어야 한다. 그리스도론적 표현들은 그 시대의 산물이다. 그 출처를 알고 그 시대가 부여한 의미론적 영역을 알아서 해석해야 한다. 그리스도 신앙 논리에서 예수 그리스도에 대한 특수 진리 주장이 무너지면 그리스도 신앙이 사라진다. 특히 이 주장의 기능적인 면은 중요하다. 그리스도에 대한 존재론적 긍정을 부인하고 그리스도인으로 있었던 사람들은 있어도, 예수 그리스도를 구원자로서 부정하고 그리스도인으로 있을 수 있었던 사람은 없다.[43] 신앙언어는 은유적일 수밖에 없다. 우리는 존재론적 의미에서 육화나 하느님의 아들됨을 다루지 않는다. 현대인에게는 존재가 기능을 말하지 않고 기능이 존재를 말한다. 다만 여기서 사용된 언어가 신앙인들의 삶을 하느님이 주신 약속에 충실한 것으로 해주는 의미론적 영역을 가졌는지를 고찰해야 한다. 이런 접근방식은 과거 형이상학적 언어에 물든 사람에게는 불확실하고 진리를 소유하지 못한 것으로 보이겠지만, 이런 방식이 더 성서적이고 사랑과 약속을 체험하는 인간의 방식과

---

[43] M. K. Hellwig, "Christology in the Wider Ecumenism", G. D'Costa (ed), 위의 책, 107-16, 특히 109 참조.

도 더 가까운 것이다. 종교다원주의자들도 이런 신앙언어들을 형이상학적으로만 이해하기에 그것들을 포기하려는 것이다.

우리 체험을 능가하는 최종 실재의 본성이나 구조에 대해 논리적으로 완벽한 말을 하기 위한 신앙이 아니다. 예수를 따르던 사람들이 한 것도 그런 것이 아니었다. 형이상학적으로 사고하던 과거 중세 그리스도교 문화권에서 모든 것이 존재론적 서열로 정당화될 때 제도권 교회가 사용하던 신앙언어는 대단히 권위주의적이고 독단적이었다. 다른 종교 전통에 속하는 사람들은 모두 진리가 결여된 사람들이었다.[44] 진리만이 존재하고 표현될 권리가 있기에 이단적인 것으로 생각된 해석을 하는 사람들은 모두 박해를 받았다. 그러나 그리스도 신앙에 중요한 것은 나자렛 사람 예수이다. 그분은 지울 수 없는 흔적을 남겼다. 그분에 대한 증언으로 발생한 언어를 담은 성서이다. 하느님을 이 예수의 흔적에서 분리하여 생각할 수 없는 것이 그리스도 신앙의 특수성이다. 예수는 하느님의 이름에 역사적 농도를 주고 특수성을 주어 모든 개념화를 불가능하게 한다.

---

[44] Firenze-Ferrare공의회(1442년)의 장엄한 선언. "거룩한 교회는 다음과 같이 믿고 고백하며 선언한다. 가톨릭 교회 밖에 있는 이들, 이교도들뿐 아니라 유대인, 이단자, 열교자들 모두는, 그들의 생명이 끝나기 전에 교회 안에 들어오지 않으면, 영원한 생명에 참여하지 못하고 '악마와 그 심부름꾼들을 위해 마련된'(마태 25,41) 지옥불로 갈 것이다"(DS 1351).

4. 삼위일체의 상징성

종교신학이 그리스도교 신학이기 위해서는 그리스도교가 지닌 언어의 망을 포기하고 타종교에 대해 생각할 수 없다. 삼위일체라는 표상은 그리스도교 언어체계의 중심에 엄연히 자리잡고 있다. 힉과 니터가 편집한 책에 참여한 신학자들 중에 유일하게 파니카R. Panikkar만이 삼위일체의 상징성을 긍정적으로 평가한다. "삼위일체 신비는 다원주의를 위한 궁극적 기초이다."[45] 하느님의 창조력은 예수의 생애 안에 사람들이 참조해야 하는 이야기를 설정하고 예수와의 관계 안에서 지속적으로 인간의 이야기가 발생하게 했다. 그러나 인간의 이야기는 역사적으로 항상 불완전하게 발생한다. 이것은 그리스도를 닮음으로써 되는 일이다. 여기에 영靈의 일하심을 본다. 신앙 전통 안에 말씀과 영은 상호작용한다. 삼위일체의 상징성은 항상 생산적이다. 예수 그리스도의 사건으로 주어진 언어의 망과 생명인 영 사이에 지속되는 상호작용은 주어진 것을 절대화하지 않고 실재에로 나아가게 만들어서 역사 안에 사회적 실천으로 체현하는 모습들을 나타나게 한다.

  종교간의 상이한 역사에 대해 신학이 말할 수 있는 것은 모든 것의 원천이신 하느님 안에 그 기원이 있다. 그리스도교 유일신唯一神 사상이 말하는 삼위일체이신 하느님은 친교 안에 상이한 길을 생각하게 만든다. 예수가 가르친 하느님은 그리스 철학의 유신론이 말하는 절대적 동일성의 하느님이 아니다. 의사소통의 신비인 차이

---

[45] "The Jordan, The Tiber and the Ganges, Three Kairological Moments of Christic Self-Consciousness", J. Hick & P. F. Knitter, 위의 책, 89-114 특히 110.

안에서의 친교다. 하느님은 자족함에서 나와서 차이들을 발생시키는 분이다.

"하나의 일치이면서 차이들을 내포하고 있는 삼위일체의 신비를 통하면 인류 역사 안에 종교사로 있는 하느님 영의 다른 시현들을 인정하는 것이 모순이 아님을 이해할 수 있다. 하느님의 영은 절대자에 대한 다양한 체험들을 일으킬 수 있다. 이 체험들은 다른 경전들 안에 다양하게 표현되어 있다. 이 체험들을 우리가 하느님이라고 부르는 신비에 대한 증언들로 받아들이지 못할 이유가 무엇인가?"[46]

예수는 율법을 기준으로 한 유대인들이 빠져 있던 동일함의 논리를 거부하고, 상이함들을 포용하는 분으로 나타난다. 예수가 설교한 하느님 나라에는 아무도 제외되지 않는다. 상이함들은 하느님이 한 분이기 위한 조건이다. 숨결, 영으로 상징된 하느님의 창조적 활동은 상이함들을 만든다. "하느님의 창조는 동일함을 만들기 위함이 아니라 상이함들을 만드는 살포의 행업이었다."[47]

종교신학은 그리스도교의 고유함과 타종교와의 상이함을 동시에 존중해야 한다. 종교신학은 하느님의 실재와 창조력을 참다운 하나의 언설 안에 통합하려는 데 있지 않다. 하느님과의 관계가 "참답다"는 것은 그리스도교가 타종교와 가지는 관계를 규정하는 데 작용하지 않는다. 인간이 하느님과 가지는 관계를 그리스도교가 독점하고 있지 않다. 인간 진리로서 진리의 운명은 나누어 가짐이다. "진리의 본질은 나누어 가짐이다. 아무와도 나누어지지 않은 진리는 전혀 진리가 아니다. '온전한 진리'라는 것도 하느님의 것이기에 진리이다."[48] 그리스도교가 지닌 특수성의 한계로 말미암아 그리스

---

[46] C. Geffré, "La théologie des religions non chrétiennes vingt ans après Vatican II", *Islamochristiana*, 11, 1985, 131.

[47] Ch. Duquoc, *Dieu différent*, p.143.

도교가 생각도, 실천도 해보지 않았을 뿐 아니라, 그렇게 해볼 수도 없는 상이함들이 있다. 그리스도교는 자기의 특수성을 절대화할 수 없고, 하느님은 또한 개방적인 분이라는 확신이 있기에, 그리스도교는 스스로 생각도, 실천도 해보지 않은 상이함들을 하나의 부정으로서가 아니라 하나의 풍요로움으로 살아야 한다. 전체주의적 성격을 지닌 "참다운" 언설로서 타를 지배하려 하지 말아야 한다. 삼위일체의 상징성이 열어주는 지평이다.

그리스도교가 타종교들에 대해 주의를 기울이는 것은 당연하다. 타종교들을 외면하는 것은 성령에게 문을 닫아버리는 우를 범하는 것이다. "성령에 대한 가르침은, 그리스도교 공동체 안에 있는 잘못된 관념과 실천을 보여주는, 세계 종교들의 말과 실천을 발생시킬 수 있는 공간을 제공한다."[49] 그리스도인들은 타종교들 안에서 하느님의 일하심을 배워야 하고 이 배움을 통해서 스스로에 대한 이해가 더 풍요로워지고 그리스도인으로서의 부르심에 더 충실할 수 있다. 타종교 전통들은 하느님이 역사 안에 다양하게 일하신다는 사실을 증언한다.

삼위일체의 상징성이 말하는 것은 하느님은 그리스도 사건 안에 실제로 화해와 구원을 주시는 분이고, 피조물 안에 모든 생명과 진리의 원천으로서 영을 주신 분이라는 것이다. 아버지, 아들, 영이라는 표상은 하느님이 관계적 존재임을 말한다. 이런 하느님의 위격적 특수성은 궁극적 실재가 하나임을 말하기 위해 감출 수 있는 것이 아니다. 하느님은 모든 존재의 근본, 곧 아버지이시고, 창조질서의 원리, 곧 말씀이시고, 생명을 주는 근본이시며 피조물이 하느님께 응답하는 능력, 곧 영이시다. 아버지, 아들, 영이라는 삼위일체

---

[48] F. Rosenzweig, *L'étoile de la rédemption*, Paris, 1982, 490, C. Geffré, 위의 글 133에서 재인용.
[49] G. D'Costa, 위의 책, 23.

언어는 피조물에 대해 하느님이 가지는 관심의 보편성을 보여준다. 따라서 그리스도교 종교신학은 하느님 말씀으로서 그리스도의 규범성을 제외한 신중심주의를 말할 수 없다.[50]

---

[50] C. Schwöbel, "Particularity, Universality, and the Religions. Toward a Christian Theology of Religions", G. D'Costa, 위의 책, 30-45 참조. "피조물에 대한 하느님 현존의 보편성과, 화해하고 권하시는 사랑의 보편성을 이해하는 것은 그리스도의 사건 안에 하느님이 아버지, 아들, 영인 삼위의 하느님으로 스스로 계시하신 것과 결코 무관하지 않다는 것을 그리스도교 신학은 강조해야 한다. 그리스도교 종교신학이 그리스도 안에 나타난 하느님의 보편성을 기초로 종교들을 이해하지 않고, 선험적으로 종교적인 것이라 생각하는 보편적이고 인간론적 상수(常數)를 기초로 이해한다면, 그리스도교 종교신학으로서 그 정체성을 상실하는 것이다." 39.

나오면서

지금까지 우리가 본 것은 타종교와 가지는 모든 관계들을 선행하는 조건이다. 그리스도교는 역사성을 지닌 하나의 개별 종교이며 축적된 하나의 언어 전통을 지니고 있다. 이 언어 전통을 잃으면 그리스도 신앙체험이 상실된다. 타종교 전통들에 대한 그리스도교 신학은 그리스도 신앙이 지닌 언어 전통 안에서 이루어지는 사색이라야 한다는 것은 그리스도교 체험의 특수성과 역사성을 존중해야 하기 때문이다.

그리스도 신앙에는 정초하는 과거, 해석의 전승과 종말론적 미래가 있고 그것이 지닌 진리 주장이 있기에 타종교 전통과의 차별성이 있다. 종교다원주의는 과거 언어 전승에 대한 해석학적 접근은 하지 않고 성급하게 차별성을 지닌 언어를 포기하려 한다. 그러나 종교신학이 진지한 것이기 위해서는 진리 주장의 갈등을 회피하거나 감소시키는 이런 노력은 바람직한 것이 아니다. 그런 시도는 종교 전통들의 종말을 의미하기 때문이다. 과거 한 시대의 언어를, 그 은유가 지닌 의미 영역에 대한 확인은 하지 않고, 마치 그리스도교 진리 주장의 전부인 양 오해하고 그것을 포기하거나 상대화하려는 시도들은 신학에 피해를 준다. 정신과학에서 "이해는 주체가 하는 하나의 행위가 아니라 과거와 현재가 지속적으로 연계되는 전승의 과정 안에 들어가는 것이다".[51]

종교간의 대화는 진지해야 한다. 각 종교 전통에 속하는 사람들은 자기의 정체성을 그대로 대화 안에 노출할 수 있어야 하고, 대화

---

[51] H. G. Gadamer, *Wahrheit und Methode. Grundzüge einer philosophischen Hermeneutik*, Tübingen, 1986, 296.

과정에서 자신의 정체성에 대한 이해는 더 깊어져야 한다. 종교다원주의자들은 대화 상대자의 비판적 시각을 회피하기 위하여, 각 종교가 지닌 표현들 안에 항존하는 가치로 후퇴하여 종교 일반론으로 대화에 임하려 한다는 인상을 준다. "이런 대화는 인문주의적 종교 비판에 근거한 관용과 존경을 원리로 한 문화 전통간의 대화에 불과할 것이다. 이런 식의 대화는 계몽사상 이후 서방 세계가 보여온 제국주의의 발로로밖에는 보이지 않는다."[52] 종교간의 대화는 그리스도교 일치운동과는 다르다는 것을 알아야 한다. 그리스도교 교파들이 그리스도교 일반론으로 후퇴하면 복음이라는 공통된 기반을 만나지만, 각 종교들이 그들의 고유한 특수성에서 후퇴하면 종교체험이 사라지고 허공만 남는다는 것을 알아야 한다.

"육화교리"도 포기하고 "하느님의 아들"이라는 호칭도 포기하면 그리스도교 정체성이 포기된다. 다른 종교 전통들 안에도 "하느님 말씀의 사람됨"과 "하느님의 자녀됨"의 이야기를 볼 수 있으면 된다. 다른 종교 전통들 안에도 "어디서 와서 어디로 가는지를 모르는"(요한 3,8) 성령이 일하신다는 사실을 생각하면 된다. 이것은 다른 종교 전통들 안에도 계시와 구원이 있다는 말을 하려는 것이 아니다. 계시나 구원이라는 용어 자체가 그리스도교 언어이기에 그런 표현을 타종교 전통에 대해 사용하면 그리스도교적 이해에 맞추어서 타종교 현상을 이해하려는 시도이며, 타종교들을 그리스도 신앙 언어에 준한 종교 일반론으로 환원시키려는 것으로 보인다. 타종교 전통들이 지닌 언어 전통의 특수성과 개별성은 존중되어야 한다.

이것은 삼위일체인 하느님의 계시언어가 요구하는 것이다. 삼위일체 신학은 하느님이 하신 자기 전달의 우연성을 근거로 그리스도 신앙의 차별성을 말한다. 따라서 그리스도교 신학은 종교들 안에

---

[52] C. Schwöbel, 위의 책, 33.

있는 근본적 차이들을 존중한다. 하느님의 자기 계시가 특수성을 지녔기에 그리스도 신학은 타종교들의 특수성도 소중히 보는 것이다. 모든 종교들은 하느님의 창조적·구원적 일하심에 대한 인간적 응답이다. 타종교 전통들이 전하는 역사와 이야기들을 진지하게 들을 줄 아는 것은 하느님에게 자신을 여는 길이라고 생각해야 한다. 종교간의 대화에 임하는 종교인은 대화에서 스스로가 변하는 것이다. 그리스도인들은 자기가 속한 종교 전통 안에서 보지 못한 것을 발견하고 타종교 전통들 안에 하느님의 일하심과 인간의 응답을 보고 배움으로써 스스로의 정체성에 대한 이해를 더 풍요롭게 할 수 있다. 대화는 신선한 눈을 가지고 각자 자기의 종교 전통으로 돌아가게 해줄 것이다. 신선한 시선은 자기 종교 안에 화석화된 비본질적인 것들을 새롭게 보게 해줄 것이고, 폐쇄된 각 종교의 언어와 제도에 새로운 생명력을 불어넣는 계기가 될 것이다.

종교신학은 종교 전통간의 상호이해와 협조를 위한 것이다. 하나의 주의 주장이나 이론이 우선권을 가지는 것을 의미하지 않는다. 타종교 전통과 그리스도교가 협력하는 것은 종교들이 지닌 상수常數들을 취합하여 각 종교에 대해서 "고양이와 쥐의 대화"를 하기 위해서가 아니다. 예수 안에 하느님이 보여준, 어떤 신적 힘에도 노예와 같이 예속되지 않으면서, 인간의 자유와 성숙으로 그리스도 안에 보여진 생명을 사는 하느님 자녀들을 만들기 위함이다. 하느님의 자녀는 타종교 전통들 안에서도 만들어지고 있다. 그러나 이것을 위해 공통된 의식이 역사 안에 발생하도록 노력하는 것이다.

창조에 대한 그리스도교의 가르침은 모든 존재의 의미를 하느님을 근거로 하여 생각하는 것이다. 종교신학이 타종교들을 이해하는 바탕은 하느님, 말씀, 성령의 보편성이다. 이 하느님은 차별성을 포용하고 상이함들 안에서 하나됨을 찾는 하느님이시다. 하느님을 자유롭게 해드려야 한다. 진리는 말에 있지 않고 실천에 있다. 진리에 대한 각 종교의 이해와 표현은 서로 다르다. 서로 다른 종교 전통에 속하는 사람들의 협조는 그 종교 전통들이 지닌 언어의 정당성을 기반으로 이루어지지는 않을 것이다. 협력의 가능성은 각 종교 전통들이 각자의 언어 안에서 타종교와의 협조를 정당화하고 실천하는 데에 있을 것이다.

종교신학 관련 주요 도서

K. Rahner, "Die anonymen Christen", *Schriften zur Theologie*, VI, Einsiedeln, 1965, 545-54.

K. Rahner, "Bemerkungen zum Problem des 'anonymen Christen'", *Schriften zur Theologie*, X, Einsiedeln, 1972, 531-46.

Hans Küng, *Christsein*, München, 1974.

J. Hick, *The Myth of God Incarnate*, London, 1977.

Ch. Duquoc, *Dieu différent*, Paris, 1978.

W. C. Smith, *The Meaning and End of Religion*, London, 1978. 길희성 역, 『종교의 의미와 목적』, 분도출판사, 1991.

R. Panikkar, *Intrareligious Dialogue*, New York: Paulist Press, 1978; 김승철 옮김, 『종교간의 대화』, 서광사, 1992.

Ch. Duquoc "Le christianisme et la prétention à l'universalité", *Concilium*, 155, 1980,75-85.

J. Comblin, "Le débat actuel sur l'universalité chrétienne", *Concilium*, 155, 1980, 87-96.

J. Hick, *God has many names*, Philadelphia: Westerminster Press, 1982; 이찬수 옮김, 『하느님은 많은 이름을 가졌다』, 도서출판 창, 1991.

S. J. Samartha, 「예수 그리스도의 주권과 종교적 다원사회」, 『신학사상』 39(1982, 겨울) 677-696.

C. Geffré, "La théologie des religions non chrétiennes vingt ans après Vatican II", *Islamochristiana*, 11, 1985,

P .F. Knitter, *No Other Name?*, New York, 1985, 변선환 역, 『오직 예수 이름으로만?』, 한국신학연구소 1986.

C. Geffré, "Pluralité des théologies et unité de la foi", in *Initiation à la pratique de la théologie*, t.1, Paris, 1987.

J. Hick & P. F. Knitter, eds., *The Myth of Christian Uniqueness*, Maryknoll, New York: Orbis Books, 1987.

L. Swidler, ed., *Toward a Universal Theology of Religion*, Maryknoll, New York: Orbis Books, 1987.

H. Küng, *Theologie im Aufbruch. Eine Ökumenische Grundlegung*, München, 1987.

J. Ries, *Les chrétiennes parmi les religions*, Paris, 1987.

J. Dupuis, *Jésus Christ à la rencontre des Religions*, Paris, 1989.

G. D'Costa, ed., *Christian Uniqueness Reconsidered*, Maryknoll, New York: Orbis Books, 1990.

H. Coward, 한국종교학회 옮김, 『종교 다원주의와 세계종교』, 서광사, 1990.

S. Wesley Ariarajah, *The Bible and People of Other Faiths*, 김덕순 역, 『성서와 종교간의 대화』, 변선환 감수, 감리교 신학대학출판부, 1992.

홍정수, 「다종교 상황에서의 예수의 유일성」, 『종교신학연구』 5, 분도출판사, 1992, 171-91.

④

토착신학

들어가면서
1. 신앙언어의 현대적 상황
2. 하느님은 하느님 나라로 선포되었다
3. 하느님 나라는 우리가 변하는 장이다
4. 하느님 나라는 베푸심의 장이다
나오면서

들어가면서

신앙 혹은 신학의 토착화를 위해 많은 논문들이 발표되었다. 한국인의 종교적·사상적 배경을 연구하는 일은 우리 자신을 이해하는 데 큰 도움이 된다. 한국인이 어떤 이념적 배경을 가지고 신神 문제에 접근하는지를 아는 것은 한국적 신학을 하기에 선행되어야 하는 것임에는 틀림없다. 그러나 이런 신학의 노력이 과거 동아東亞 사상에서 찾을 수 있는 개념들과 과거 어느 한 시대의 그리스도교 신학 표현 안에 나타나는 개념들을 비교하여 등가等價 개념을 찾는 일에 머물거나 후자를 전자로 수정·보완하면, 토착신학이 아니라 비교종교학이나 신학의 왜곡에 지나지 않을 것이다.

토착신학이란 현학적衒學的 호기심을 충족시키는 것이 아니다. 토착신학은 현대를 사는 한국인이 그리스도교 전통에 접근하여 발생시키는 언설이라야 한다. 그 안에는 불교, 유교, 도교, 무속, 한국 종교의 언어가 반드시 있어야 한다는 원칙이 있는 것도 아니고, 초기 한국 교회 신앙인들의 표현으로 우회한 신학적 이해가 반드시 있어야 하는 것도 아니다. 한국인의 과거 종교적·문화적 배경을 아는 것은 그리스도 신앙체험이 더 풍요로운 것이 되고 그리스도 신앙을 한국 문화권에 육화시키는 데 기여하는 일이다. 그러나 토착신학이 과거 한국 문화권에서 발생한 언어에 머물기를 고집하면 복음을 서구적 해석에서 탈피시켜 또 다른 하나의 과거 표현 안에 감금하는 결과를 초래할 것이다. 토착화는 한국적 그러나 현대적 해석이고 이 해석은 삶과 관계있는 창조적인 것이고 복음적인 것이지, 신앙의 한국적 박제화剝製化가 아니다. 신앙의 언설이 문화적 언어로 흘러버리면 복음의 정체성이 사라질 것이고 복음적 사건을 발생시키지 못하는 종교학의 말이 되고 말 것이다. 토착신학은 만인이 공감할 수 있는 종교 언어를 찾는 데 있지 않고, 오늘 우리 문화권을 위한 그리스도 신앙의 역사적 새 모습을 발생시키는 데 있다.

  필자는 동아 사상에 대한 전문지식 없이 현대를 사는 평범한 한국인이다. 신앙언어가 복음적이라야 한다고 생각하는 사람이다. 동양과 서양의 차이를 논할 능력을 가지지 못한 사람이지만, 우리가 사용하는 일상언어들 안에서 하느님에 대한 말이 어떠해야 하는지를 생각해 본다.

1. 신앙언어의 현대적 상황

신에 대한 과거 유럽 신학의 언어가 한 시대의 우주관에 연결되어 있다는 것은 주지의 사실이다. 세상은 고정되고 질서지어져 있으며 제1원인이고 절대적 근본인 초월자에게 종속되어 있다. 인간은 이런 질서 안에 자기 위치를 지니고 살아간다. 과거 형이상학적 신학은 신을 모든 존재의 절대적 기초로 만들었다. 모든 존재의 근거는 필연必然의 최고유最高有이다. 유럽의 전통적 신神 신학은 하이데거가 말하는 존재신론存在神論(Onto-Theo-logie)이다. 초대교회가 수용한 형이상학의 최고유는 기발한 표현임에는 틀림없지만 그것을 그리스도교 신이라고 말할 수는 없다. 계시된 하느님은 창조하신 하느님이기에 만물의 근본이라고 말할 수는 있다. 그러나 예수 그리스도 안에 계시된 하느님을 외면하고 세상 만물의 근본으로서의 하느님만 말할 수는 없다. 창조의 하느님만 생각하면 세상 위에 황제와 같이 군림하는 하느님이다. 이 전능하신 하느님은 당신의 뜻을 강요하고 사람은 그것을 실행해야 한다. 따라서 최고유로서의 전능하신 하느님은 그리스도교 신앙체험의 대상으로서는 부족하다.

형이상학적 신학이 거부당하는 또 하나의 원인은 그 신의 사회적 역할에 있다. 형이상학적 질서를 증언하는 전능, 영원, 불변 등의 전통적 신의 속성들은 과거 군주제도君主制度를 합리화하는 데 이용되었고, 현재도 교계제도敎階制度로서의 교회를 정당화하고 성역화하는 데 도움을 주고 있다. 그리스도교는 어떤 형태의 패권주의覇權主義도 정당화하지 않는다. 신학적 언어는 그 시대와 문화에 종속된다. 한 사회의 기득권층을 정당화하는 세계관은 그것이 신학적인 것이라도 하나의 이념으로 전락한다.[1] 신에 대한 과거 언어들은 오랜 역사를 거쳐오는 동안 사회적 불의를 정당화하고 불의함을 당하는 사람들에게 보상의 환상을 주는 데 이용되었던 것이 사실이다. 현대인은 그리스도교적 순종도, 종말에 대한 희망도, 인간 고통을 가볍게 해 주지 않는다는 것을 알고 있다. 인간은 이제 스스로 고통과 악을 극복해야 한다는 사실을 안다. 따라서 사회적 불균등을 정당화하는 과거 형이상학적 절대자는 그리스도교 하느님에 대한 말로서는 부적합하다.

초기 교회는 유대인 율법이 하느님에게만 사용하도록 명하는 "주님", "메시아"라는 칭호를 예수에 대해서 사용하면서도 유대교와 결별하지 않고, 유대교 성서를 자신의 것으로 수용한다. 교회는 이 신앙에 입각하여 유일하신 하느님을 인정하고 주변 철학과 대화한다. 교회 발생 당시 지중해 연안 로마 제국 안에 있던 절대자에 대한 그리스 철학적 긍정들을 신학이 쉽게 수용한 것은 구약성서의 유산이 있었기 때문이다.[2] 초기 교회는 구약성서의 하느님을 온전히 도외시하고 하느님에 대한 예수의 재해석을 이해하지 않았다. 구약의 하느님과 철학자들의 신에서 분리하여 예수의 하느님을 이해하지 않았다. 구약성서의 하느님과 예수의 하느님을 대립시켜 이해하고 예수가 계시한 사랑의 하느님을 위해 구약성서의 복수하시는 하느님을 버려야 한다고 주장한 마르키온Marcion(85-160)을 교회는 배척했다.

구약성서 안에 하느님에 대한 교리가 있다고 전제하는 해석은 죄에 물든 인류를 구원하는 예수의 역할을 말한다. 예수는 하느님에 대해 새로운 것을 주신 분이 아니다. 예수의 역할은 하느님이 하신 원초의 엄한 요구가 존중되도록 하는 것이다. 이 해석에서 하느님은 자존하는 실재이신 분이며, 예언자들이 이미 말한 분이다. 그분

---

[1] C. Geffré, *Le christianisme au risque de l'interprétation*, Paris, 1983, 157-60. S. Breton, *Le Verbe et la Croix*, Paris, 1981, 83-7.

[2] Ch. Duquoc, *Dieu différent*, Paris, 1978, 62.

의 요구는 우리가 이미 다 알고 있는 것이다. 우리는 그분의 요구에 응할 능력을 가지지 못했기에, 예수는 하느님 정의의 요구를 채우면서 그분의 계획이 실천되게 하는 분이다. 이 입장은 예수에게서 시작하여 구약성서를 해석하지 않고, 그 시대 모두가 알고 있다고 생각하는 신에 대한 관념으로 구약성서를 읽고 신약성서를 해석하는 입장이다. 원시교회는 하느님과 인간관계에 대한 기준으로 하나의 참조체계를 가졌다. 이 참조체계는 유대교 전통의 구약성서이고 이 해석은 예수의 새로움을 크게 부각시키지 않는다.[3]

신약성서 전통은 이런 해석만 허용하지 않는다. 예수의 설교와 행적을 전하는 복음 구조를 존중하면, 예수는 구약성서 안에 지속되어 온 쇄신운동과 맥을 같이한다. 예수는 하느님을 모독한 자로서 살해된 예언자이다. 예수는 인간이 먼저 어떤 보상을 해야 한다고 가르치지 않았다. 인간이 희생하여 신이 득을 보는 가르침이 아니었다. 예수의 죽음은 예수의 역사 안에서 그 필연성을 찾아야 한다. 예수 이전에 있었던 것으로 예수를 해석할 것이 아니라, 예수가 하신 것에 입각하여 예수 이전의 일을 해석해야 한다. 부활은 예수가 옳았음을 입증하는 사건이고 사도적 설교의 시발점이다. 이제부터 하느님에 대해 이해하려면 예수가 제공한 축을 중심으로 이해해야 한다. 예수에서 출발하여 구약성서 독서를 해야 한다. 예수의 예언은 미래로 향하게 하는 종말론적 성격을 지닌다. 그분의 부활은 이 미래의 시작이다. 하느님의 일하심은 끝나지 않았다.

구약성서와 신약성서는 서로 상반되지 않는다. 다만 우리가 접근할 수 있는 것은 하느님의 인간적 모습인 예수라는 분이다. 그리스도 신앙은 구약성서가 말하는 절대자이신 하느님과 예수라는 인물 안에 보이는 하느님이라는 대립되는 듯한 전통을 지니고 있으면서

---

[3] B. Sesboüé, *Jésus Christ l'unique Médiateur*, Paris, 1988, 49-86.

하느님에 대한 말이 위기에 처했을 때, 실체적 동일성實體的同一性을 의미하는 "호모우시오스"라는 단어를 도입하여 하느님은 예수의 삶 안에 보이는 것과 다르지 않는 분임을 긍정했다. 이 단어는 성서에 없는 표현이지만 "나를 본 사람은 이미 아버지를 보았다"(요한 14,9)는 예수의 말씀을 긍정하는 뜻으로 사용되었다.

오늘날 형이상학적 신학이 위기를 겪으면서 하느님에 대한 말은 예수가 보여준 하느님을 더 진지하게 고려한다. 형이상학적 신학이 아니라 그리스도적 신학을 해야 한다는 의식이다. 절대자인 신을 전제하지 않고, 계시된 진리를 계시의 장에서 생각해야 한다. 하느님을 영접하는 자세로 신학을 해야 한다. 신학적 진리와 삶의 성스러움은 서로 다른 것이 아니다(lex credendi, lex orandi). 예수 안에 보이는 것은 하느님이 인간으로 있는 모습이고 인간이 하느님으로 있는 모습이다.[4] 하느님은 예수 그리스도 안에 당신이 어떤 분인지를 계시하셨다. "예수 그리스도는 보이지 않는 하느님의 형상으로서 표현할 수 없는 하느님의 신비와, 사람들과 함께 계시는 하느님의 현존, 이 둘 사이에 발생하는 차이의 구체적 흔적이다. 보편적 구상普遍的具象으로서 그리스도는 감추어진 하느님과 보여진 하느님 사이, 보편적 의미로서의 계시와 역사적 사건으로서의 계시 사이, 그리고 하느님과 인간 사이를 신비스럽게 연접連接하는 장소이다."[5]

신학은 과거에 사용해 온 표현만 반복하면 되는 것이 아니다. 하느님은 사람들 마음속에 기쁜 소식으로 와닿아야 한다. 칸트 이후 하느님은 우리 인식의 대상이 아님을 우리는 알고 있다. 하느님은 우리가 부르지 않으면 우리 가운데 계시지 않는다. 그러나 모든 형태의 교조주의教條主義는 하느님과의 거리를 존중하지 않기에 그분 현

---

[4] 칼케돈 공의회(451년)가 말한 "온전한 하느님, 온전한 인간"이다.
[5] C. Geffré, 위의 책, 163.

존을 견디기 어려운 것으로 만든다. 하느님은 전혀 다른 분, 부재자 不在者, 흔적痕迹 등으로도 인식되어야 한다. 이 사실은 그리스도인을 겸손하게 만든다. 그리고 신앙인과 비신앙인 사이에 어떤 형제애를 느끼게 한다. 신앙인은 비신앙인과 마찬가지로 신이 부재不在한 듯이 살지만, 비신앙인과 다른 점은 그것을 하느님 앞에 가져와서 기도하며 사는 것이다.

성서가 말하는 하느님은 인간을 그 거짓 운명에서 해방시키는 기쁜 소식이다. 하느님을 부르고 기다린다는 것은 하느님이 역사를 그 숙명에서 해방시키기 때문이다. 하느님은 역사가 가상假想하는 숙명을 인간 자유의 힘으로 거부하게 한다. 섭리는 이미 만들어진 각본의 강요가 아니다. 예수의 하느님은 인간과 경쟁관계에서 섭리하시거나 역사를 주재하시지 않는다. 창조는 완성되지 않았고, 하느님과 함께 창조하는 인류 역사이다. 우리는 하느님 없는 세상을 말할 수 있고 살 수도 있다. 그러나 그리스도인은 세상 없는 하느님을 생각할 수도, 말할 수도 없다.

2. 하느님은 하느님 나라로 선포되었다

하느님에 대한 예수의 생각은 유대인들의 것이다. 유대인 성서가 사용하는 하느님이라는 단어를 그대로 사용한다. 예수는 새로운 신학이나 신에 대한 새로운 정의를 제공하지 않았다. 예수는 예언자와 같이 행동한다. 고대 예언자들과 마찬가지로 백성을 위한 정열에 불타면서, 하느님과 인간이 만나는 공간으로 일상생활을 중요시한다. 예수는 하느님 본연의 모습을 말하지 않는다. 하느님이 의미를 지니기 위해서는 삶이 의미를 지녀야 한다.[6] 하느님에 대해서 말하는 것은 하느님 나라에 대해 말하는 것이다. 하느님이라는 말이 의미를 지니기 위해서는 인간 실존의 갱신 작업이 있어야 한다. 이것을 위한 예수의 설교이다. 하느님은 하느님 나라 상태로 실존하시고 그렇게 체험되는 분이다. 하느님은 우리 인식이나 체험의 직접 대상이 아니다.

복음이 있다는 말은 우리 실존에 어떤 변화의 가능성이 있다는 말이다. 이 가능성을 보여주기 위해 예수는 상징적이고 예언적 행위들 안에 그 가능성을 실천한다. "여러분이 듣고 보는 대로 요한에게 가서 알리시오"(마태 11.4). 예수가 하는 일은 변화가 일어나게 하는 일이다. 병자를 고치고 건강을 되찾아주며 그들이 생활 터전으로 돌아가는 가능성을 준다. 그는 유대인 관습, 종교의례, 제도 등이 잘못된 사람들이라고 말하는 이들과 사귐으로써 그 시대 통속적 관행을 무시한다.

권위를 가졌다는 사람들 앞에서 예수는 자유스럽게 행동한다. 종

---

[6] K. Rahner, *Grundkurs des Glaubens*, Freiburg, 1976, 54-61 참조.

교적·정치적 모든 형태의 권력은 율법주의, 관료주의, 옹졸함, 폭력 등을 유발한다. 권력은 인간의 자유와 공동생활을 보장하기 위해 있는 것이지만, 봉사라는 미명하에 자체를 목적으로 삼는다(마르 10.42). 예수에게는 유대인과 사마리아인의 구별도, 예루살렘 성전의 절대성도 별것이 아니다. 전통과 율법에 근거한 엄격한 정통주의는 인간 자유와 양심의 중요성을 망각하고 있었고 예수는 이것을 거슬러 싸운다. 그러나 예수는 이스라엘의 메시아가 되는 것도, 열성당원과 같이 다른 사람 대신 일을 성취하는 사람이 되는 것도 거부한다. 예수는 사람들이 자유를 깨닫게 하려 한다.

예수가 사람들에게 자유를 진지하게 생각하도록 하는 것과 하느님이 기쁜 소식이 되게 하기 위해 하는 노력은 우리의 삶 안에 하느님으로 열리는 하나의 장, 하나의 가능성의 공간이 있음을 깨닫게 하는 것이다. 나를 중심으로 내 주변의 사건이나 행위들을 바라보면 이 장은 보이지 않는다. 예수가 하는 행위들은 상징성을 띤다.[7] 사람들이 그 행위의 과정에 참여하여 삶의 변화가 일어날 것을 기대하는 행위들이다. 예수의 행위는 천국에 대한 꿈을 주어 삶의 고통스러움을 잊게 하는 것이 아니다. 예수는 그런 메시아적 유혹을 거절한다. 예수는 하루아침에 변화된 실존을 주는 분이 아니다.

기적이 있었다는 것은 그런 급격한 변화의 혜택을 주는 하느님이라는 것을 말하는 것이 아니다. 기적사화史話들은 성서 안에서도 회상의 문서에만 있고, 기적 혜택을 받은 사람들이 어떻게 되었는지를 전혀 말하지 않는다는 것을 알아야 한다. 예수의 기적은 우리 삶 안에 숨겨져 있는 가능성을 잠깐 보여주는 것이다. 초대교회는 기적사화들을 회상의 문서에 담아서 예수의 복음선포가 여는 장이 어떤 가능성, 어떤 해방, 어떤 구원을 체험하는지를 보이려 한다.[8]

---

[7] H. Bourgeois, *Dieu selon les chrétiens*, Paris, 1974, 29-34.

[8] Ch. Perrot, 박상래 역, 『예수와 역사』, 가톨릭출판사, 1984, 218-23.

이 장에서는 사람의 생활이 변한다. 지금까지의 관행이 정지되고 가치관이 변한다. 이 변화는 다른 사람들의 눈에는 불편하고 비합리적인 것으로 보인다. 예수는 이 변화를 사신 분이다. 그분은 그 시대 상식에 준해서 행동하지 않았다. 예수는 질서와 관행을 무시했다. 예수의 행복선언은 그분이 지닌 가치관이 그 시대의 통념에 비해서 얼마나 역구조적인가를 보여준다. 예수가 지닌 가치 참조체계는 그 시대 사람들의 것과는 다르다. 이것 때문에 예수는 재판받고 제거된다. 예수는 우리 사회의 정통 사상과 타협주의가 만드는 우리의 나라를 자기 나라로 하지 않았다. 예수는 전혀 다른 가치 참조체계를 산 예언자이다. 예수가 다른 사람들과 가지는 관계는 예수가 하느님과 가지는 관계가 발생하는 장이다. "하느님과 예수의 일치에 대해 생각하는 것은 예수 안에 있는 우리를 위한 하느님의 현존을 생각하는 것이다."[9]

---

[9] W. Pannenberg, *Grundzüge der Christologie*, Gütersloh, 1964, 113.

3. 하느님 나라는 우리가 변하는 장이다

하느님이라는 단어는 실천적 결과와 내용을 지닌 하나의 메시지이다. 예수에게 하느님이라는 단어의 장소는 변화된 삶이다. 그래서 하느님의 나라이다. 하느님의 나라가 선포되는 곳에 병자가 치유된다. 하느님은 우리를 살리시는 분이다. 법과 안식일에 대한 예수의 태도는 법과 안식일이 절대적인 것이 되면 그것들이 상기시키는 하느님의 장이 퇴색한다는 것을 의미한다. 가난한 이들에게 복음이 전해지는 것은 하느님이 강자나 권좌와 제휴하고 계시지 않는다는 것을 의미한다. 하느님은 무엇에도 스스로를 빼앗기지 않는 자유로운 마음과 함께 계시다. 형제적 용서와 화해는 우리에게 주어진 새로운 장을 사는 행위이고 복수와 벌이라는 인간 세상의 악순환을 넘어서는 하느님의 개입이다. 이렇게 변화된 상황은 예수가 보는, 하느님으로 말미암아 발생하는 우리 삶의 장이다.

그러나 이 해석은 모든 사람이 공감하는 바가 아니었다. 예수 안에 하느님의 일하심을 보는 사람도 있지만 베엘제불의 힘을 빌려 귀신들을 쫓는 행위로 해석하는 사람들도 있었다. 요한 복음은 이런 오해들을 잘 부각시킨다. 하느님으로 말미암아 열리는 장은 모든 사람에게 쉽게 이해되는 것이 아니었다.[10] 인간체험은 스스로 하느님에게로 향하지 않는다. 우리 삶 안에 하느님으로부터 시작하는 하나의 해석이 있을 때에만 이 장은 이해된다.[11]

---

[10] 예를 들면, 성전과 예수의 몸에 대한 오해(요한 2장), 니고데모의 다시 태어남에 대한 오해(3장), 물에 대한 사마리아 여인의 오해(4장), 빵과 살에 대한 오해(6장) 등을 들 수 있다.

[11] 칼 라너가 말하는 "하느님의 자기 전달"(Selbstmitteilung Gottes)이라는 존재론으로도 이해할 수 있다. 위의 책, 요한 2장 122-3.

그리스도 신앙은 하느님과 인간이 함께하는 일이다. 하느님은 인간 가운데 인간과 함께 계시다. 하느님이 인간이 되셨다는 말은 함께 계시는 하느님으로 말미암은 우리 삶의 장을 예수 안에서 확인한다는 말이다. 예수 안에 우리는 하느님에 대한 말씀과 인간에 대한 말씀을 동시에 확인한다. 이 장에는 베푸시는 하느님의 주도권이 확인된다. 이것은 구약성서가 말하는 계약의 하느님이다. 계약 안에 나타나는 선택, 계약체결, 약속이 모두 하느님의 주도권으로 이루어진 베푸심의 표현이고 이 베푸심을 기초로 이스라엘의 삶 안에 하느님을 부를 수 있는 하나의 장이 열린다.[12] 같은 의미에서 "새로운 계약"(1고린 11.25)이다. 성서의 하느님은 인간이 정복하는 대상이 아니다. 하느님은 당신의 자유로 사람을 찾아오시고 교섭하신다. 하느님이 베푸신 것을 강조하는 예수의 말씀이다. 복음은 하느님이 인간에게 오셨음을 강조하는 그만큼 인간이 또한 이 주어진 장으로 들어가야 함을 말한다. 복음은 하느님이 어떤 베푸심인지를 긍정하면서 동시에 인간체험의 어떤 순간에 실천해야 하는 구체적 가치를 보여주려 한다. 복음은 하느님에 대해 추상적으로 말하지 않는다. 그것은 인간을 위해 주어진 삶의 장으로의 초대이기 때문이다. 인간 삶이 움직이고 변할 때 하느님은 의미를 지니기 때문이다.

---

[12] Ch. Duquoc, "Alliance et Révélation", in *Initiation à la pratique de la théologie*, Paris, 1982, t.2, 11-31.

4. 하느님 나라는 베푸심의 장이다

예수에게는 하느님의 말씀에서 인간 이해로 가야 하는지 혹은 인간 이해에서 하느님 인식으로 가야 하는지가 문제되지 않는다. 이것은 인간이 하는 일이다. 하느님이 인식되는 장은 베푸심의 장이다. "만일 당신이 하느님의 선물을 안다면"(요한 4.10). 하느님이 베푸심인 줄을 알면 열리는 장이 있다는 말씀이다. 영원한 생명을 구하는 사람에게 "가서 가진 것을 모두 팔아 가난한 사람들에게 주시오. … 그리고 와서 나를 따르시오"(마르 10.21)라는 말씀도 하느님이 함께 계시는 장으로의 초대이다. 이것은 베풂의 장이다. 예리고의 부자 세리 자캐오를 만난 사화(루가 19.1-10)에서도 예수의 몸뿐 아니라 그 정신까지 영접한 자캐오는 베풂을 선포한다: "주님, 저는 제 재산의 반을 가난한 사람들에게 주렵니다. 그리고 제가 남의 것을 등쳐먹은 일이 있다면 네 곱절로 갚아 주렵니다." 그러자 예수의 말씀이다: "오늘 이 집에 구원이 내렸습니다." 베풂의 장이 구원의 장이다.

우리 삶이 이 장으로 들어갈 때 가능성들이 나타나고 숨겨진 힘이 보인다. 이것은 우리의 합리성이나 지배력이 작용하지 않는 곳에서 일어난다. 무상으로 베푸셨다는 의식이 지배하는 곳에서 일어나는 일이다. 우리가 우리 실존 안에서 무상성無償性을 경험할 때 발견하는 베푸심의 실재이다. 여기서는 어떤 자유와 선택이 작용한다. 예수의 선택이 다의적 해석을 가능케 한 것과 같다.

이것은 베푸심의 이야기가 발생하는 장이기에 인과응보의 통속적 가능성(do ut des)과 공로의 개념으로 접근하지 못하는 장이다. 이스라엘의 하느님 체험이 계약과 이집트 탈출이라는, 통속적으로 정당하게 설명되지 않는 사건에서 시작한다는 사실을 중시해야 한다. 해마다 기념하는 해방절은 하느님으로 말미암아 일어난 일의 장에 접근하게 한다. 베푸심의 이야기 안에 들어가게 하는 것이다. 성서는 하느님이 율법 또는 말씀을 주셨다고 말한다. 하느님의 베푸심으로 말미암아 우리 베풂의 이야기를 발생시키는 장을 여는 것이다. 예수는 이 장을 하느님의 나라라는 주제로 설명하신 분이다. 유대교의 제도와 실천은 이 장을 잃었던 것이다. 그래서 하느님을 잃은 것이다.

예수는 성서 유산을 폐기하지 않고 유대교를 비난하지 않는다. 예수는 베푸심의 이야기를 구체적 삶 안에서 나타내려 한다. 성서의 하느님은 우리 부족을 보충해 주는 분이 아니다. 그분은 우리에게 가능성과 능력을 주는 분이다. 예수는 하느님의 베푸심에 기초한 가능성과 능력을 생각한다. 율법 위에 베푸심이 지배해야 한다고 생각한다. 이것을 위해 예수는 율법을 범한다. 예수의 범법은 전시용이나 영웅주의가 아니다. 삶의 현장에 예수는 이 베푸심의 장이 보이게 하기 위해 몇 개의 구멍을 뚫는다. "하느님의 일"(요한 9.3)이 드러나야 한다. 예수는 우리의 윤리적·율법적 올바름이 우리를 하느님 나라에 들어가도록 하는 것이 아님을 안다. 세리와 창녀들이 먼저 하느님 나라에 들어간다. 베푸심의 장을 모르는 사람들에게 이 말은 비합리적이다.

예수는 모세의 법만 범한 것이 아니라 병자들을 고친다. 예수는 그들을 악의 논리에서 해방시킨다. 예수는 인간의 한계에서도 후퇴하지 않는다. 예수는 그 한계를 넘을 수 있는 힘을 자기 안에 느낀다. 하느님의 베푸시는 힘이다. 부활은 하느님이 과연 베푸시는 분이라는 것을 말한다. 예수는 죄를 용서한다. 자기 삶 안에 자리잡은 베푸심의 표현이다. 이 베푸심의 장을 우리가 잃으면 함께 계시는 하느님의 현존이 부재不在로 나타난다. 하느님의 나라로만 우리에게 계시는 하느님이시다.

예수가 우리에게 권한 것은 우리 실존의 변화와 그 안에 보이는 베푸심에서 출발하여 우리의 삶과 하느님의 의미를 해석하라는 것이다. 이 해석이 신앙이다. 이것은 성서 주석학을 알고 형이상학적 추리를 하는 지성적 작업이 아니다. 이것은 모두에게 주어진 초대이다. 이것은 사람을 강압하는 필연이 아니다. 베푸심에 대한 자각에서 우리 생존을 다시 바라보는 자유의 길이다. 예수의 길은 자유에의 호소이다. 부활하신 그리스도가 승천하셨다는 것은 그 메시지가 왜곡되지 않고 자유에의 호소로 남아 있게 했다는 것이다.[13]

---

[13] 메시지를 발생시킨 사람이 군림하면 메시지가 왜곡되고 메시지를 전달하는 사자(使者)가 높아진다. 부활하신 분의 승천은 그분이 교회 안에 군림하시지 않는다는 말이다. 교회에 주어진 것은 그분의 역사와 선교 명령과 성령이다. 제자들에게도 군림하지 말라는 말씀이었다(마르 10,43; 마태 23,8-10; 요한 13,14-15 등).

나오면서

신학에는 정초定礎하는 사건으로서 예수 그리스도라는 사건이 있다. 신약성서는 이 사건을 그 시대 언어로 해석하면서 증언한다. 신약성서가 그 시대 사람들을 위해 해석하고 증언하듯, 우리도 우리 사회와 문화 안에서 그 사건을 해석하면서 증언한다. 신학은 과거에 표현된 말씀들을 알아듣고, 새로운 말씀과 새로운 실천을 발생시킨다. 성서를 비롯하여 과거의 신앙 문서들 안에서 얻은 것을 그대로 반복하는 데 우리의 사명이 있는 것은 아니다. 신학은 우리 시대를 위해 과거의 사건을 창조적으로 재현시킨다. 이런 해석학적 작업은 다른 시대, 다른 장소를 위해 그리스도 신앙의 새로운 역사적 모습을 만드는 것이다. 진리는 기원에 충만하게 있었던 것도 아니고 어느 시기의 역사적 모습을 진리라고 생각하지도 않는다. 진리는 역사 안에 도래하는 구체적 모습들 안에 있다. 진리는 실천적이고 육화된 것이다. 계시로 주어진 것은 문자 그대로의 하느님 말씀도 아니고 몇 개의 지식이나 변치 않는 명제들도 아니다. 교의적 결정도 아니다. 계시된 진리는 증언이라는 구체적 삶의 모습들 안에 있다.[14]

토착신학은 이런 해석학적 신학이다. 새로운 문화 여건에서 하는 새로운 해석, 곧 새로운 말씀과 새로운 실천을 도래하게 하는 창조적 재현이다. 어떤 불변의 진리가 있고 그 진리에 한국적 옷만 입히면 토착화가 되는 것이 아니다. 그리스도 신앙 진리는 세세대대로 전해져야 하는 응결된 불변의 핵심이 아니다. 신앙 진리는 성령의

---

[14] P. Gisel, "Vérité et tradition historique", in *Initiation à la pratique de la théologie*, Paris, 1987, t.1, 143-59.

일하심 밑에 교회 공동체의 해석적 자유에 맡겨진 지속적 생성과 도래이다. 그래서 역사적이다. 불변의 내용이 있고 토착화할 수 있는 문화적 표현이 있는 것은 아니다. 역사적·문화적 상황에 따라 새로운 말씀과 실천이 발생하는 것이다. "신학자의 책임은 예수 그리스도 안에 나타난 원초적 진리의 항구한 도래에 대한 응답으로서 역사적 새 모습들을 창조하는 그리스도교 전승의 불연속 현상 안에 연속성을 찾아서 볼 수 있게 하는 것이다."[15] 토착신학은 신학의 이런 자각을 실천하는 신학적 작업이다.

초세기 지중해 연안의 문화적 여건에 토착한 신학이 형이상학적 신학이다. 이 신학은 하나의 철학체계를 수용한 신학이다. 이 철학에 신 혹은 적어도 최고유(最高有)의 자리는 확고부동한 것이었다. 철학의 신이든, 신화의 신이든, 모두가 신에 대해서 자명하게 알 수 있다고 생각하던 시대이다. 신화세계의 다신론적 신 개념에서 철학적 유일신 개념으로 가는 것이 발전으로 보이던 시대이다. 따라서 신관, 신의 속성, 신 인식 등의 표현은 당연한 표현이었다. 세계관, 인간관이 있듯이 신관도 가능한 말이었다.

게르만족의 이주와 정착으로 시작하는 중세 유럽사회는 그리스도교 신앙 표현을 로마 제국 문화 유산과 더불어 수용하였다. 그리스도 신앙과 로마 문화는 게르만족에게 쉽게 구별되지 않았다. 형이상학적 신학은 유럽 중세사회를 봉건사회로 정착시키는 데 이념으로 크게 이바지했다. 철저한 신분사회, 군주제도, 권위주의적 사고 등은 형이상학적 신학을 그 근본 이념으로 하여 정당화되었다. 권위와 순종은 수직적 관계를 실천적으로 사는 길이었으며, 순종하는 자는 권위가 지닌 실효성을 자기 것으로 하는 길이었다. 따라서 권위와 순종은 중세 유럽 봉건사회의 골격을 이루는 원리였다. 모든

---

[15] C. Geffré, 위의 책, 87.

것은 최고유인 절대자를 정점頂點으로 인식되고 질서지어졌다.

　현대에는 아무도 신을 자명한 존재로 생각하지 않는다. 신이 없는 듯이 사는 과학시대의 현대인이다. 따라서 신학은 과거 형이상학적 신관을 떠나서 신에 대한 말의 올바른 자리를 찾는다. 신학은 하느님에 대해서 생각할 때 예수 그리스도의 사건 안에서 그 언어를 찾아야 한다는 것과 하느님에 대한 모든 언어는 은유隱喩적 성격을 벗어나지 못한다는 것을 안다. 신학은 하느님이 우리 인식의 대상이 되지도 못하고 우리의 언어에 담을 수도 없는 분임을 안다. 언어 안에 하느님의 시현示顯이 있을 수 있고, 인간이 그 언어를 영접할 때 신학은 그것을 하느님의 말씀이라고 말한다. 하느님은 말씀과 사건 등 우리 삶의 우연성 안에 계시고 스스로를 시현하신다. 우리가 관찰할 수 있는 것은 그분으로 말미암은 사람들의 삶의 변화이다. 이것을 우리는 하느님은 상징으로 계시다고 말한다. 하느님으로 변화된 가치체계를 지닌 하나의 삶의 장이 열린다는 뜻이다.

　이 하느님은 자유로운 분이시다. 하느님은 필연적 이유 없이 당신 스스로를 주시는 분이다. 그분의 베푸심은 우연적 매개들을 통해서 체험되고 내 스스로 그 베푸심의 흐름에 투신하면서 나는 하느님을 체험한다. 하느님이라는 단어는 존재라는 단어보다 더한 것을 말한다. 특히 이 단어를 십자가가 여는 상징세계와 관련지어 생각하면, 존재라는 단어보다 훨씬 더한 것을 말한다.

　하느님을 생각하는 것은 말씀과 관계 안에 있는 세상, 역사며 전통인 세상, 하느님을 상기시키고 하느님으로 말미암아 도래한 모습들을 상기시키는 세상, 말씀들의 다양함을 따라 다양하게 생성되는 모습들의 세상을 생각하는 것이다. 이 모습들은 어떤 성취의 모습들이다. 세상은 우리가 마음대로 이용하도록 있는 죽은 세상이 아니다. 세상은 그분의 흔적들을 지니고 있다. 하나의 기원을 상기시키고 하나의 목적을 향하게 하는 흔적들이다. 이 흔적들은 어떤 현존, 어떤 말씀, 어떤 시선을 생성시킨다. 여기에 하느님의 나라라는 하느님과 함께하는 신앙인의 삶의 장이 있는 것이다.

토착신학은 한 시대 한 문화 안에서 새롭게 행해지는 복음의 증언이다. 실천적이고 강생된 모습들이 발생하는 증언이며 시간과 장소의 농도가 짙은 도래와 관련있는 증언이다. 증언으로서의 진리는 역사를 일반화시키고 보편화시켜서 이해하는 데에서 나타나지 않는다. 현실을 문제삼고 고발하면서 나타난다. 신학은 과거에 대한 향수에 젖은 것도 아니고 항상 새로운 것만 찾는 것도 아니다. 신학은 하나의 과거와 하나의 미래를 말한다. 기억으로서의 전통과 산출로서의 전통이다. 과거의 증언들은 그것이 발생한 역사 안에 복원될 때만 진리이고 말씀이다. 그 시대의 한계와 더불어 진리는 역사적 모습들 안에 증언되어 있다. 현재 안에 재생되는 과거는 과거의 반복이 아니다. 새로운 차이를 지닌 실현이라야 한다. 현재가 안고 있는 문제 앞에 어떤 긍정과 어떤 비판의 증언이라야 한다.

교회는 예수 그리스도 안에 나타난 하느님의 일하심과 우리와 함께 계심을 증언하는 공동체이다. 과거 세상의 유산으로 얻은 공동체의 골격은 그 시대 언어와 더불어 청산해야 한다. 복음을 새롭게 증언하는 새로운 모습을 보여야 한다. 사람들은 과학시대 정보의 홍수 안에서 살아가고 있다. 교회 공동체가 지닌 골격이 새로운 증언을 위한 새로운 복음적 모습을 창출하는 것이 되지 못하면, 현대를 위한 새로운 증언은 발생하지 않을 것이다. 우리 삶의 현장은 과거 유품들의 전시장이 아니다. 현대인과 함께 호흡하지 못하면 현대인들을 위한 증언이 나타나지 않을 것이다. 가톨릭 교회 안에는 아직도 형이상학적 사고와 최고유로서의 절대자를 후광으로 권위와 순종을 생각하고 사는 사람들이 많이 있다. 우리 시대를 위한 증언과 진리의 모습을 찾아야 한다. 오늘날 한국 교회 안에 말씀의 위기는 심각하다. 복음은 말하지 않는다는 체념 현상이 만연되어 있다.

높은 사람들 높은 자리 지키게 하기 위해 복음이 있는 것이 아니다. 하느님이 자기를 교회 안에 높은 사람으로 선택하셨다고 생각하면 베푸시는 하느님을 차단하고 절대자를 향한 우상숭배를 발생시킨다. 스스로를 "작은 절대자"로 생각하면 하느님의 베푸심의 흐름을 차단하여 조직 안에 죽음을 흐르게 하는 혈전血栓과 같은 것이 된다는 것을 생각하자. 토착신학은 우리 시대를 위한 복음의 말씀을 재생시키고 복음적 증언과 모습이 발생하게 하는 신학이 되어야 할 것이다. 이 신학은 또한 한국 교회 신앙인 모두를 위한 말을 발생시켜야 할 것이다.

5

여 성 신 학

들어가면서

여성신학은 남성과 여성의 상징성을 진지하게 고려해야 한다. 여성해방을 위한 언어만으로는 부족하다. 남성과 여성이 함께 상징성을 회복하여 과거의 언어에서 해방되지 않으면 여성신학은 신학의 발전에 기여하는 구원의 언어를 발생시키지 못할 것이다.

성서가 기록된 고대 중동사회를 비롯하여 유럽 중세사회는 철저하게 남성 위주의 문화권이었다. 그리스도교 신학이 발생한 온상도 플라톤의 형이상학이 지배하던 문화권이고 중세 스콜라 신학도 아리스토텔레스의 형이상학을 기초로 체계화된 신학이다. 형이상학은 우열優劣이 있는 이원론이다. 실체實體와 우연偶然, 초자연과 자연, 영혼과 육신, 남성과 여성이라는 이원적 구성에서, 두 요소는 상호 배제하면서 하나가 다른 것을 초월하는 것으로 생각된다. 철학의 대상은 실체이지 우연이 아니고, 신학의 대상은 초자연과 영혼이며, 인간은 남성이었다.

오늘날 우리는 그리스도 복음의 근본적 힘이 초문화적이라는 것을 알고 있다. 신앙은 하나의 문화에 종속된 것이 아니라는 의미이다. 그러나 구체적으로 신앙은 어떤 하나의 문화 안에 육화된 형태로만 존재한다. 어떤 문화 형태에도 구애받지 않는 신앙의 추상적 실재라는 것은 없다. 인간은 각자 자기가 속하는 문화 안에서만 인간으로 행세할 수 있다. 따라서 계시는 하나의 문화 안에 순화馴化된 상태로만 있다. 비역사적이고 초문화적 계시는 없다.

오늘 해석학적 신학은 형이상학적 언어를 탈피하여 성서와 신학의 전통에서 현대인을 위한 그리스도교적 이해와 실천을 찾는다. 현대신학의 이런 노력의 일환으로 나타나는 것이 과거 전통적 언어 안에 있는 성차별에 대한 새로운 각성이고 그 차별을 넘어선 새로운 언어의 모색일 것이다.

남녀가 평등하다는 원론적 주제는 창세기(1-2장)를 비롯하여 성서 전체에서 이미 충분히 제시되었다. 여성 사제직에 대한 논쟁을 중심으로 야기된 여성 권리회복을 위한 신학은 교회 안의 여성문제를 오로지 힘의 논리 안에서만 본다는 인상을 준다. 교회는 쟁취와 양보로 힘의 균형을 취하는 정치집단이 아니다. 남성 위주의 전통적 언어를 단절하고 "여성해방의 미래를 위한" 새로운 언어를 창출할 수도 없을 것이다. 남녀 평등의 현대 문화 안에서 새로운 신학언어들이 출현하면서 과거의 차별적 언어들은 서서히 자취를 감출 것이다.

들어가서

형이상학적 이원론을 탈피하면서 상징성을 살린 언어로 신앙의 유산은 새롭게 표현되어야 한다. 상징성은 차이와 관계를 동시에 말한다. 하늘과 땅, 빛과 어둠, 양陽과 음陰 등은 상징성을 지닌 범주들이다. 남성과 여성의 상징성은 원초적인 것이다. 창세기 1장은 하느님이 하늘과 땅을 만드시고, 사람을 남자와 여자로 창조하셨다고 말한다. 남녀 대결의 구도가 아니라 상징적 관계이다.

세상에는 남자도 있고 여자도 있는 것이 아니다. 남성과 여성은 서로를 분리해서는 이해되지 않는 양식으로 있다. 상징 *symbolon*은 서로 다른 것을 모아서 맺어준다. 그와 반대로 차별을 강조하는 대결, 분리, 배제는 디아볼로스 *diabolos*(악마의 동의어)이다. 차별은 흩어짐과 찢어짐으로 나가게 하는 힘이다. 이것은 힘의 논리가 하는 일이다. 하늘과 땅이 서로 다르면서 하나가 되는 곳에 땅은 비옥하고 생명이 살고 자란다. 그러나 하늘과 땅을 상반되는 것으로 만들면, 하늘을 향해 찢어진 현세도피적 인간이 나타나고, 땅을 향해 찢어진 속물 인간이 태어날 것이다.

창세기에 하느님은 사람을 창조하고 세상을 선물로 주신다. 그러나 사람은 살지 못한다. 그는 혼자이다. 하느님은 아직 그를 축복하지 않으신다. "사람이 혼자 있는 것이 좋지 않으니, 그의 일을 거들 짝을 만들어 주리라"(창세 2.18). 하느님은 먼저 사람 앞에 모든 동물이 행렬하게 하셨다. 그러나 사람은 동물들 안에서 자기의 짝을 발견하지 못한다고 선언한다. 사람은 죽음의 잠에 빠진다. 하느님은 그가 잠든 사이에 여인을 만드신다.

여기서 보면 여인은 남자의 원의로 태어난 것이 아니라 하느님의 원의로 태어났다. 아담의 참여는 전혀 없다. 아담이 잠든 사이에 여인이 태어났다. 그들이 서로를 받아들이는 것은 상대에 대한 권리를 의식하기 때문이 아니라, 상대를 하느님이 주신 것이기에 받아들인다. 여기에는 상호 존경이 있다.

하느님은 남성과 얼굴을 마주보게 맞추어서 여성을 만드셨다. 아담은 큰 소리로 외치면서 그 얼굴을 감탄한다. 그것은 유일한 것이었다. 아담은 같은 살에서 나온 살임을 인정하고 이슈ish에서 나온 이샤isha라고 한다. 자기의 자매라는 말이다. 여성은 남성과 동등한 자매이다. 남녀의 관계는 먼저 성적性인 것이 아니다. 형제와 자매라는 이 근본적 관계의 인정은 그 자체로 가치를 지녔다는 것을 의미한다. 바오로는 "주님 안에서는 남자 없이 여자가 있을 수 없고 여자 없이 남자가 있을 수 없습니다"(1고린 11.11)라고 말한다. 남녀는 상호 순종해야 한다는 말이다. 교회는 자발적 상호 의존 안에서 형제적 친교를 체험하는 곳이다.

오늘날 출산이 여성 혹은 부부의 선택에 맡겨진 일같이 되면서 우리는 모성母性의 의미를 잃어버린 것 같다. 모성은 모든 여인에게 주어진 카리스마이다. 생명을 주는 은총이다. 예수는 당신이 온 것은 사람들이 "생명을 얻고 또 얻어 넘치게 하려는 것이다"(요한 10.10)라고 말한다. 우리가 살아 있기를 하느님이 원하시는 것은 그분이 악이나 죽음보다 더 강한 생명이시기 때문이다. 부활하신 예수가 여인들에게 먼저 발현한 것은 사도들에게 생명의 승리를 알리려 함이었던 것으로 보인다. 여성에게 주어진 역할은 생명을 위한 사랑이다. 생명의 존엄성을 인식하는 일이 아니라 그것을 사랑하는 일이다. 이 사랑이 없으면 세상은 죽는다.

남성이 효율성을 보는 곳에 여성은 얼굴을 본다. 여성은 자기 아기의 얼굴을 보면서, 인간 각자는 유일한 얼굴을 가지고, 각별한 주의와 사랑을 필요로 하는 유일한 존재라는 사실을 배운다. 여성은 모두 "위로의 봉사직무"를 하는 사람이다. 위로라는 말의 원초적 뜻은 외로운 사람과 함께하는 것을 의미한다. 하느님은 계약 후부터 위로하시는 분이시다. "위로하여라, 나의 백성을 위로하여라"(이사 40.1). 하느님은 여인과 같은 마음의 소유자인 위로자시다. "여인이 자기의 젖먹이를 어떻게 잊으랴! 자기가 낳은 아이를 어찌 가엾게 여기지 않으랴! 어미는 혹시 잊을지 몰라도, 나는 결코 너를 잊지 아니하리라"(이사 49.15). 예수는 자신도 영靈도 위로자라고 말씀한다. "나는 아버지께 청하겠습니다. 그러면 아버지께서는 다른 위로자를 여러분에게 붙여주실 것입니다. … 그분은 진리의 영이십니다"(요한 14.16).

창세기는 여인이 남자에게 주어진 것은 그를 돕기 위함이었다고 말한다. 이것은 여인이 남자보다 지위가 낮다는 것을 의미하지 않는다. 시편은 "하느님은 나의 도움"(121.2)이라 노래한다. 도움은 인간이 존재하도록 하시는 하느님의 돌보심을 의미한다. 여인이 남자에게 도움으로 주어진 것은, 소유와 힘이 아니라, 사랑만이 인간을 성취시킨다는 것을 알게 하려는 것이었다. 여성은 남성을 하느님의 세계에 태어나게 돕는 존재이다.

복음서에 보면 여성들은 예수의 제자들이 그리스도의 신비를 알아듣는 데에 예언자적 역할을 한다. 그들은 그리스도의 신비가 성취하는 사건들의 의미를 먼저 알아본 사람들이다. 예수의 어머니 마리아는 하느님이 당신 백성을 구원하실 때가 되었음을 먼저 알아보았다. 엘리사벳이 자기의 주님을 알아본다. 가나에서 마리아는 예수의 때가 왔음을 먼저 안다. 사마리아 여인은 예수가 당신이 메시아임을 스스로 먼저 알려준 인물이다. 라자로의 무덤 앞에서 마르타는 하느님의 아들이신 구원자 메시아에게 먼저 신앙고백을 하는 인물이다.

예수의 몸에 향유를 발랐다는 베다니아의 여인이 있다. 제자들은 이 행위를 언짢아했고 예수는 그 여인의 행위를 정당화하였다(마르 14.6-8). 베다니아의 여인은 어렴풋이 예수가 가시는 길을 눈치챈 것이다. 그는 예수의 때가 왔음을 알고 그것을 침묵으로 선포하고 있다. 예수의 말씀이다. "진실히 여러분에게 이르거니와, 온 세상 어디든지 복음이 선포되는 곳마다 이 여자가 한 일도 전해져서 사람들이 그를 기억하게 될 것입니다"(마르 14.9). 성체성사 설립 때의 말씀과 같다. 그러나 이 말씀은 교회전례상에 아무런 빛을 보지 못하였다.

나오면서

성령강림에 예수의 어머니 마리아를 비롯하여 여인들이 사도들과 베드로와 함께 있다. 그들은 사도들의 경쟁 대상이 아니라 그들과 일치하여 있다. 이 여인들은 부활하신 그리스도를 먼저 만난 사람들이다.

그러나 시간이 흐르면서 사제적 봉사직무가 다른 모든 봉사직무들을 점차적으로 흡수하여 독점해 버렸다. 서품된 자들만이 교회에 봉사하는 것이 아니다. 여성들도 서품해야 한다고 주장하는 것은 사제직의 이런 흡수 독점 사실을 추인追認하고 정당화하는 것뿐 아니라, 오히려 이 독점을 강화해 주는 것이다. 사제직이 교회의 유일한 봉사직무가 아니다. 사제직을 포함하여 교회의 모든 봉사직무는 새롭게 개편되어야 한다. 이 봉사직무를 위해 우리 교회가 안고 있는 과제는 방대하다. 기득권층이 스스로의 기득권을 포기하기는 참으로 어렵다. 오늘의 교회에서 예언자의 목소리, 특히 그것이 여성의 것일 때, 사람들에게 전달될 수 있는 길이 없다.

가부장적家父長的 남성만의 사회에서 만들어진 현재 교회의 제도들이다. 교회 의사결정 차원에 여성의 부재不在는 오늘 교회가 겪고 있는 위기의 한 원인이기도 하다. 남성은 과거 선사先史시대부터 오랜 세월 동안 의식주衣食住를 해결하기 위해 달리고 공격하고 쟁취하는 일을 해왔다. 그러나 여성은 삶의 공간을 꾸미고, 가족을 모으고, 사람들의 말에 귀기울이고, 나누는 일을 해왔다. 여성이 하는 일이 훨씬 더 교회적이다.

오늘 남성만으로 된 한국 교회 의사결정권자들은 기회만 있으면 돈을 "사냥"하여 건물을 짓고 사업을 하면서 교계제도적 고지高地를 바라보고 그곳에서 권위를 얻어서 가르치고 다스리려 한다. 사람들의 말을 듣지도 않고 나누지도 않는 교회가 되었다. 현대인들이 교회를 외면하는 원인이 어디 있는지도 깨닫지 못할 만큼 독신 남자 교직자들은 들을 귀를 잃었다. 예수 시대 유대 종교 기득권층이 하던 일과 별로 다르지 않다.

정신분석학의 시조인 프로이트S. Freud는 1932년 어느 강연에서 과학을 30세의 남자에, 종교를 30세의 여인에게 비유한 일이 있었다. 과학-남성은 젊고 발전의 여지가 있지만, 종교-여성은 이미 완성되어 침체되고 변하지 않는다는 것이다. 프로이트 계열의 정신분석학자 발마리M. Balmary는 자기 저서에서 다음과 같이 말한다. "프로이트는 자기 어머니의 죽음과 더불어 여인-종교에서 해방될 수는 있었지만 남자-과학에서 해방되지는 못하였다. 그는 여인-종교가 그를 남자-과학에서 해방시켜 줄 수 있다는 사실을 몰랐던 것이다."

여성만 해방되어서 될 일이 아니다. 남성도 여성으로 말미암아 해방되어야 한다. 현대사회는 정치적·사회적 영역에서 여성의 역할이 필요하다는 것을 안다. 그러나 이 필요성이 평등이라는 미명하에 각 분야의 자리를 배분하는 것으로 해결되지는 않는다. 남녀의 평등과 여성의 권리 주장은 이제 진부한 원론이 되었다. 남녀의 상징성을 살리는 신학의 언어가 되어야 할 것이다.

참고 문헌

도로테 죌레 지음, 서광선 옮김, 『현대신학의 패러다임』, 한국신학연구소, 1993, 100-11.

이용훈, 「한국 교회, 여성 신자의 신원과 역할」, 『사목』 217호, 1997. 2, 73-93.

최혜영, 「第三千年期 그리스도論에서의 예수의 性」, 『神學展望』 116호, 1997 봄, 68-81.

C. Hauret, "Origines de l'univers et de l'homme d'après la bible", *SDB* t.6, (1960), 920.

Georgette Blaquière, "Charisme de la femme", *Christus*, n.170, avril, 1996, 143-51.

Marie Balmary, *Le Sacrifice interdit, Freud et la Bible*, Paris, 1986, 25-7.

"삼위일체" 교리

삼위일체라는 단어는 성서에 없는 표현이다. 성서에는 하느님 아버지, 아들이신 예수 그리스도, 성령을 함께 언급하는 구절들은 있어도(마태 28,19; 2고린 13,13; 요한 14,26; 15,26; 1베드 1,2), 삼위일체라는 단어는 사용되지 않았다. 삼위를 언급하는 성서의 구절들이 모두 우리의 구원을 말하고 있다는 것에 유념해야 한다. 니카이아 공의회가 "아버지"와 "아들"의 "실체적 동일성"을 믿을 교리로 정의했고, 제1차 콘스탄티노플 공의회(381)가 성령의 신성神性을 정의했지만 아직 삼위일체라는 단어를 사용하지는 않았다. 두 공의회가 정의한 교리는 한편으로는, 삼위의 종속從屬적 서열을 말하는 이단異端 앞에 예수와 성령의 신성을 긍정해야 했고, 또 한편으로는 삼위의 양식樣式적 차이만을 말하는 이단 앞에 서로 다른 위격位格임을 말해야 했다. 삼위일체라는 단어를 본격적으로 사용하고 그 교리를 발전시킨 사람은 아우구스티누스(354~430)라고 보아야 할 것이다.

 삼위일체 교리는 우리가 하느님을 온전히 인식하고 하느님에 대해서 밝히 말하는 언어가 아니다. 하느님에 대해 논하는 말이 아니라, 예수 그리스도와 성령을 통한 우리의 구원이 하느님의 일이라는 사실을 방어하기 위한 단어이다. 예수 그리스도 안에 우리의 구원을 위한 하느님의 말씀이 있고, 예수의 죽음과 부활 후 신앙인들에게 주어진 성령은 하느님의 숨결임을 말하는 단어이다. 이 교리는 그 시대 신플라톤 철학에 물든 교부들이 벌인 논쟁의 산물이다. 예수와 성령을 하나이신 하느님 안에 밀어넣지 않으면 예수와 성령이 하느님과 무관한 피조물로 보일 수 있는 위험을 내포한, 그 시대의 사상이었다. 예수와 성령의 신성이 부정되면 예수는 하느님의 말씀일 수 없고 성령은 하느님의 숨결일 수 없는 것이었다. 오늘날 우리에게는 그런 철학도, 그런 논쟁도 없다. 따라서 "위(位)로는 세 분이시고 본체로서 하나이시며, 먼저 계심도 후에 계심도 없고, 높고 낮음도 없으시며 세 분이 온전히 같으시다"고 말하면서 삼위일체를 설명할 필요는 없을 것이다. 이런 언어는 그 시대에 필요해서 발생한 것이었고, 오늘 우리가 그대로 반복해도 의미를 발생시키지 않는 표현이다.

한번 더 반복하여 말하면, 하느님 안에 삼위적 구조가 있다고 말하지 않으면, 예수 그리스도와 성령은 하느님과 무관한, 하느님 외의 존재들이 되고 마는 그 시기의 사고방식이었다. 그 사고방식의 논리대로 하면 예수와 성령은 우리와 동질성을 지닌 피조물이 되고 만다. 그렇다면 예수 안에 우리를 위한 하느님의 말씀이 있을 수 없고, 성령 안에 우리를 위한 하느님의 생명이 없다는 결론이 되어버린다. 이것이 삼위일체라는 표현으로 극복해야만 했던 그 시대의 비구원적 언어의 핵심이다.

인류 역사의 어느 시점에 하느님은 우리를 해방시키고 살리신다는 믿음이 발생했다. 기원전 1800년경에 아브라함에게서 시작된 한 분이신 하느님에 대한 말이 있었다. 아브라함은 하느님이 주시는 땅을 향해 자기 삶의 온상을 버리고 떠났다. 이 사건은 현세적 자기 삶의 온상을 버리고 하느님이 약속하시는 구원을 향해 나가는 사람만이 하느님이 주시는 구원을 얻으리라는 말을 남겼다. 인간은 자기가 사는 생활 온상에서 발생하는 언어만을 가지고 사는 것이 아니라, 그것을 초월하는 하느님의 말씀을 따르면서 사는 곳에 인간의 구원이 있는 것이다.

기원전 1250년경 모세가 시작한 출애굽 사건은 해방하고 구원하시는 하느님을 믿고 이루어낸 놀라운 구원의 체험이었다. 그러면서 하느님에 대한 이스라엘 백성의 신앙이 발생한다. 여기서는 이스라엘을 택하고 약속하시는 하느님이 이스라엘과 함께 계시는 것으로 나타난다. 그것은 해방의 위업을 성취하는 체험이었다. 이제 이 백성 안에는 함께 계시는 하느님으로 말미암아 자기 생활에 변화를 일으키는 사람들이 발생한다. 이 사람들은 여러 가지 문학 유형으로 함께 계시는 하느님에 대한 그들의 체험을 표현하였다. 그것이 역사, 설화, 시, 예언, 지혜 등 그 시대의 다양한 문학 유형을 빌려서 표현되었다. 함께 계시는 하느님에 대한 체험이 발생시킨 언어들이다.

이런 흐름의 어느 시점에 예수라는 분이 출현한다. 그분은 하느님의 함께 계심이, 그 시대 사람들이 생각하듯이, 경건한 사람들, 율법을 잘 지키는 사람들, 십일조 헌금을 잘하는 사람들에게만 유보된 것이 아니라, 버려진 사람들, 율법을 지키지 못하여 죄인이라고 낙인찍힌 사람들에게까지 보장되었음을 가르친다. 예수 안에 강렬하게 나타나는 것은 베푸시는 하느님 앞에 열린 사람의 마음과 그 베푸심의 실천이다. 하느님의 함께 계심은 심판이 아니라 베푸심이라고 예수는 믿고 있다. 그래서 당신 자신도 이 베풂을 산다. 하느님에 대해 견해를 달리하는 사람들은 그분을 폭력으로 죽였고, 그분은 당신의 죽음도 베푸심의 흐름 안에서 이해되어야 한다는 뜻이 담긴 유언을 남기고 죽어갔다. 그 유언이 너희들을 위해 "내어주는 몸이다", "쏟는 피다"는 말씀으로 요약되는 만찬이다. 예수의 죽음은 율법, 관습, 제도, 성전 등 사람이 만든 것을 앞세우는 유대 종교 지도자들 앞에서 함께 계시는 하느님이 더 소중함을 강력히 주장한 결과였다. 하느님은 무상無償으로 베푸시는 분이기에 사람이 만든 율법, 관습, 제도 등에 갇혀 계실 분이 아니라는 사실을 깊이 믿고 있는 예수였다. 예수가 이렇게 죽음을 무릅쓰고 고집한 함께 계시는 하느님에 대한 그분의 믿음과 베푸심의 실천은 그것이 하느님의 것이었기에 하느님은 그분을 당신 안에 살려놓으셨다는 것이 예수의 부활이다. 초대교회 신앙 공동체가 예수를 "주님" 혹은 "하느님의 아들"로 고백하는 것은 예수의 실천 안에 보이는 베풂의 삶은 과연 하느님의 생명이었다는 믿음이다.

성령이 오셨다는 것은 하느님은 예수 안에 우리가 듣고 따라야 하는 말씀으로 당신을 주셨듯이, 또한 성령으로 당신의 숨결을 우리에게 베푸셨다는 것을 의미한다. 성서는 구원 역사의 새로운 국면에서 항상 성령을 말한다. 창조, 예수의 탄생 예고, 예수의 공생활 시작을 의미하는 세례, 교회의 시작, 이교도들에 대한 교회의 개방(사도 10.44-47) 등 성서는 하느님의 일, 곧 새로운 베푸심의 시작이라는 의미에서 항상 성령을 언급한다.

하느님은 인류 역사 안에 이렇게 당신 스스로를 베푸시는 분으로 계시다. 죽고 부활하신 예수는 이제 성령으로 인류 역사 안에 새로운 역사를 발생시킨다. 성령은 그리스도교 공동체와 사람들의 마음 안에 살아 계시는 하느님의 힘이다. 하느님의 베푸심의 이야기가 연장되는 우리의 삶 안에 하느님의 영이 계시고 하느님이 일하신다는 것이다. "성령이 주어졌다", "성령이 일하신다"는 말은 하느님이 우리와 함께 계시다는 말이다. 인간은 이해타산을 앞세워 생각하지만 인간으로만 설명되지 않는 베풂의 이야기가 인류 역사 안에, 특히 그리스도교 공동체 안에 있다는 말이다. 성령이 우리 안에 계시다는 것은 인류 공동체 안에 인간보다 더한 것, 즉 하느님의 베푸심을 반영하는 삶이 있다는 말이다.

인간이 하느님을 알면서부터, 또 하느님 앞에 스스로를 자각하면서부터 발생시키는 언어와 삶의 모습은 이렇게 하느님이 하시는 베푸심의 흐름 안에 편입되고 또 사람을 편입시키는 언어이며 모습이다. 하느님은 이스라엘을 선택하고 그 민족을 이집트에서 해방시키신 분만이 아니다. 예수라는 인물을 통해서 우리를 향해 말씀하셨고, 그 말씀이 우리 안에 살아 있는 것이 되게 하기 위하여 당신의 숨결을 우리에게 주신 분이다. 하느님은 이제 우리와 함께 계시는 막연한 현존, 깊은 명상 안에서만 찾을 수 있고 만날 수 있는, 높고 깊은 현존이 아니다. 우리가 성령의 힘으로, 예수가 우리에게 남겨놓으신 삶의 모습을 실현할 때 하느님은 우리와 함께 계시다. "내가 아버지로부터 여러분에게 보낼 협조자, 곧 아버지로부터 나오는 진리의 영이 오시면 그분은 나에 관해 증언할 것입니다"(요한 16.7). 성령은 우리 안에 예수의 삶이 실현되게 하시는 분이다. "내가 말한 모든 것을 생각나게 해주신다"(14.26)고도 말한다. 성령은 "다른 협조자"(14.16)이다. 우리가 하느님과 함께 있도록 하는 데 예수도 성령도 협조자라는 말이다.

예수의 역사 안에서 우리를 위한 하느님의 말씀을 듣는 것이 그리스도인이다. 예수 안에 나타난 베푸심의 역사 안에 하느님의 절대적 자유를 보고 우리의 자유를 조율하는 것이 그리스도인이다. 이것이 하느님의 생명을 사는 하느님의 자녀가 "영과 진리 안에서"(요한 4.24) 하느님을 예배하는 길이다. 하느님의 숨결 안에서 베푸심의 이야기들을 발생시키면서 예배하고, 그 예배가 참된 것이 되게 하기 위해, 예수의 모습 안에서 우리를 위한 하느님의 진리를 배우고 듣고 깨닫는다.

성령은 예수의 이야기를 우리에게 상기시키면서 우리 주변의 모든 것이 제자리를 찾게 하신다. 성령이 계시는 곳에 모든 것은 하느님이 베푸신 것으로 보인다. 하느님이 우리에게 베푸셨으면 우리의 형제들인 이웃을 위해서도 베풀어졌음을 우리는 안다. 하느님의 우리와 함께 계심은, 이스라엘이 메시아에게 기대하듯이, 지상의 환난을 없애고 병고나 죽음에서 우리를 구해주시기 위함이 아니다. 성령의 일하심을 이런 것에 국한시키지 말아야 한다. 우리 주변의 모든 것이 하느님의 베푸심으로 생각되고, 그것으로 사람이 행복할 수 있을 때 성령은 우리와 함께 계시다.

성령은 우리를 더 인간답게 만드신다. 사람은 끊임없이 사람 아닌 것이 되고자 한다. 가상의 세계로 빠져든다는 말이다. 사람들 위에 군림하는 인물, 초능력을 소지한 인물, 무엇이라도 마음대로 할 수 있고 모든 일에 자기가 중심이 되는 인물이 되고자 한다. 오늘날 성령을 빙자하여 여러 가지 초능력을 말하는 것은 하느님과 관계없는 일이다. 초능력으로 인간 삶의 장을 벗어나는 곳에 성령이 계시지 않는다. 교회 안에 있는 교계敎階제도의 서열을 성령으로 정당화하려 들지도 말아야 한다. 성령은 높은 사람, 권위를 가지고 군림하는 사람을 만드는 분이 아니다. 이런 것은 사람들이 그 마음속에 있는 염원을 성령을 동원하여 정당화하는 것에 불과하다. 성령은 이런 인간적 욕심에서 우리를 치유하시면서 우리가 사람답게 살도록 하신다. 예수는 당신이 하느님의 아들이라는 사실을 인간 조건에 들어 있는 제한을 피하는 수단으로 삼지 않으셨다. 그러기에 십자가가 있었다. 십자가는 제자들이 예수를 버리는 동기가 되었다. 아들은 아버지의 뜻을 실천한다. 아버지를 이용하여 특권을 누리지 않는다. 특권을 탐하고 최대로 이용하는 것은 종이나 노예가 자기 주인에 대해서 가지는 자세이다. "나는 여러분을 더 이상 종들이라고 부르지 않겠습니다. … 나는 여러분을 친구들이라고 불렀습니다. 내가 내 아버지에게서 들은 것을 모두 여러분에게 알려주었기 때문입니다"(요한 15,15).

성령의 주어짐은 계시 장소를 제한한다. 베푸심의 이야기가 발생하는 곳에 하느님이 계시고 하느님의 말씀이 있다는 것이다. 하느님은 이 세상이 강요해서가 아니라 당신 스스로 원해서 베푸시는 분으로 계시다. 어떤 형태이든 베풂이 있는 우리 삶의 모든 현장은 하느님과 특권적 관계 안에 있는 것이다. 우리의 가치관을 하느님에게 투사할 때, 이 베푸심의 이야기는 퇴색되고, 하느님과의 특권적 관계는, 우리의 인과응보因果應報 원리를 기반으로 한, 율법 준수, 은총을 얻기 위한 수단들, 상위자의 권위와 하위자의 순종 등으로 표현된다.

이 베푸심의 이야기는 계약, 예언자, 지혜, 예수, 성령 등 여러 가지 양식으로 우리의 역사 안에 나타났고, 그것들 모두가 우리 신앙사 안에 삶의 어떤 농도를 가지고 살아 있다. 하느님이 어떤 분인지 우리는 볼 수 없다. 그러나 우리가 아는 것은 하느님이 역사 안에 여러 가지 형태로 말씀하셨지만 베푸심이라는 공통분모를 가졌다는 것만이다. 우리도 이 베풂의 흐름에 흘러들 때에 구원이 있는 것이다. 삼위일체 신비는 그리스도 신앙 역사 안에 세 분이 거명되지만 모두가 베푸시는 한 분에 대한 말이라 요약하면 될 것이다. 세 분의 하느님으로 만들지도 말아야 하고, 하느님의 존재양식을 통찰하고 표현한 언어로 생각하지도 말아야 한다. 우리의 구원을 위한 말이라는 것을 잊지 말아야 한다. 교부시대의 삼위일체 논쟁과 그 교리의 확립은 우리를 위해 하느님이 베푸신 구원을 방어하기 위함이었다는 것을 생각해야 한다. 이것을 위해 그 시대에는 예수도 성령도 그 실체가 하느님과 동일하다는 표현을 필요로 했던 것이다. 물론 여기서 실체는, 그 시대 철학이 말하던, 사물의 보이지 않는 인식원리를 지칭한다.

   세 분으로 거명된 하느님은 우리의 구원을 위해 일하신다. 세 분 안에 하나로 보이는 것은 베푸심의 흐름이다. 그리고 이 베푸심은 우리의 구원이다. 요한 복음은 "하느님은 이 세상을 극진히 사랑하셔서 외아들을 보내주시어 그를 믿는 사람은 누구든지 멸망하지 않고 영원한 생명을 얻게 하여 주셨다"(3.16)고 말한다. 나의 삶 안에 이 베푸심의 흐름이 스며들면 스며든 그만큼, 하나로 만드시는 하느님의 힘이 작용하는 우리 삶의 공간이 발생한다. 이것이 예수가 설교한 하느님의 나라이다. 삼위일체는 역사 안에서 하느님이 인간 예수를 통해서 또한 성령을 통해서 우리에게 하시는 초대를 말한다. 우리를 향한 하느님의 손짓을 생각하지 않는 삼위일체에 대한 우리의 말은 하나의 탁상공론일 수는 있어도 하느님에 대한 온당한 말이 될 수는 없을 것이다. 하느님 없는 세상의 이야기는 있어도 이 세상, 특히 인간의 구원이 없는 하느님에 대한 이야기는 있을 수 없다는 것을 생각하자.

7

고 해 성 사

들어가면서
1. 제4차 라테란 공의회(1215년 11월 11~30일)
2. 제4차 라테란 공의회 이후
3. 트렌토 공의회(1545~1563)
4. 트렌토 공의회 이후
5. 초대교회의 실천
6. 신앙의 자유 이후 발생하는 법적 참회 규정
7. 유럽 중세교회의 참회 실천
8. 예수 그리스도의 복음
나가면서

들어가면서

이 글의 목적은 현재 가톨릭 교회가 신자들에게 일년에 한 번 — 한국에서는 일년에 두 번 — 의 의무로 요구하고 있는, 개인고백을 수반한 고해성사에 대해 생각해 보자는 것이다. 현재 사목자들이 신앙생활에 있어서 가장 기본적 의무로 신자들에게 요구하는 것은 주일미사와 고해성사이다. 그런데 이 두 가지 의무는 악순환의 고리가 되어 많은 신자들이 미사에 오는 데 부담을 주고 있다. 주일 미사에 한 번 빠지면 고해성사를 보아야 하는 것으로 사람들은 인식하고 있다. 그런데 이 고해성사를 본다는 것이 대부분의 성당에서는 쉽지 않다. 상설 고해소가 설치되어 있는 곳은 서울 대교구의 명동성당뿐이고 청주 교구, 마산 교구, 광주 대교구가 각각 일주일에 하루 혹은 이틀, 2시간 내지 3시간의 상설 고해소를 운영하고 있다.[1] 각 본당의 사정은 다르지만 대부분이 미사시간 전후해서 잠깐 고해성사의 기회를 줄 뿐이다.

과거 제국주의사회와 중세 봉건사회에서는 사람들이 위를 바라보고 살아야 했다. 황제의 결정은 모든 백성을 위해 구속력이 있었다. 봉건사회에서 산다는 것은 자기가 속하는 영주의 뜻을 받들어서 사는 것이었다. 사회를 움직이는 모든 정보는 그 사회의 정상頂上을 이루는 사람에게 집중되어 있었다. 이런 상하관계를 기본으로 한 제국주의 혹은 봉건주의 사회에서는 신앙을 위해서도 상하와 우열이 있다는 것은 당연한 진리였다. 가장 높으신 하느님을 정점으로 교회 교계제도의 서열에 따라 사람의 실효성은 차이와 우열이 있는

---

[1] 『생활성서』, 1997년 3월호 77 참조.

것으로 생각되었다. 하느님의 뜻도 이 서열을 존중하면서 전달되는 것은 당연한 일이었다. 따라서 죄인이라 생각하는 사람은 하느님을 대리하는 사람 앞에 무릎을 꿇고 자기 죄를 고백할 뿐 아니라 고해신부의 지시를 따라서 보속도 하고 성체성사에 참여하는 횟수도 정해야만 했다.

현대인은 어디서나 사람 앞에 무릎을 꿇지 않는다. 옛날 유럽 중세 사람들은 지배자 앞에서 무릎 꿇는 것을 당연지사로 생각하였다. 오늘날 우리는 그런 사회에서 살지 않는다. 모든 사람은 평등하다. 직장에서, 가정에서 각자는 자기 일을 자기가 생각하고 알아서 판단하면서 산다. 자기의 일, 그것도 자기의 가장 엄밀한 일을 다른 사람 앞에 가져와서 낱낱이 보고하고, 다른 사람이 그 죄의 경중을 가려서 보속을 주고, 그 보속을 이행해야 한다는 것은 현대인의 마음가짐에서는 근본적으로 거부감을 일으킬 수밖에 없는 일이다. 현대인은 우열을 전제로 한 수직적 상하관계 안에서 살지 않는다. 하느님은 위에만 계시지도 않고 높은 사람을 통해서만 일하시지도 않는다. 모든 사람이 같은 정보에 접하고, 각자 판단하고 행동하면서 자기 운명을 자기가 결정한다.

여기서는 현행 개인고백을 수반하는 고해성사를 모든 신자의 의무로 발표한 공의회의 문서들을 검토하고 그 문서의 성격을 분석한 다음, 고해성사가 의무로 정해지기 전의 참회 실천들에 대해 간략하게 소개하고자 한다. 신앙은 예수로 말미암아 발생한 삶의 실천이다. 초대교회 신앙인들이 죄와 용서를 어떻게 이해하였는지를 복음서들 안에서 보면서 앞으로 죄의 용서를 위한 새로운 형태의 실천을 기대해 보고자 한다.

과거의 관행만 반복하는 것이 전통에 충실한 신앙인은 아닐 것이다. 예수 그리스도로 말미암아 발생한 우리 신앙의 실천은 시대와 장소에 따라 참으로 복음적이기 위한 노력을 해야 한다. 우리의 창의력이 요구되는 신앙 표현이고 실천이다. 역사 안에 일어난 과거의 실천들을 비판적으로 이해하고, 새로운 실천을 모색하기 위한 연구는 교회를 위해 필수적이다. 이 글은 고해성사 실천을 위한 새로운 대화를 지향하면서 과거 역사적 과정을 서술해 보는 것이다. 높은 사람은 많이 알고 낮은 사람은 말할 자격 없다는 식의 몽매하던 시대는 지나갔다고 믿는다. 자기가 지금까지 생각해 오던 것과 다르면 무조건 틀렸다고 생각하고, 자기와 다른 말을 하는 사람을 괘씸히 생각하는 것은 그리스도교적인 것도 아니려니와 인도人道적이지도 않다는 사실을 지적해야만 하는 우리의 후진성이 안타깝다.

1. 제4차 라테란 공의회 (1215년 11월 11~30일)

현행 개인 고해성사를 모든 신자를 위해 일년에 한 번은 지켜야 하는 의무로 정한 것은 제4차 라테란 공의회였다. 그 공의회 규정 21항은 다음과 같이 표현하고 있다.

> 남녀 모든 신자는 철들 나이가 되면 적어도 일년에 한 번 자기 본당 신부에게 모든 죄를 충실히 고백해야 한다. 그리고 그 신부가 정해준 보속을 가능한 한 정성을 드려서 해야 한다. 자기 본당신부가 합당한 이유로 권고한 바가 있어 본인 스스로 당분간 성체를 모시지 않는 것이 낫다고 판단한 경우를 제외하고는, 최소한 부활 축일에는 존경심을 가지고 성체를 모셔야 한다. 이것을 지키지 않으면, 그가 살아 있는 동안에는 성당에 들어오지 못하게 할 것이며, 죽은 후에는 그리스도교적 장례를 거부할 것이다. 이 구원적 결정을 성당 안에서 자주 공지하여 아무도 몰라서 장님이었다는 구실을 갖지 못하게 해야 한다. 만일 누구라도 합당한 이유가 있어 자기 죄를 다른 신부에게 고백하기를 원한다면, 먼저 자기 본당신부에게 청해서 허락을 받아야 한다. 그렇지 않으면 이 다른 신부는 그를 용서할 수도 맬 수도 없다 (DS 812).

> 고해신부는 판단력이 있고 현명해야 한다. 마치 노련한 의사가 상해를 입은 사람의 상처에 "포도주와 기름을 붓"(루가 10.34)듯이, 죄인이 처했던 상황과 죄의 여건에 대해서 조심성있게 물어보고, 환자의 구원을 위해 다양한 방법으로, 어떤 충고와 치유법을 주어야 하는지를 알아야 한다 (DS 813).

이 규정은 트렌토 공의회에서 약간 수정되어 오늘까지도 참회 규정을 위한 기본법이 되어 있다. 이 규정의 의도를 좀 보아야 한다. 공의회는 고해성사에서 고백해야 하는 내용에 대해서는 전혀 언급하지 않고, 각자 자기 본당신부에게 정기적으로 고백해야 함을 말한다. 이 규정은 그 시대 교회가 필요로 했던 잡다한 실천적 현안들을 취급하는 맥락에서 발생하였다. 그러나 그 시대 사람들의 영적·성사적 원의에 부합하였기에 오랜 세월 동안 유럽 가톨릭 교회의 실천이 되었다. 고해성사 규정이 들어 있는 그 공의회 규정집의 내용을 훑어보면서 고해성사에 대한 결정이 발생한 맥락을 짚어보고자 한다.

제1항은 가톨릭 교회의 신앙에 대한 것인데 먼저 삼위일체에 대한 신앙을 고백하고 가톨릭 "교회 밖에 구원 없다"는 사실을 확인하였다. 제2항은 플로라의 요아킴Joachim de Flora 수도원장의 삼위일체관에 대한 단죄이다. 제3항에는 이단자들에 대한 파문 및 추방에 관한 엄격한 조치들이 들어 있다. 중세 종교재판의 시작이라 할 수 있다. 제4항은 동방교회의 방자함을 비난하고, 그 교회에 몸담은 사람들도 라틴 교회, 곧 어머니이신 로마 교회에 순종하는 자녀들이 될 것을 요구한다. 그리고 공의회는 계속해서, 동방 총대주교들의 서열에 대한 규정(제5항), 관구 주교회의에 관한 규정(7), 하위 성직자들의 잘못을 교정하고 윤리적 발전을 도모해야 하는 고위 성직자들의 의무에 관한 규정(7), 하위자의 비위에 대한 상위자의 심리審理에 관한 규정(8), 같은 신앙을 위해 다양한 전례가 있는 경우에 지켜야 하는 규정(9), 설교자의 임명을 위한 규정(10), 성당이 필요로 하는 교사들의 임용 규정(11), 수도자들의 총참사회를 위한 규정(12), 새 수도회 설립 금지 규정(13), 성직자들의 음란행위 금지 규정(14), 성직자들의 과음過飲 금지 규정(15), 성직자들의 복장에 대한, 또 성직자들의 흥행 및 놀음 참여 금지에 대한 규정(16), 고위 성직자들이

밤을 새워 연회를 개최하고 하느님을 위한 예배를 소홀히하는 경우가 없도록 하라는 규정(17), 성직자들의 유혈결투 금지 규정(18), 전례를 위해 필요없는 일반 의류와 같은 세속적 물품을 교회 안으로 반입하는 것을 금지하는 규정(19), 성유와 성체의 안전한 보관을 위한 규정(20), 신자들은 일년에 한 번 개인적 고백을 수반한 고해성사와 적어도 부활 축일에 한 번 영성체할 의무가 있다는 규정(21), 환자들의 육신을 치유하기 전에 영혼을 치유해야 할 필요성에 관한 규정(22), 주교좌 성당을 비롯하여 본당신부들이 3개월 이상 자리를 비우는 것을 금지하는 규정(23), 교회 안에서 행해지는 선거 절차에 관한 규정(24-26), 서품될 사람의 교육에 관한 규정(27), 성직자의 직무 사퇴에 관한 규정(29), 성직자들의 적성을 위한 규정(30), 성당 참사들의 사생아들이 같은 성당의 참사가 되는 것을 금지하는 규정(31), 본당을 설립한 사람은 신부가 먹고살 수 있는 재산을 성당에 기탁해야 한다는 규정(32), 봉사라는 미명하에 고위 성직자가 하위 성직자에게 부담스런 일을 요구하는 것을 금지하는 규정(34), 교회 내의 재판 절차를 위한 규정, 곧 피의자의 권리 보장, 심문 조서의 공개 및 심문 방법(35-38), 사유 재산권 보호를 위한 규정(39-43), 군주나 교회 설립자들의 횡포를 막고 교회의 권리를 강화하기 위한 규정들(39-46), 파문하기 위해 지켜야 하는 규정(47-49), 혼인을 위해 지켜야 하는 규정들, 혼인 장애, 비밀 혼인의 금지, 혼배 공시에 대한 규정들(50-52), 십일조에 관한 규정들(53-56), 로마 교회가 수도자와 주교들에게 준 특권의 해석에 관한 규정들(57-58), 수도원장들이 지켜야 하는 규정들(59-60), 수도자들이 평신도들로부터 십일조를 받을 수 없다는 규정(61), 성인 유해遺骸는 유해함 밖에 보관하거나 전시할 수 없고, 매매할 수도 없으며, 로마 교황의 허락 없이 새 성인의 유해를 공경하지 못한다는 규정(62), 성직 매매를 금지하는 규정들(63-66), 유대인들은 고리대금을 할 수 있지만 복장으로 다른 사람들과 구별되어야 한다는 규정들(67-70), 성지 회복을 위한 제5차 십자군 파견의 필요성과 2년 후 6월 1일에 성지를 향해 시실리 섬에서 출발할 수 있도록 집합할 것을 요구하는 규정(71).[2]

이 공의회 소집을 위한 교황 인노첸스 3세의 교서(1213년 4월 8일) 「비네암 도미니」*Vineam Domini*[3]는 다음과 같이 말한다. "주님의 포도밭을 파괴하기 위하여 공격하는 야수들이 얼마나 많은가! … 본인의 마음이 염원하는 모든 선한 일들 가운데, 이 세상에서 큰 가치를 부여하는 것은 두 가지이다. 성지 회복을 위해 원정군을 일으키는 일과 전체교회를 쇄신하는 일이다." 여기서 말하는 전체교회의 쇄신은 이단 척결과 성직자들의 자질을 향상시키는 일이다. 교황은 하나의 목자 밑에 일사불란한 하나의 양떼를 만드는 데 전념한다. 수도원 창설, 성인들의 유해 공경, 성직자들의 기강 등 모든 것을 로마의 통제하에 두기 위한 규정들이다.

이렇게 보면 고해성사에 관한 규정은 그 시대 필요했던, 대단히 실천적 잡다한 규정들 안에 들어 있으며 "하나의 양떼"를 만드는 교회쇄신의 일환으로 만들어진 실천적 법규이다. 그 생각이나 표현이 복음적이거나 긍정적이지 못하고 공동체를 통제하기 위한 잡다한 규율들 중 하나로서 고해성사 의무를 말하고 있음을 볼 수 있다. 그 시대 교회를 위해 필요한 언어일 수는 있어도 그리스도교 신앙 진리에 대한 복음적 사색이 전무하고 보편성이 결여되었다는 사실에 주목해야 할 것이다. 이 규정집에 들어 있는 거의 모든 항목들은 이미 오래 전에 사문서화死文書化되었다는 사실에도 유의할 일이다.

---

[2] N. P. Tanner, ed., *Decrees of the ecumenical Councils*, vol.1, Georgetown University Press, 1990, 230-71.

[3] Michel Clévenot, *Au coeur du Moyen Age*, Fernand Nathan, 1986, 150.

2. 제4차 라테란 공의회 이후

13세기 지역 주교회의들이 제4차 라테란 공의회의 고해성사 규정을 언급하는 것을 볼 수 있다. 툴루즈Toulouse 주교회의(1229), 루엉Rouen 주교회의(1235), 캔터베리Canterbury 주교회의(1236), 마인쯔Mainz 주교회의(1246, 1261) 등이다.[4]

툴루즈 주교회의는 카타르Cathare파의 본거지인 지역이라 해마다 세 번씩 고해할 것을 요구하면서, 이 통제로 이단자들을 쉽게 색출할 수 있을 것이라 선언한다. 이단이 없는 지역의 주교회의 — 루엉과 캔터베리 — 는 제4차 라테란 공의회에서 고해성사에 대한 결정이 있었다는 사실을 인정하는 정도이다. "공의회는 이렇게 각 개인을 통제함으로써 교회 안에 분파가 확산되지 못하게 하고, 모든 그리스도인은 가톨릭 교회에 자기의 충실함을 보이도록 강요한다. 본당신부는 이 통제를 하는 사람이고, 이 통제 안으로 들어오지 않는 사람은 파문도 할 수 있다. 제4차 라테란 공의회의 주된 관심은 참회를 위한 새로운 규정을 만드는 데에 있지 않고, 주저하는 신자들에게 사목적 압력으로 의무적 고해성사를 강요하여, 그리스도교 공동체가 13세기의 이단적 유혹들을 물리치고, 충실함을 보장하고, 그것을 확인할 수 있도록 하려는 데에 그 목적이 있었다."[5]

제4차 라테란 공의회의 맥락과 공의회 이후 각 지역 주교회의의 언급을 보면, 개인고백을 수반한 매년 한 번의 고해성사를 설정한 동기는 가톨릭과 이단을 구별하기 위함이라는 사실을 부정하기 어렵

---

[4] Ph. Rouillard, "Pénitence", *Catholicime hier-aujoud'hui-demain*, vol.10, X, 1146.
[5] Ph. Rouillard, 위의 책, 1145-6.

다. 그러나 시간이 흐르면서 신앙을 실천하는 신앙인과 무관심한 신앙인 사이를 구별하는 기준이 되어간다. 이런 과정을 거치는 동안 부활 축일 영성체와 연결된 해마다 한 번의 고해성사 실천은 그리스도 신앙인 개인을 위해서나 교회 공동체를 위해서나 신앙생활의 핵심적 장치가 되었다. 이때부터 해마다 한 번의 고해성사와 성체성사에 참여하지 않는 사람은 그리스도 신앙인으로 취급되지 않는다.

대부분의 신자들이 일년에 한 번의 고해성사를 보는 반면 열심한 신자들은 이 성사를 매월 한두 번 보기 시작하면서 이 성사를 그리스도교 신심의 중심으로 옮겨왔다. 여기에 결정적 기여를 한 것이 프란치스코회와 도미니코회인 것으로 보인다. 수도자들은 영적 지도신부와 고해신부가 동일인이기에 고해성사를 자주 보게 되었다. 1249년 도미니코회 로마 관구 참사회의는 수도자들이 일주일에 적어도 두 번은 고해할 것을 요구한다.[6] 수도원들의 이런 실천은 그 지역 내에 있는 신자들에게도 전파된다.

고해성사 실천의 확산에는 더 깊은 이유가 있다. 13세기에는 프란치스코회를 중심으로, 우리 죄를 속죄하는 그리스도의 수난 및 고통에 대한 신심이 발전하였다.[7] 열심한 신앙인들은 그리스도의 피가 그들을 죄에서 구속한다는 사실을 깊이 의식하고 있었다. 이 시기에 영성체를 자주 한다는 것은 생각할 수 없었지만, 죄의 용서를 위한 고해성사는 자주 하는 것이 당연한 것으로 느껴졌다. 성체성사에서 일상의 죄가 용서된다는 과거의 생각은 사라지고, 이제는 그리스도의 피로 죄를 씻는 고해성사만이 유일한 죄의 용서 수단이라 생각하게 되었다. 이때부터 20세기에 이르기까지 영적 지도를 겸한 빈번한 고해성사 실천은 완덕을 찾는 신앙인들에게 큰 도움을 주었다.

---

[6] G. Meersseman, *Dossier de l'ordre de la Pénitence au XIII s.*, Fribourg, 1961, 120. Ph. Rouillard, 위의 책, 같은 곳 참조.

[7] M. D. Knowles, in *Nouvelle Histoire de l'Eglise*, vol.2, Paris, 1968, 422.

3. 트렌토 공의회(1545~1563)

교회 분열의 비극 후에 소집된 트렌토 공의회는 그 비극의 상처를 치유하기 위한 것이었다. 이들 개혁가들은 가톨릭 교회가 실천하는 고해성사의 중요성을 부인하였다. 루터는 고해성사가 성사임은 인정하지만 세례나 성체와 같이 그리스도가 직접 설립한 것은 아니고, 세례를 보완하기 위해 교회가 만든 성사라고 주장했다. 그리스도가 교회에 주신 권한은 "매고 푸는" 권한이었지 죄를 고백해야 한다는 세부사항까지 그리스도가 세우신 것은 아니라는 것이다. 칼뱅은 고해성사가 하나의 성사라는 사실을 부인한다. 고해성사는 세례에서 받은 하느님의 용서를 상기시키는 기회일 뿐이라는 것이다. 위 두 사람 모두 사제직을 인정하지 않기에 고해성사가 내포하는 용서는 평신도도 실천할 수 있다는 주장이다.

이런 현실 앞에 트렌토 공의회는 고해성사에 대한 신학적 사색을 하지 않은 채, 제4차 라테란 공의회가 도입한 제도를 정당화하고 법제화하는 데에 그쳤다. 트렌토 공의회는 고해성사에 대해 다음 세 가지를 강조하였다. 모든 대죄를 위해서는 적어도 일년에 한 번 고해성사를 보아야 할 의무가 있다(DS 1708). 고해를 하는 사람은, 용서할 수도 있고 용서를 거부할 수도 있는 고해신부의 판단을 따라야 할 의무가 있다(DS 1703). 끝으로 고해성사는 교회에 기원이 있는 것이 아니라 하느님이 주신 법에 그 기원이 있다(DS 1706).

고해성사는 하느님이 주신 법에 그 기원이 있다는 사실을 공의회는 다음과 같이 표현하였다. "누구든지 고해성사가 구원에 필수적이고 신법神法으로 설립된 것이라는 사실을 부인하는 자와, 가톨릭 교회가 그 초기부터 항상 실천해 왔고, 현재도 실천하고 있는, 신부한 사람에게 비밀스럽게 고백하는 고해성사 양식이 그리스도가 세우신 제도와 계명에 위배되는 것이며, 사람이 만든 것이라 말하는 자는 배척받아야 한다"(DS 1706).

트렌토 공의회의 이런 언급은 고해성사의 역사적 발전 과정을 완전히 무시하고 하느님이 법으로 고정시켜서 주신 것으로 생각했음을 보여준다. 역사적 과정을 무시하는 신앙언어라면 오늘날 우리에게 그 근본이 부족한 것으로 생각된다. 그러나 16세기 가톨릭 교회 안에서 트렌토 공의회의 결정 내용을 문제삼을 수 있는 사람은 아무도 없었다.

트렌토 공의회는 신자들이 자기 대죄를 낱낱이 고백해야 한다는 규율에 대단한 권위를 부여하였다. 제4차 라테란 공의회와 비교하여 보면 트렌토 공의회는 고해성사를 교회가 사목상 필요하여 만든 제도가 아니라 하느님이 주신 법이고 교회 초기부터 실천되어 온 것으로 주장한다.

4. 트렌토 공의회 이후

트렌토 공의회로부터 제2차 바티칸 공의회에 이르기까지 4세기 동안 매년 한 번은 의무적으로 고해성사를 보아야 한다는 법이 세상 안의 모든 가톨릭 신앙인에게 적용되는 하느님의 법으로 인식되었다. 고해성사를 보지 않는 사람은 성체성사에 참여할 수 없고, 교회의 친교에서 스스로를 격리하는 것이며, 죽기 전에 고해성사를 보지 않으면 하늘나라에 갈 수도 없고 교회 무덤에 묻힐 수도 없었다.

수도원과 신학교의 사목자 양성에 있어서 고해성사를 집전할 수 있는 사람으로 교육한다는 것은 수업의 중요한 부분이 되었다. 16세기부터 19세기까지는 고해신부를 위한 지도서도 많이 발간되었다. 신학교와 수도원에서뿐 아니라 열심한 신앙인들 사이에서 빈번한 고해성사는 다반사가 되었다. 그러면서 고해성사는 영성생활의 가장 중요한 부분이 되었다. 성체성사보다 더 중요하게 보였다. 피정이나 영성수련에 있어서 죄, 지옥, 연옥, 고해성사 등은 빠질 수 없는 주제들이 되었지만, 성체성사는 별로 언급되지 않았다. 성지순례에서도 회개의 정상으로서 고해성사는 핵심적인 것으로 보였다.

5. 초대교회의 실천

교회 초기의 참회 실천이 어떤 것이었는지를 잠깐 보아야 한다. 초기 교회에 있어서 죄의 용서는 세례였다. 아직 신앙인들이 많지 않던 초기 교회에서 세례 후 큰 죄라는 것은 예외적이었다. 한 사람이 큰 죄를 지으면 공동체 전체가 상처를 받고 그 당사자를 개선시키는 방법을 찾아 일치를 도모하였다.

바울로 사도는 54년경 고린토 교회에 편지를 쓰면서 악행을 일삼는 사람들을 공동체에서 추방할 것을 권한다(1고린 5장). 57년경 그는 다시 고린토 교회에 편지를 쓰면서 죄지은 사람을 용서하고 위로할 것을 권한다(2고린 2.5-11). 115년경 폴리카르포스 주교는 필립비 교회에 편지를 쓰면서 죄인들을 원수와 같이 생각하지 말고 참회를 하도록 기도할 것과, 그들은 공동체의 병들고 방황하는 지체이니까, 그가 구원받을 수 있도록 공동체 전체가 노력할 것을 부탁한다.[8] 이 시기에는 죄인의 참회와 공동체 안으로의 영입은 교회 공동체를 재건하는 것으로 생각되었다.

비슷한 가르침들을 디다케,[9] 이냐시오[10] 등에서 볼 수 있지만 특기할 만한 문서로는 헤르마스의 저서(2세기 중엽)를 들 수 있다. 그는 세례를 받은 지 오래된 사람들을 위해 단 한 번 제2의 용서가 있다고 말한다. 일생에 한 번만 용서를 받을 수 있고 이것은 반복되지 않는다.[11] 참회와 죄의 용서를 위한 헤르마스의 영향은 대단히 컸다.

---

[8] 폴리카르포스, 「필립비 사람들에게」, 11, 1-4.

[9] 『열두 사도들의 가르침』, 정양모 역, 분도출판사 1993, 4,14, 47쪽: 14,1, 93쪽.

[10] 「필라델피아 사람들에게」, 3,2; 8,1.

[11] 「환시」 2, 2, 4 이하: 3, 5, 5; 「계명」 4, 3, 3-5; 「비유」 8, 9; 「계명」 4, 3, 3; 4, 3, 6.

6세기까지 많은 교부들이 세례 후 일생에 단 한 번 용서의 기회가 있다고 믿었다.[12]

3세기에 들어와서 참회의 규정이 발생하기 시작한다. 그러나 오늘날 가톨릭 교회가 행하고 있는, 사제에게 개인적으로 고백하고 그로부터 보속을 받는 양식은 아직 발견되지 않는다.[13] 히뽈리뚜스가 전하는 주교서품 기도문[14]에 보면 죄를 용서할 권한은 주교에게 있었지만 주교가 없을 때는 사제에게 위임된 것으로 보인다. 죄인들은 사제에게 개인적으로 마음을 열고 이야기하라고 권한 흔적들은 많이 있지만, 그것이 영적 상담의 차원을 넘어서는 것으로 볼 수는 없다. 이 시기에 참회의 대상이 되는 죄는 교부들에 따라 조금씩 차이는 있어도 대체로 배교, 살인, 간통 등 공적으로 알려진 죄이다.[15] 선한 그리스도인들이라도 피할 수 없는 일상의 죄에 대해서는 각자가 기도, 자선, 이웃에 대한 용서 등을 실천함으로써 용서된다고 생각하였다. 떼르뚤리아누스는 그의 저서[16]에서 교회 안에는 참회하는 두 개의 집단이 있다고 말한다. 하나는 세례 준비 집단이고 다른 하나는 세례 후 회개하는 집단이다. 참회하는 집단이 생겼다는 것은 회개해야 하는 죄인이 많다는 것을 의미한다.

짧았지만 격렬했던 250년 데치우스 황제의 박해가 있고 나서 우상에게 제물을 바친 자들(sacrificati)과 제물을 바쳤다는 증명서를 구입한 자들(libellatici)의 문제가 발생하였다. 251년 카르타고에서 열린 지역 주교회의는 우상에게 제물을 바친 자들은 죽기 전에 죄의 용서를 받을 수 있고, 증명서를 구입한 자들은 즉시 용서하기로 결정하

---

[12] Ph. Rouillard, 같은 책, 1136-7 참조.
[13] J. N. D. Kelly, *Early christian doctrines*, London, 1960, 216.
[14] 히뽈리뚜스, 『사도전승』, 이형우 역, 분도출판사, 1992, 79쪽.
[15] J. N. D. Kelly, 위의 책, 217, 439.
[16] *De poenitentia*, Cap. VI, VII.

였다. 그러나 253년 새로운 박해가 선포되자 같은 지역 주교회의는 참회를 한 모든 사람에게 죄의 용서를 선포하였다. 251년 로마 교회 회의에서도 로마의 주교 꼬르넬리우스는 배교한 모든 사람에게 용서를 선포하였다. 이 용서 때문에 엄격주의자였던 노바시아누스 신부는 주교를 맹렬히 비난하였다. 후에 에우세비우스는 그의 「교회사」에서 위 로마 교회의 결정을 반대한 노바시아누스를 "반형제애적이며 온전히 비인간적"[17] 자세였다고 지적한다.

---

[17] 에우세비우스, 「교회사」, 6권, 43, 2.

6. 신앙의 자유 이후 발생하는 법적 참회 규정

313년 신앙의 자유가 허락된 이후 박해는 없고 교회는 황제의 격려와 도움을 받았다. 많은 사람들이 입교하면서 참회를 위한 규정이 필요하게 되었다. 매일의 사소한 죄는 기도와 단식으로 용서받지만, 중죄를 위해서는 참회 절차를 거쳐야 했다. 카파도키아 교부들이 실천한 참회 절차가 있고, 암브로시우스 및 아우구스티누스가 전하는 참회 절차가 있었다.[18] 모두가 하느님은 용서하신다는 사실을 실천하기 위한 것이지만 일생에 반복될 수 없이 단 한 번 주어진 기회라는 사실은 남아 있었다.[19]

이 참회 규정이 요구하는 절차는 다음과 같다. 주교에게 자기 죄를 말하고, 주교는 참회 기간을 정해준다. 참회를 하는 사람은 참회를 시작하는 전례중 성당에서 추방된다. 참회하는 자는 참회 기간 중 고기를 먹지 않고, 부부생활을 하지 않으며, 자기가 하던 모든 공무를 중단한다. 주일에는 성당에 오되 성당 밖에서 미사참례를 해야 하고 성체는 영하지 못한다. 주교가 정해준 기간이 끝나면 성당 안에 들어와서 주교의 안수를 받음으로써 법적 참회 절차는 끝난다. 그러나 이후에도 참회를 한 사람은 죽을 때까지 부부생활이 금지되고 공직에 임하지 못하였다. 법적 규정이 이렇게 엄하니까 죄인이라는 사람들은 죽음이 가까운 시기까지 참회를 미루는 폐단이 생긴다.[20]

---

[18] J. N. D. Kelly, 위의 책, 436-9 참조.
[19] 한 번의 공적 참회 절차라는 점에 있어서는 서방교회와 동방교회가 동일하다. 위의 책, 438.
[20] Ph. Rouillard, 위의 책, 1139 참조. J. N. D. Kelly, 위의 책, 438-9 참조.

6세기 들어서면서 게르만족의 대거 이주와 입교가 있었고 참회의 성사는 임종자의 성사가 되었다. 주교들은 사목상 법적 참회 규정을 완화하려는 시도를 하기도 했지만, 로마 제국은 무너지고 교회만이 권위를 지니는 사회였기에 엄격한 참회 규정은 그대로 실천되었다. 난폭한 야만족들이었기에 엄한 규정을 필요로 한다는 의견도 있었다.

법적 참회 절차가 요구하는 부부생활과 직업생활의 금지는 가정생활과 사회생활에 막대한 지장을 주었다. 주교들은 지역 주교회의에서 젊은이들은 참회 절차에 참여하지 말 것을 권한다. 506년 주교 34명이 참석한 아그드Agde 주교회의는 35세 이하의 남녀는 참회 절차에 참여하는 허락을 주지 않는다는 것을 결의했다. 538년 오를레앙Orleans 주교회의는 젊은 사람들에게는 참회 절차를 허락하지 않을 것과 연만한 사람이라도 배우자의 동의가 있을 때만 허락한다는 결정을 하였다.[21]

이렇게 해서 로마 교회법이 정한 참회 규정은 늙은이들, 병자들과 임종자들을 위한 성사가 되었다. 결국 많은 지역에서 참회의 성사는 죽음을 준비하는 성사가 되었다. 초기 교회에서 볼 수 있었던 참회의 공동체적 성격은 사라지고 개인이 자기를 위해서 실천하는 성사가 되었다. 생명을 위한 용서의 성사가 죽음을 준비하는 성사가 된 것이다. 이 시기 신자들은 그들의 중대한 잘못을 용서받을 수도 없었고 성체를 모실 수도 없었다.

---

[21] Ph. Rouillard, 위의 책, 같은 곳.

7. 유럽 중세교회의 참회 실천

6세기말부터 아일랜드와 영국의 수도자들이 유럽 대륙으로 대거 진출하여 선교한다. 프랑스 북부, 벨기에, 남부 독일, 북이탈리아, 스페인 등지에서 그들의 활동이 있었다. 이 시기 아일랜드 교회는 로마 교회와 접촉이 많지 않았다. 따라서 그들은 자기 방식의 교회 조직과 제도를 유지하고 있었다. 수도원과 수도원장의 역할은 대단히 중요하였다. 수도자들은 수도원 안에서 수도자들간에 서로 죄를 고백하고 보속과 용서를 받았다. 고백을 듣는 상대가 신부이든 아니든 상관없었다. 평신도들도 수도원에 와서 고백하고 보속과 용서를 받았다. 로마의 교회법이 요구하던 참회 기간 동안의 금지사항이나 참회 절차 후의 금지사항을 그들은 알지 못했다. 용서를 받은 사람이 다시 죄를 지으면 다시 와서 고백하고 보속과 용서를 받을 수 있었다.

이 실천에서 죄인들에게 주어야 할 보속은 그들 죄에 비례하는 것이라야 했다. 여기서 발생한 것이 죄의 종류와 그 경중에 상응하는 보속의 종류와 양을 함께 수록한 목록이었다. 우리는 이것을 편의상 "보속 차림표"라 부르자. 이것은 고백을 듣는 사람에게는 편리한 도구였다.

이 실천은 빠른 속도로 유럽 안에 전파되었다. 교회법으로 정한 공식 참회 절차가 죽음을 준비하는 성사로 전락하고, 실생활에서 죄의 용서가 불가능하게 보이던 시점에 아일랜드 수도자들의 개인고백 실천은 대륙의 주교들에게는 사목상의 고민을 해소해 주는 것이었다.

589년 톨레도Toledo 주교회의는 이 새로운 참회방식을 거부하면서[22]

---

[22] "execrabilis praesumptio"라는 표현을 사용하였다. can. 2, Mansi, ix, 995, J. N. D. Kelly, 위의 책, 439.

전통적 참회 절차로 돌아가야 한다고 결정하였다. 스페인 지방에 정착한 게르만족이 속속 입교하고 있는 시점이라 너무 쉬운 참회방식은 도움이 되지 않는다고 생각한 것으로 보인다.

650년경에 있었던 샬롱 쉬르 손느Chalon sur Saône의 주교회의에 모인 45명의 주교들은 아일랜드 수도자들이 도입한 개인고백과 용서가 신앙인들의 영적 교육에도 도움이 된다면서 그것을 환영하였다. "그 시기의 문서들 중 톨레도 주교회의 외에 이 새로운 참회방식의 가치를 부정적으로 평가한 것은 찾아볼 수 없다. 오랜 세월 동안 교회법에 준한 참회 절차만을 유일한 참회로 생각했던 주교들이 다른 참회양식을 그렇게 짧은 기간에 수용한 것은 놀라운 일이다."[23]

이 참회방식을 보급한 사람은 주교도 아니고 신학자도 아닌 수도자들이었다. 그들은 그들이 수도원 안에서 하던 것을 약간 변형시켜 보급했다. 수도원에서 행해지던 개인고백과 용서에는 성사적 성격이 없었고, 그 고백을 듣고 보속과 용서를 주는 사람이 신부도 아니었지만, 그것이 수도원 울타리를 벗어나서 일반 신자들에게로 건너오면서, 고백을 듣는 사람은 신부가 되고, 고백은 성사적 성격을 지니게 되었다. 신부는 죄를 용서할 수 있는 권한을 받은 사람들이 된다.

수도원의 울타리를 벗어나면서 부작용도 발생했다. 뉘우침과 사랑이라는 영적 자세는 소홀히 되고, 보속을 정확하게 하여 잘못을 기워갚는다는 생각이 팽배하게 되었다. 시간이 흐르면서 "보속 차림표"도 문제를 많이 일으켰다. 다양한 "보속 차림표"들이 생겨나고, 여러 가지 죄를 고백하는 사람은 단식 100년과 같은 보속을 해야만 하는 문제가 발생한다. 그래서 융통성을 발휘한 것이 보속의 통합, 다른 사람과의 나눔, 혹은 돈으로 대치하는 것 등이다. 예를

---

[23] Ph. Rouillard, 같은 곳.

들면 10년의 단식 대신 무덤 안에 일주일 동안 기거하는 것, 자기가 해야 하는 보속을 다른 사람과 나누어 하는 것, 가난한 이, 수도원, 신부에게 일정 금액을 희사하는 것 등이다. 돈으로 그 대가를 치르게 한 것은 사람들로 하여금 죄를 다시 짓지 않게 하는 효과도 있었다. 그러나 재산과 신하를 가진 영주와 군주들에게는 편리한 방법이었다. 재물로 보속을 대신하거나 자기 신하와 보속을 나눌 수도 있었다. 반복음적이고 비공동체적인 실천들이었다.

샤를르망뉴Charlemagne가 교황과 주교들의 도움을 받아 착수한 사회와 교회의 개혁(768~814)은 유럽의 일치를 도모하고 성직자와 신자들의 윤리성을 제고하는 데에 그 목적이 있었다. 참회 의례를 위해서는 "보속 차림표"로 말미암은 폐단을 없애기 위해 전통적 참회 규정을 재도입하려 하였다. 몇몇 지역의 주교회의들이 그런 결의를 하였지만 전통적 참회 절차에로의 복귀는 이루어지지 않았다.[24] 여기서 나타나는 것이 두 가지를 타협한 양식이다. 중대하고 사람들에게 알려진 죄를 위해서는 전통적 참회 절차를 밟고, 중대하지만 알려지지 않은 죄를 위해서는 개인고백과 "보속차림표"에 의한 보속을 하게 하는 것이다. 이렇게 두 가지를 공존시킨 것은 사회의 여건에 따라 참회 절차는 달라질 수 있다는 교훈을 남겼다.

이 시기 보속은 단식, 기도, 자선 외에 성지 순례와 편태鞭笞가 유행했다. 성지순례는 살인, 난잡한 성생활, 성직자의 탈선 등 격리를 필요로 하는 사람들에게 주어진 보속이었다. 이 시대 여행은 대단히 위험한 것이었다. 큰 희생을 각오해야 했고, 고통스러움을 감수하면서 과거의 잘못에서 벗어날 수 있다는 생각과 성지의 성인이 자기를 도와준다는 희망도 가지게 하였다. 십자군 시기(1095~1270)에는 십자군에 참여하는 것은 죄의 용서를 위한 보속이었다. 편태도

---

[24] Ph. Rouillard, 위의 책, 1142.

이 무렵에 도입되어 중세사회 안에서 성행하였고 최근까지 수도원에 남아서 죄를 용서받기 위한 보속으로 실천되었다.

이것이 제4차 라테란 공의회에서 개인고백을 수반하는 고해성사를 유일한 참회의 성사로 정하기까지의 배경이었다. 교회법적 참회 절차의 짐을 덜어주기 위한 해법으로 등장한 것이 개인고백을 수반한 고해성사였다. 이 성사는 헤르마스의 영향을 받은 초기 교회의 엄격함과, 신앙의 자유를 얻고 로마의 국교까지 된 로마 교회가 난폭하고 무식한 게르만족이 대거 이주한 현실 앞에 그 절차를 강화한, 참회를 위한 교회법적 절차의 질곡桎梏에서 벗어나게 하는 데에 도움을 주었다.

8. 예수 그리스도의 복음

예수의 가르침 안에 나타나는 하느님은 사랑과 용서를 의향대로 베푸시는 분이다. 그분이 하느님이지 인간이 아니라는 사실을 여기서 보아야 한다. 하느님의 완벽성(마태 5,48)은 자비로우심(루가 6,36)이다. 예수의 가르침에 나타나는 하느님의 완벽성은 사람들을 자비롭게 만들어주는 창조적 자비심이요 당신 자신을 주는 사랑이다. 하느님 아버지의 사랑은 죽은 것을 도로 살린다(루가 15,24).

예수가 사람들의 병을 고쳤다는 사실을 복음서들은 반복해서 말한다. 마르코 복음서는 예수가 반신불수를 고친 이야기(2,1-12)를 전하면서 그것은 죄의 용서라는 사실을 말한다. 유대 종교 기득권층의 해석에 의하면 병은 죄의 대가로 하느님이 주시는 것이었다.[25] 예수가 사람들의 병을 고친 것은 하느님이 죄의 대가로 병을 주시지 않았다는 사실을 알리기 위함이었다.

예수가 죄인들과 세리들과 어울렸다는 것은 부인하기 어려운 역사적 사실이다.[26] 죄인과 세리는 유대 종교 기득권자들이 하느님의 이름으로 버린 사람들이다. 모세와의 계약이 의미하는 하느님의 함께 계심에서 제외된 사람들이라는 것이다. 예수는 이렇게 사람들이 버린 사람들과 어울리면서 하느님은 그들과도 함께 계심을 선포한다. 하느님의 함께 계심에서는 아무도 제외되지 않는다는 것이다. 유대 기득권층의 그런 횡포에 분노한 예수이다. "세리들과 창녀들이 여러분보다 먼저 하느님의 나라에 들어갑니다"(마태 21,31)는 폭언도 서슴지 않으신다.

---

[25] 요한 9,2 참조.
[26] 마르 2,15-16; 루가 15,1-2; 마태 11,19.

예수는 죄인들에게 용서를 선포하지만 사람들은 그들을 단죄하고, 매도하며 율법의 이름으로 그들을 죽인다. 시몬이라는 바리사이의 집에 예수가 초대받았을 때, "그 고을에서 죄인으로 소문난 여자가" 예수에게 접근하였다(루가 7.36-50). 예수를 초대한 바리사이는 "이 사람이 예언자라면, 자기에게 손을 대는 저 여자가 누구이며 어떤 여자인지 알 터인데, 사실 죄인이지!"라고 속으로 말한다. 예수는 그 여인에게 "당신의 죄는 용서받았습니다"라고 말씀하신다. 요한 복음이 전하는 간음하다 잡힌 여인의 이야기(8.1-11)에서도 유대인들은 율법의 이름으로 사람을 단죄하고 죽이고, 예수는 용서하고 살린다는 사실을 말하고 있다. 이 이야기에 이어서 나오는 유대인들과의 대화에서 예수는 당신이 "아버지의 일", 곧 용서하고 살리는 일을 하는 반면, 유대인들은 그 아비의 욕망을 따라 사람들을 단죄하고 죽이는 일을 하고 있음을 말한다. 사람들을 용서하고 살리는 곳에 진리가 있으며, 그것이 인간이 하느님의 자녀로서 누리는 참다운 자유라는 사실과 그 진리는 아들에게서 배워야 하는 것임을 설명한다. 그래서 사람은 "하느님을 영과 진리 안에서 예배해야 한다"(요한 4.24).

하느님이 함께 계시면 사람들은 이 자유를 실천한다. 마태오 복음은 하느님이 용서하시기에 우리도 "일곱 번까지가 아니라 일흔 번을 일곱 번까지라도"(마태 18.22) 용서해야 함을 말한 다음, "무자비한 종의 비유"(18.23-35)로써 그 실천의 중요성을 보여준다. 이제부터는 사람의 죄를 용서하지 않는 것이 용서받지 못할 죄라는 것이다. "내가 와서 그들에게 말하지 않았던들 그들에게 죄가 없었을 것입니다"(요한 15.22).

예수는, 하느님이 용서하시는 분이기에, 사람들의 병을 고쳐 주면서 아버지의 용서를 실천했고(요한 5.17), 유대인들은 그것 때문에 예수를 죽이려 했다(5.18). 마태오 복음은 최후 만찬사에서 예수의 죽음이 우리 죄의 용서를 위함이라는 사실을 특기한다. "정녕 이는 내 계약의 피로서 죄를 용서해 주려고 많은 사람을 위하여 쏟는 것입니다"(26,28). 공관복음과 고린토 전서가 전하는 네 개의 최후만찬기 중에서 유일하게 "죄의 용서"를 언급하는 마태오 복음서의 최후만찬사를 미사의 성찬전례를 위해 교회가 채용했다는 사실도 간과하지 말아야 할 부분이다. 예수의 죽음은 하느님은 용서하시고 사람들은 용서하지 않는 비극이 만든 결말로 보인다.

부활하신 예수는 제자들을 파견하시면서 "모든 사람에게 복음을 선포하시오"(마르 16,15), "나는 세상 종말까지 어느 날이나 항상 여러분과 함께 있습니다"(마태 28,20)고 말씀하셨다. 이 말씀 안에 용서를 위한 제자들의 사명을 보아야 할 것이다. 용서하는 예수의 복음이며, 용서하는 예수의 함께 계심에 대한 믿음이다. 요한 복음은 이 점을 특별히 부각시킨다. "예수께서는 그들에게 숨을 불어넣으시며 말씀하셨다. '성령을 받으시오. 여러분이 누구의 죄든지 용서해 주면 그들은 용서받을 것이요, 여러분이 누구의 죄든지 그대로 두면 그대로 남아 있을 것입니다'"(20,22-23). 제자들이 용서할 수도 있고 하지 않을 수도 있다는 말씀으로 이해하지 말아야 한다. 예수의 복음이 전해지는 곳에 죄의 용서가 있고, 복음이 전해지지 않으면, 그 시대 유대 종교 기득권층이 주장하는 대로 사람들은 용서받지 못한 죄인으로 남아 있을 것이라는 말씀이다. 우리는 오늘 과연 예수의 복음을 전하는 사람들인지 묻지 않을 수 없다.

죄의 용서는 하느님의 한없는 자비하심에 근거하고 있다. 인간 공로의 결과가 아니다. 이것은 하느님의 사랑에 대한 체험이다. 인간이 절대적으로 받아들여졌다는 것, 끝없는 사랑을 받았다는 체험이다. 그러기에 자신도, 남도, 받아들이는 기쁨이 있는 것이다. 따라서 예수의 복음은 하느님을 계기로 한 기쁨이고 이웃에 대한 기쁨이며 이웃과 함께하는 기쁨이다. 구원은 자비로운 사람에게 약속된 것이다(마태 5,7). 하느님 나라는 서로 조건없이 용서하고 받아들이는 장이다. 이 사랑만이 폭력과 비폭력, 가해와 복수의 악순환을 타파한다. 하느님은 악을 선으로 갚으시는 아버지이시다. 그래서 하느님은 용서이고 사랑이다.

나가면서

예수의 말씀과 실천에 대한 초대교회의 회상과 신앙인들의 실천에 큰 자리를 차지하는 것이 죄에 대한 용서이다. 어느 시기가 지나고 그리스도 교회가 지중해 연안에 산재하는 신앙 공동체로 등장하면서 그들이 만나는 것은 유대인들의 적대감이고 로마 제국의 박해이다. 이 시기에 배교, 살인, 간통은 공동체의 운명에 치명적 손상을 주는 죄였다. 박해가 일어나면 언제라도 죽을 각오를 하고 살고 있는 신앙인들에게 이런 죄는 결코 있어서도 안되고, 그런 불행이 발생하면 쉽게 용서하지도 말아야 하는 것으로 보였다. 헤르마스의 저서 「목자」가 반영하는 죄의 용서를 위한 엄격한 규율은 2세기 중엽 교회의 분위기를 반영하는 것이다.

데치우스Decius 황제의 박해(251)는 짧았지만 격렬한 것이었다. 그리스도교 신앙은 지중해 연안에 이미 두루 분포되어 있었다. 이 박해 후에 교회 공동체들은 배교했다가 다시 교회 품으로 돌아온 사람들을 위한 참회 절차를 생각하지 않을 수 없었다. 313년 신앙의 자유를 얻으면서 신앙인들의 수는 급증한다. 따라서 신앙인들의 수준도 저하되고 그들을 위한 참회 절차가 필요하게 되었다. 이런 필요성에서 나타나는 것이 교부들이 만든 "법적 참회 절차"라는 것이었다. 비록 일생에 한 번이라는 단서는 붙어 있어도 살인, 배교, 간통과 같은 공적으로 알려진 죄도 하느님은 용서하신다는 사실을 말하는 절차이다. 우리가 위에서 본 대로 상당히 가혹한 조치이지만 무너지는 로마 제국의 질서와 게르만족들의 이주 앞에 신앙인들의 윤리 수준을 유지하기 위한 수단으로 제구실을 한 것으로 보인다.

이 "법적 참회 절차"의 가혹함에 대한 사목자들의 배려는 그 "절차"를 죽음 전에 행해야 하는 것으로 만들었다. 아일랜드 수도자들이 도입한, 반복될 수 있는 "개인고백과 죄의 용서" 양식은 그 시대 사람들에게 기쁜 소식이었다. 유럽 내 그 양식의 급격한 보급이 이를 증명해 준다.

제4차 라테란 공의회가 이 양식을 모든 신자들을 위해 일년에 한 번 해야 하는 의무로 제정한 것은 이단과 무질서 앞에 공동체의 규율을 확립하고 무식한 그 시대 대중을 호도하기 위해 필요했던 조치였을 것으로 보인다. 그 조치를 위한 규정이 자리잡고 있는 규정집의 내용이 입증하는 바이다.

트렌토 공의회는 교회 분열 이후 무너지는 가톨릭 교회의 제도와 조직을 바로세우기 위해 17년 동안 개최되었다. 개신 교회들이 공격하는 고해성사를 정당화하고 가톨릭 신앙인들 앞에 주저없이 실천해야 하는 것으로 만들어야만 했다. 트렌토 공의회는 "고해성사의 기원이 교회에 있는 것이 아니라 하느님이 주신 법에 기원이 있으며", "가톨릭 교회가 그 초기부터 실천해 온 것"이라 말하였다. 이 표현들은 좀 과대포장하여 과잉방어를 했다는 인상을 준다. 고해성사라는 말로 개인고백을 수반하는 현행 고해성사의 절차만을 의미하는 것으로 이해하면, 트렌토 공의회는 역사적 과정을 무시한 것이다. 그러나 고해성사라는 말로 오랜 역사를 거쳐서 얻은, 간편한 양식으로 된 죄의 용서 및 그 용서의 반복 가능성을 의미하는 것으로 이해하면, 고해성사는 분명히 하느님이 주신 법에 기원이 있고, "구원에 필수적이며" "가톨릭 교회가 그 초기부터 실천해 온 것"이라는 공의회의 결의는 정당하다고 말하겠다. 하느님은 용서하시는 분이기에, 용서는 하느님의 법이다. 교회는 그 용서를 초기부터 다양하게 실천했다. 이 해석은 물론 공의회의 의도를 넘어서는 것이다. 그러나 역사 안에 발생한 문서는 저자의 뜻만 반영하는 것이 아니다. 교회 전통 안에 주어진 하나의 객관적 자료이기에 우리는 저자의 의도를 넘어서 해석하고 우리를 위한 진리를 발생시킬 권리를 가진다.

트렌토 공의회가 말한 고해성사를 죄의 용서라는 뜻으로 이해하면, 현행 고해성사 양식이 그 공의회 이후 400년 이상을 존속했다는 사실은 이제 시효時效가 지나도 엄청나게 지났다는 것을 말해준다. 오늘 유럽 교회 안에 고해성사를 실천하는 사람도, 미사에 오는 사람도 거의 없다는 사실은 그 시효성의 자연적 소멸을 말하는 것이다. 독일의 신학자 칼 라너는 독일 가톨릭 교회가 1971년부터 1975년까지 개최한 공의회를 위해 집필한 책[27]에서 다음과 같이 말한다. "해마다 고해성사를 받으라는 교회의 계명은 주관적으로도 자각한 중죄를 스스로 의식하고 있는 사람들에게만 구속력이 있다는 사실을 숨겨버려서는 안된다. … 참회예절이 성사적 성격을 띨 수 없다는 것은 교의가 아니다. … 주일 계명을 마치 시나이 산에서 영원한 신적 계명으로 선포된 것인 양으로 내세워서는 안된다." 제 4차 라테란 공의회의 규정집에 고해성사와 함께 결정된 71개 항목 중 몇 개가 오늘도 규정으로서 유효성을 지니는지를 연구해 보아야 한다. 필자는 21항 고해성사에 관한 규정 외에는 현재 교회를 위한 규범으로 존속하는 것을 하나도 발견하지 못했다.

교회는 그 역사 안에 죄인들을 위해 용서와 화해를 선포하였다. "로마 교회의 법적 절차"와 같은 가혹한 것 외에도, 시대에 따라 그 방식은 달라도 예수 그리스도를 선포하면서 그분 안에 볼 수 있는 죄의 용서를 실천하였다. 미사, 성체성사, 성서 독서, 기도, 자선 등은 죄의 용서를 위한 수단으로 교회 안에 항존하였다.

---

[27] K. Rahner, *Strukturwandel der Kirche als Aufgabe und Chance*, 정한교 역, 『교회의 미래상』, 분도출판사, 1981, 180-1.

한 가지의 길을 강요하고 오래 지속하면서 발생하는 부작용들을 볼 수 있다. "법적 참회 절차"가 6세기에 죽음의 성사가 된 것과, 개인고백을 수반하는 고해성사를 위한 "보속차림표"가 11~12세기에 부작용을 낳은 것을 들 수 있다. 오늘 개인고백을 필수로 하는 고해성사가 어떤 부작용을 낳고 있는지 사목하는 사람들과 그것을 가까이 보고 참여하는 사람들은 잘 알고 있다. 참다운 죄의식, 뉘우침, 용서하시는 하느님에 대한 신뢰 등의 체험을 전혀 주지 못한다. 미사참례 의무를 하지 않았기에 밟아야 하는 불편하고 불쾌한 절차 정도로 대부분이 인식하고 있다. 이것 때문에 성당을 외면하는 신자들도 점점 늘어간다. 실태가 이럼에도 불구하고 새로운 형태의 고해성사를 전혀 생각하지 않는 것은 예수 그리스도의 복음을 전하는 자세도 아니고, 교회를 위해 봉사해야 하는 사람들의 배임 내지 업무태만으로 보인다.

현대인들은 과거 유럽 중세 사람들과 같이 무식하지 않다. 자기 삶을 위해 충분한 정보를 받고 자기 스스로를 위해 선택적 실천을 하면서 살아간다. 고해성사 양식도 다양해야 한다. 개인고백을 동반한 고해성사, 개인고백 없는 공동 참회예절, 미사 전반부에 하는 참회의 기도 등 여러 가지 방식으로 하느님의 용서를 체험할 수 있게 해야 한다. 하느님은 용서하시는데 교회의 기득권층이, 과거 관행에 얽매여서, 하느님의 이름으로 그 용서를 어렵게 한다면 예수님 시대의 유대 종교와 크게 다르지 않을 것이다.

8

성찬의 이해
— 무속·불교·유교의 제찬과 비교하여

1. 머리말
2. 음식의 중요성
  2.1 제찬
  2.2 성찬
  2.2.1 예수의 최후만찬
  2.2.2 교회의 성찬
3. 하늘과 땅을 잇는다
  3.1 제찬
  3.2 성찬
4. 사람과 사람을 잇는다
  4.1 제찬
  4.2 성찬
5. 맺는 말
  5.1 우주적 대생명과의 교감
  5.2 푸짐하고 정성스런 마음
  5.3 우주적 대생명은 주고 나누는 생명

1. 머리말

이 땅에 그리스도 신앙이 전래된 지도 200년이 넘었다. 18세기말 한국 유학자들 몇 분이 중심이 되어 그리스도 신앙은 연구되고 영입되었다. 이것은 세계 교회사에서 그 유례를 볼 수 없는 일이었다. 유교儒教라는 타종교 전통에서 출발하여 그리스도교를 이해하는 작업이 이 땅에 신앙이 심어지는 계기가 되었다면 한국의 전통종교에 대한 이해는 오늘 이 땅의 그리스도교가 더욱 깊은 체험과 올바른 신앙 표현을 가지기 위해 필요한 것이라 여겨진다.

그리스도 신앙이 보편성을 주장하고 있고 어떤 문화권 안에도 구원의 역사를 강생시킬 수 있는 것이라면, 서구의 사상과 문화 안에서 표현되어 온 것을 우리는 충실히 반복만 하고 있어야 하는 것은 아니겠다. 하느님은 나의 역사와 문화가 발생시킨 상징이나 표현들보다 더 큰 분이다. 그리스도교는 하느님의 일하심을 독점하고 있지 않다. 그분은 당신만 아시는 방법으로 모든 사람에게 은총을 주시는 분이다.[1] "인류 정신사에 나타난 타종교들은 하느님의 같은 영이 현현顯現된 것으로 볼 수 있다."[2]

제44차 세계성체대회를 앞두고 지난(1989) 8월 16~17일, 성체대

---

[1] 이 문제에 대한 문서들 중 중요한 것을 소개한다. 제2차 바티칸 공의회, 「교회에 관한 교의헌장」 16항. 같은 공의회, 「그리스도교에 관한 선언」 2항. K. Rahner, *Grundkurs des Glaubens*, Freiburg (1976), pp.157-65. H. Küng, *Christsein*, München, 1974, 102-8. H. 슐렛테, 정은순 역, 『신학적 주제로서의 종교』, 분도출판사, 1984, 59-93. C. Geffré, *Le christianisme au risque de l'interprétation*, Paris, 1983, 221-8. J. Moingt, Rencontre des religions, Etudes, jan. 1987, 97-110. J. Ries, *Les chrétiennes parmi les religions*, Paris, 1987, 445-52.

[2] C. Geffré, La théologie des religions non chrétiennes vingt ans aprés Vatican II, *Islamochristiana* 11 (1985), p.131.

회 준비위원회의 후원으로 서강대학교 종교·신학연구소가 주최하여 한국의 무속巫俗, 불교佛敎, 유교儒敎의 제찬祭餐과 그리스도교의 성찬聖餐에 대한 연구 발표회가 있었다. 이 글은 당시의 각 종교에 대한 발제, 논평 및 토론의 내용을 종합, 요약하려는 데 그 의도가 있다. 이 종합의 시도는 그리스도교의 성찬을 더 깊이 이해해 보고자 하는 데 목적이 있다. 따라서 비교종교학적 접근도 아니며 타종교의 부족함을 지적하고 그리스도교 성찬의 우월함을 말하는 호교론적 시도는 더구나 아니다. 한국의 문화와 분리할 수 없는 위 세 종교의 제찬 의례儀禮와 그 의미를 있는 그대로 바라보고 "그 안에 숨겨져 있는 말씀의 씨를 기쁨과 경이를 가져 발견하도록 노력"[3]하려는 것이고, 거기서 다시 성찬을 중심으로 한 그리스도 신앙체험을 재조명해 보고자 하는 것이다. 이 노력은 타종교가 가진 차이를 경시하거나 일방적인 평가를 하려는 것이 아니다.

이 글에서 무속, 불교, 유교의 제의祭儀를 편의상 제찬이라 통칭하고 그리스도교 제의를 성찬이라 부른다. 후자가 전자보다 더 거룩하다는 의미에서 사용된 단어가 아님을 이해해 주기 바란다. 이 글에서 무속, 불교 및 유교에 대한 내용은 위에서 언급된 세 편의 발제 논문의 내용을 벗어나지 않는다. 번거로움을 피하기 위해 위의 세 논문에 대한 인용과 참조의 정확한 각주는 생략한다.[4]

---

[3] 제2차 바티칸 공의회, 「교회의 선교활동에 관한 교령」 11항.
[4] 제44차 세계성체대회 "제찬과 성찬" 심포지엄의 글들은 『종교신학연구』 제3집에 모두 실려 있다. 분도출판사, 1990.

2. 음식의 중요성

2.1 제 찬

　무속巫俗의 굿은 수많은 먹거리를 제수祭需로 차린 굿상 앞에서 진행된다. 그 음식은 모셔들인 신령도 먹고 사람들도 먹기에 굿상은 제상祭床인 동시에 밥상이다. 이는 굿판이 구태여 인간과 신령, 식사와 제사, 밥상과 제상, 잔치와 의례를 구별하지 않는 근원적 미분未分의 상태이기 때문이다.
　불교의 공양供養은 식사 일반을 지칭하는 단어로서 불佛, 법法, 승僧의 삼보三寶와 부모 또는 죽은 영혼에 이르기까지 공양을 한다. 공양이 음식에 국한되지 않고 사공양事供養과 이공양理供養이 있지만 불전공양佛前供養과 시식施食에는 음식이 올려지고 이렇게 올려졌던 음식은 법식法食이라 불리고 이 법식의 나눔으로써 불법佛法의 공덕을 이어받게 된다. 중국 선종禪宗의 규범을 따른 식당작법食堂作法에서는 공동식사 자체에 특별한 의미를 부여한다. 음식물은 시간과 공간을 초월하여 불타佛陀와 모든 성현聖賢 및 중생衆生이 통교하는 매체로 인식되고 있다. 유교의 제사에서는 정성들여 차린 음식이 올려진 제상 앞에서 영신迎神과 제헌祭獻을 하며 신명神明은 그 제물을 흠향歆饗하고 제물에 강복降福하여 복물福物이 되게 한다. 이어서 사람들은 그 제물을 음복飮福함으로써 신명과 통교를 하게 된다.
　위의 제찬들에서 볼 수 있는 것은 음식은 생명의 유지와 성장을 위해 필요한 영양분으로서의 유기물有機物만이 아니다. 음식이란 하늘과 땅이 베풀어서 우리에게 주어지는 것이고 인간의 노동이 곁들여서 된 것이며 생명의 근본인 초월적 실재와의 통교에 있어서도 탁월한 매체이다. 사람이 정성들여 봉헌하면 초월자의 축복이 그 위에 내리고 사람들은 그것을 함께 나누면서 그 축복에 참여한다.

2.2 성 찬

2.2.1 예수의 최후만찬

　그리스도교의 성찬은 그 기원이 예수의 최후만찬이라는 하나의 역사적 사건에 있다. 예수는 당신의 죽음을 앞두고 제자들과 고별의 식사를 하였다. 이 식사에서 예수의 첫 행위는 빵을 들고 찬양하신[5] 다음 제자들에게 나누어주는 것이었다. 올바른 유대인에게 빵을 든다는 것과 찬양한다는 것은 필연적으로 연결되어 있다. 빵을 든다는 것은 하느님께로부터 받는다는 것을 의미하고, 찬양의 기도를 드린다 혹은 감사의 기도를 드린다는 것은 하느님의 힘이 그 안에 흘러들게 하는 것이다.[6]
　예수는 하느님의 힘의 흐름 안에 빵을 넣으면서 하느님의 힘이 부여되어 빵과 잔은 하느님의 선물이 되게 한다. 예수는 그것을 당신의 것인 양 말씀하고 당신이 정한 의미, 곧 당신의 몸과 피라는 의미를 부여한다. 찬양 전에는 빵과 잔은 대지의 산물이고 인간 노동의 결정체였지만 찬양으로 그것은 현세적 질서를 넘어서서 전혀 다른 질서의 선물이 된다. 그것으로 예수는 당신 스스로를 준다.
　성서 안의 빵은 양식이다. 이 양식은 사람의 생명을 유지시켜 주는 것이고 그것을 비는 사람에게 하느님이 주시는 것이다(출애 23,25;

---

　[5] 유대인이 빵을 들고 하느님을 찬양하는 기도문: "우리 하느님이시요 세상의 임금이시며 땅에서 빵을 생산하는 주님, 찬양받으소서"(바빌론 탈뭇, 브라콧 35a).
　[6] X. Léon-Dufour, *Le partage du pain eucharistique selom le Nouveau Testament*, Paris (1982), p.71.

마태 6,11). 특히 해방절의 분위기에서 빵은 당신 백성을 위한 야훼의 호의와 그분의 지속적 현존을 생각하게 한다. 사막에서 이스라엘에게 주어진 만나의 체험이 있은 다음부터 빵은 또한 종말론적 음식을 의미하게 되었다. 예수는 빵을 들면서 일상의 음식과 동시에 천상적 음식을 본다.

성서 안의 술은 우정, 사랑, 기쁨 등 인간 삶의 행복한 면을 상징한다. 잔치에서 술은 음악과 관련되고, 또한 천상적 행복을 말하기도 한다(아모 9,14; 호세 2,24; 예레 31,12). 술은 결국 잔치에서 마시는 것이고 "사람의 마음을 기쁘게 하는 것"(시편 104,15)이다. 만찬 기사記事에서 술을 일컬어, "포도나무 열매"라고 말한다. 빵과 마찬가지로 술은 창조주의 선물이고, 대지의 풍요로움을 나타내는 징표다. 예수는 손에 빵과 잔을 들면서 생명의 유지를 위한 일상의 양식과 공동체를 살려주는 잔치의 음식을 동시에 상기시킨다. 빵과 포도주는 사람의 생명과 공동체의 원천이며 땅의 산물이고 인간노동의 결정체인 음식과 음료이다. 찬양으로 말미암아 빵과 포도주는 하느님의 선물이 되고 그분의 현존을 의미하게 된다.

2.2.2 교회의 성찬

최후만찬에서 예수는 "나를 기억하여 이를 행하시오"라는 분부를 하셨고 제자들은 그분의 죽음과 부활을 기억하는 의례로서 성찬을 거행했다. 이 성찬의 제물은 빵과 포도주이다. 이것은 먹고 마시는 음식과 음료를 상징하지만 성찬에서는 성별聖別이 되면서 예수의 몸과 피를 상징한다. 여기서 상징이라는 말은 빵과 포도주의 형상에 예수 그리스도의 참된 현존이 있다는 것을 말한다. 이 변화는 후에 실체적 변화實體的變化라는 단어로 표현된다.

그리스도교의 성찬은 특정의 한 역사적 사건과의 관계 안에서만 이해될 수 있는 강력한 상징이다. 먹는 음식과 마시는 음료인 빵과 포도주는 그리스도의 몸과 피로 이해되면서 그것을 먹고 마시는 사람의 생명이 그분의 것과 동일한 것이 되어야 함을 강력하게 말하고 있다.

초대 그리스도교 공동체는 빵과 포도주를 통한 그리스도의 현존에 시선을 빼앗기면서 이 성찬의 발생 장소인 식사와 분리하여 성찬을 행하기 시작한다. 고린토 교회에서 식사와 함께 행하던 성찬의 폐단을 지적한 바울로는 "각각 자기 집에서 먹고 마시면 안됩니까?"(1고린 11.22)라는 말씀으로, 곧 이어서 일어날 성찬과 식사의 분리를 시사하고 있다.[7]

성찬이 식사의 장을 잃으면서 빵과 포도주의 음식과 음료라는 성격도 극소화되고 성찬은 일상생활과는 거리가 있는 하나의 의례만으로 보일 위험을 안게 되었다. 식사의 성격이 박제剝製되면서, 성찬을 중심으로 과거에 발생하였고,[8] 성찬을 중심으로 오늘 듣는 말씀이 인간생활의 현장성에 있어서 빈약해진 것으로 보인다.

성찬의 근거가 되는 예수의 최후만찬은 예수가 평소에 하신 많은 식사에서 분리하여 생각할 수 없다. 예수와 그 제자들에게, 함께 먹고 마신다는 것은 생활 공동체를 의미한다. "그들은 식사할 겨를조차 없었다"(마르 6.31)라는 말은 예수가 따로 제자들과 함께 식사를 하고 있었다는 사실을 반영한다. 식탁을 중심으로 사람들을 가르치고(루가 14.1-24), 식탁을 중심으로 반대와 갈등도 나타난다(마르 2.13-18: 루가 7.33-35). 가나촌의 혼인잔치 같은 잔치들도 있었고 마르타와 마리아 집에서와 같이 "여러 가지 시중을"(루가 10.40) 필요로 하는 식사도 있었다. 세리와 죄인들에 대한 자기의 태도에 대해 예언자적 증언

---

[7] 초대교회의 성찬과 식사의 분리에 대한 자료는 정양모, 「예수의 최후만찬과 교회의 성찬」, 서강대 종교·신학 연구소 제46회(1989.4.29) 월례 발표회, 17-20쪽을 보라.

[8] Ch. 뻬로, 박상래 역, 『예수와 역사』, 가톨릭출판사, 1984, 303쪽.

의 기회가 되는 식사(마르 2,15-17; 마태 9,10-13)도 있다. 사람들과 함께하는 식사는 예수의 생애에 대단히 중요함을 볼 수 있다. 예수의 말씀, 가르침과 행위는 사람들과 함께하신 식사와 분리되지 않는다.

　이런 식사의 정상에 수난 전날의 만찬, 뒤에 바울로 사도가 "주님의 만찬"(1고린 11,20)이라 부를 식사를 두어야 한다. 부활하신 예수는 이 식사의 분위기 안에서 제자들에게 나타나신다. "열한 제자가 음식을 먹고 있을 때 예수께서 나타나시고"(마르 16,14), "예수께서는 엠마오에서 두 사람과 함께 식탁에 앉아 빵을 드시고 찬양하신 다음 그것을 떼어 그들에게 나누어 주셨다"(루가 24,30).

3. 하늘과 땅을 잇는다

3.1 제 찬

무속에서는 굿상을 중심으로 신청울림, 부정풀이, 무가巫歌, 진작進爵, 도무跳舞, 기점旗占, 공수供授, 명음식命飮食의 나눔 등의 절차로 굿이 진행된다. 이 과정에서 신령들과 인간의 관계가 다시 이어져서 화해와 통교가 이루어지고 인간과 인간의 관계가 다시 활성화된다. 이것은 굿의 후덕厚德이다. 공수에서 신령은 기억되고 이 기억을 통해서 신령은 현존한다. 이 신령은 잘 차려진 굿상에서 음주와 가무로 대접받고 마음이 풀려서 인간을 축복하고 불운으로부터 보호해 줄 것을 약속한다.

  무속의례는 굿덕을 얻기 위함이고 행동으로 바치는 기도라 할 수 있다. 갈등과 고통의 세계, 곧 구원이 없는 세계에서 굿덕을 입어 재수, 곧 안전, 보호, 생존의 보장 등을 초인간적 존재로부터 받는 것이다.

  불교의 의례에서는 불전공양으로 불佛에게 봉사하고 가호를 얻고자 한다. 불전에 공양을 올림으로써 불은 가시적 형상을 가지는 여러 가지 불격佛格으로 나타나고 범부는 불에 가까워진다. 불전공양, 대중공양大衆供養, 헌식獻食, 시식施食 등을 통해 범부의 불격화佛格化와 불의 유한화가 이루어져 주체와 객체가 가까워진다는 것이다.

  유교의 제사는 보은報恩과 보본報本의 행위이다. 신명계神明界는 궁극자의 신성神性과 능력의 위계질서가 있는 현현顯現으로서 조화의 세계다. 신명이 생명을 위해 베풀어준 물건을 다시 봉헌하면서 감사드린다. 봉헌된 제물은 신명이 흠향한다. 흠향은 제물로 상징된 인간의 정성을 받아들인다는 뜻이다. "김[氣]에 흠향한다" 또는 "잡숫는다"는 말로 표현되기도 한다.

　흠향 후 신명神明은 제물에 복福을 담아 내려준다. 이 강복으로 제물은 복물福物로 변한다. 축관祝官에 의한 하사下辭와 제물의 음복은 신명의 자애로운 화답和答이다. 복이란 단순한 음식 이상으로 내적으로는 자신에 충실함이요 외적으로는 도道에 순응함이다. 그것은 생명의 근원이 되고 은혜를 베푼 존재에 대해 감사하는 마음과 정성 그 자체이다. 현자賢者는 그밖의 다른 복을 구하지 아니한다. 결국 복이란 신명계를 상부구조로 한 우주적 위계질서와 더불어 조화로운 세계 안에 순응하는 존재가 되는 것이다.

　신명이 흠향한 음식을 제사 참례자는 물론이고 주위 사람들까지 널리 나누어 먹으면서 인간은 신명과 통교하게 되고 생명의 활력을 얻는다. 이렇게 음복은 우주적 대생명과 교감交感을 하는 기회이다. 그 결과로 인간은 소속감과 뿌리의식을 깊이하게 되고 자신의 삶이 신명들에게 직결된 것임을 느낀다.

3.2 성 찬

예수의 만찬은 고별의 식사였지만 제자들이 감사하는 마음으로 받아들여야 하는 선물이 되고 또한 충실히 재현再現해야 하는 의례의 제정制定이 된다. 예수가 주는 빵과 잔은 그것을 주는 분과 받아들이는 사람을 연결시킨다. 주고받는 관계로서만이 아니라, 예수에게 다가오는 죽음 또한 온전히 제자들을 위한 것으로 선포된다.

　만찬에서 예수는 어떤 깊은 염원을 가졌다. 제자들로 하여금 이 세상에서 당신의 죽음과 하느님 안의 삶을 재현시키는 당신의 공동체가 되게 하려는 것이다. 이것은 이별을 넘어서는 일이다. 죽음은 이별이지만, 이 죽음을 통하여 예수는 당신의 아버지와 일치하고 제자들도 당신 안에서 하느님과 일치하게 된다. 이렇게 열려진 새 세상 안에 예수는 그들의 빵이고 술이다. 이것은 예수 생애의 신비에 참여하는 것이다.

"내 몸이요, 내 피"라는 예수의 말씀은 나누어 준 빵과 술에, 그것이 예수의 손 안에 있을 때 가졌던 일치를 보여준다. 여러 사람에게 나뉘어졌지만 "내 몸"은 하나이다. 돌려서 마시는 잔도 "내 피"로서 하나이다. 이것을 받아들이는 사람은 그를 주는 분과의 일치의 관계 안으로 들어간다. 예수는 이렇게 죽음을 앞두고 미래의 주님으로서 당신의 현존을 남긴다. 이 현존은 제자들 안에서 작용하며 제자들을 행동하게 만든다. 예수는 죽음 후에 제자들을 모으고 그들을 하느님 앞에 서게 하는 분으로 남아 계시다.

성찬에서 하느님과의 만남은 공동체의 의례 집전 안에서 빵과 포도주를 매체로 하여 이루어진다. 내가 이 신비의 기원도 아니고 그리스도의 현존을 만들지도 않는다. 그런 의미에서 그리스도의 몸은 객관적으로 현존한다. 그러나 나는 하느님이 나와 하시는 대화 안에 이 현존을 인정해야 한다. 신앙 없이는 아무것도 일어나지 않는다. 예수는 "이는 내 몸이다"라고 아무에게나 말씀하시지 않았다. 오직 당신의 제자들에게 말씀하셨다. 따라서 이 긍정은 예수와 제자의 관계 안에서만 의미를 지닌다.[9]

그리스도의 몸인 빵을 통한 예수와의 만남은 나를 하느님께 인도한다. 예수 안에 나는 하느님의 일에 참여한다. 예수 일에의 참여는 나를 앞으로 나아가게 한다. 부활하신 분의 발현에서와 같다. 제자들은 그분임을 인정하자 파견된다. 나는 성찬에서 그분을 만난 다음 세상에 파견된다. 성찬은 형제적 봉사 안에 그 의미를 실현한다.

---

[9] X. Léon-Dufour, 위의 책, 331-2.

하느님이 맺는 계약은 하느님이 주신 것이다. 예수가 쏟는 피도 준다는 것을 의미한다. 성찬은 주는 것을 말한다. 인류 역사 안에 하느님이 스스로 표현하는 단어가 하나 있다면, 그것은 "준다"는 단어이다. 하느님이 사람에게 현존한다는 것은 사랑한다는 의미이고 아들과 성령의 파견도 하느님이 주신다는 뜻이다. 예수는 빵과 포도주를 주면서 우리가 당신으로 말미암아 변화되도록 당신을 음식으로서 준다. 교회는 주님으로부터 계속 받으면서 자기도 준다. 이것이 성찬이다.

4. 사람과 사람을 잇는다

4.1 제 찬

이승과 저승이 명백히 이원론적으로 분리되지 않는 원시미분原始未分의 일원적 신앙세계 안에서는 자연세계와 인간사회의 질서가 서로 중첩되고 교차하면서 자연요소들과의 우주적 친교를 통하여 사회의 조화가 확보된다. 한국 무속에서는 굿이 진행되는 동안 모든 관련자, 곧 신령, 의례 담당자, 의뢰자는 모두 가족적 분위기에서 푸짐한 대접을 받게 된다. 굿상은 제사와 식사가 연이어서 진행되는 제상인 동시에 밥상이다.

공동식사와 대동음복으로 요약되는 대동잔치인 굿은 삶의 갈등과 모순에서 생겨나는 불운과 재앙에 공동으로 해소 노력을 기울이게 하는 연대적 집단 치유의 과정으로 보인다. 의례적 공동식사인 대동음복은 인간과 인간 사이에 맺힌 한恨이 풀리게 하고 인간 상호간에 조화를 회복시켜 준다. 불교의 공양은 우주 안의 모든 생명체와 일체감을 사는 기회이다. 봉반게奉飯偈는 다음과 같이 말한다. "이 밥의 빛깔과 내음 및 맛을, 위로는 시방十方의 모든 부처님께 올리고, 중간으로는 여러 성현들께 바치며, 아래로는 모든 중생들에게 이르기까지, 똑같이 베풀어 차별이 없이, 받아 모두 배부르게 되니, 이제 베풀고 받는 이들 모두가, 한없는 저 언덕에 이를 수 있으리라." 인간 존재는 근본적으로 평등하고 상호 공양하는 공덕을 쌓음으로써 우주 안의 모든 존재와 통교하고 인간 본래의 면목을 찾게 된다.

유교의 제물은 참례자들뿐만 아니라 친지, 하인, 이웃들에게까지 골고루 나누어진다. 이것은 신명의 강복을 나누는 것이다. 이 음복은 제사 공동체의 친교와 유대를 강화해 준다. 조상 제사에서는 친족들이 동일한 근원, 동일한 얼과 기氣에 대한 인식을 새롭게 하여 어떤 일체감을 느낀다.

음복은 일상생활에서 실천해야 하는 나눔의 상징이다. 정성을 다하고 도에 순응하는 자는 나누는 자다. 그리고 그것이 참 복이다. 나눔을 모른다는 것은 진정한 복을 잃는 것이다. 이 나눔에서 자신과 공동체의 생명력이 상호교류하고 약동한다.

4.2 성 찬

초대교회는 성찬을 "빵 나눔"(루가 24,34; 사도 2,42)이라 불렀다. 받은 것을 나누어준다는 의미를 잘 나타내는 이름이다. 성찬에의 참여는 실제 나눔의 생활로 나가도록 촉구한다. 나눔은 당신 스스로를 준 예수에게 일치하는 것이고 또한 형제들과의 일치이며 많은 사람을 위한 개방된 삶을 의미한다. 사도행전(2,42-47)이 요약하는 예루살렘 교회의 신앙생활을 보자: "그들은 사도들의 가르침과 친교와 빵 나눔과 기도에 전념하였다. … 믿는 사람들은 모두 함께 지내며 모든 것을 공동으로 소유하고 재산과 재물을 팔아서 모든 사람에게 각자 필요한 만큼 그것을 나누어주었다. … 집집마다 돌아가며 빵을 나누고 흥겹고 순수한 마음으로 음식을 함께 들며 하느님을 찬양하였다. …"

1세기말 팔레스티나에서 태어나 로마에서 그리스도 신앙을 가르치다 165년에 순교한 유스띠노의 기록을 보면, 초대교회의 성찬의례에 이어서 나눔의 행위가 있는 것을 볼 수 있다: "태양에 따라 이름을 붙인 날 도시와 시골의 모든 사람들이 한자리에 모인다. 시간이 허락하는 한 사도들의 비망록이나 예언서들을 읽는다. 독서가 끝나면 주관하는 사람은 이 아름다운 가르침들을 잘 익혀서 실천하도록 격려

하는 연설을 한다. 그리고 우리는 모두 일어나서 큰 소리로 함께 기도한다. 기도가 끝나면 빵과 포도주와 물을 가져온다. 주관하는 사람은 기도와 감사의 찬양을 하늘을 향해 바치고 회중會衆은 '아멘'이라 외치면서 응답한다. 그리고 성찬을 각자에게 나누어주어 취取하게 하고 부제를 시켜서 출석하지 못한 사람들에게 그들의 몫을 보낸다. 부요한 사람으로 자기가 가진 것을 나누어주고 싶은 사람은 자기가 원하는 대로 내어놓는다. 이렇게 모인 것은 주관하는 사람에게 전달되고 이 사람은 그것으로 고아와 과부, 병이나 다른 이유 때문에 궁핍한 사람들, 감옥에 갇힌 사람들, 행려자들, 한마디로 말해서 도움을 필요로 하는 모든 사람들을 도와준다"(「호교론」, 1, 68, 7-8).[10]

이렇게 보면 성찬은 빵만 나누는 것이 아니라 상호 섬김이 포함되어 있는 성사인 것이다.[11] 요한 복음은 최후만찬기 대신에 예수께서 제자들의 발을 씻어주셨음을 보도한다. 성찬은 이미 널리 실행되고 있었기에 새삼 만찬에 대해 보도할 필요도 없었겠지만 공동체가 거행하는 성찬이 단순한 하나의 의례로 끝날 위험 앞에 상호 섬김이 성찬에 본질적임을 깨우쳐주는 것이라 보아야 할 것이다.

성찬은 신앙인의 이중적 관계, 곧 하느님과의 관계와 형제들과의 관계를 상징적으로 잘 표현한다. 하나의 빵과 하나의 잔이기에 모두는 하나가 된다. 성찬을 행한다는 것은 상호 섬김으로써 모든 사람이 하나가 된다는 것을 긍정하는 것이다. 예수가 죽음에 임하는 동기와 자세는 우리의 삶이 어떠해야 하는지 이미 잘 말하고 있지만, 성찬에서 주어지는 그분과의 일치는 예수가 보여준 스스로를 주는 삶이 내 안에서 이루어지도록 그분과 함께 내가 일하는 것으로 표현된다.

---

[10] B. Panafieu, l'Eucharistie, *Documentation Catholique*, 1811 (juillet, 1981), Paris, p.639에서 인용.

[11] Th. 슈나이더, 이경우 역, 「현대신학의 성체성사관」, 『현대신학동향』, 신학총서 제24권, 분도출판사, 1984, 329쪽.

5. 맺는 말

5.1 우주적 대생명과의 교감

인간은 이 세상에 태어나서 죽기까지 음식과 끊을 수 없는 관계 안에서 살아간다. 인류의 일원이라는 것은 음식을 먹는 행위에 참여하는 것이다. 그런 의미에서 유교의 "음식은 백성의 하늘"이라는 말을 알아들어야 하겠다.

하늘이 햇빛과 비와 이슬을 내리고 땅이 그것을 받아들여 화합하는 곳에서 음식은 사람이 노동하여 얻는 것이다. 음식이 있다는 것은 생명이 축복을 받았다는 것을 말한다. 이 음식을 초월자에게 바치는 것은 이 축복을 의식하고 초월자를 우리네 세상에 현존시키는 행위다. 이 초월자의 현존은 사람에게 새로운 축복의 계기가 된다. 사람들은 이 음식을 이웃과 나누면서 이 현존과 축복을 인간 공동체 안에 재현시킨다. 이것이 무교巫敎에서 명음식의 나눔이고, 유교의 음복이며, 불교의 대중공양이겠다.

이들 제찬은 멀리 있는 것을 가깝게 만든다. 멀리 있고 무관하게 느껴졌던 초월자를 인간에게 가까이 현존하게 하여 통교의 관계 안에 들어가게 한다. 또한 멀리 느껴지던 이웃을 가까워지게 하여 상호일치의 관계 안으로 들어가게 한다. 사람은 바치는 마음에서 초월자의 현존을 맛보게 되고, 이웃과 나누는 행위 안에서 이웃과의 조화로운 관계를 가질 수 있다. 나눔은 하늘을 나누는 것이다.

성찬에서도 일상의 음식을 상징하는 빵과, 삶의 기쁨을 상징하는 포도주가 바쳐지고 나누어진다. 그러나 이 빵과 포도주는 예수의 최후만찬이라는 역사적 사건이 부여한 의미, 곧 그리스도의 몸과 피를 상징한다. 빵과 포도주는 그리스도의 몸과 피로 변하면서 그분의 죽음과 부활을 상기시키고 그것을 나누어 먹는 사람에게 그분 안에 하나되는 생명을 체험하게 한다.

그리스도교는 이스라엘의 신체험神體驗과 더불어 발생한 특수 역사를 가진 종교다. 따라서 그 상징체계가 자연적 상징성을 기반으로 하기보다는 역사적 상징성을 기반으로 하고 있다. 빵이 그리스도의 몸인 것은 최후만찬에서 하신 예수의 말씀 때문이다. "새로운 계약", "기억" 등의 표현은 시나이의 계약과 해방절의 의례에서 유래되어 깊은 역사를 지니고 있다. 공관복음의 전통은 예수의 만찬이 해방절 식사였다고 말하면서 이 만찬은 이스라엘의 에집트 탈출사건에 연계된 일련의 역사적 사건과 그것을 통한 이스라엘의 신앙체험 안에서만 해독解讀되어야 함을 암시한다. 이렇게 보면 빵과 포도주라는 상징하는 음식에서부터 그리스도인의 생명, 곧 그리스도 안에 하나된 생명이라는 상징된 실재實在에 이르기까지, 또 지금부터 3,000년도 더 되는 옛날에다 이스라엘이라는 어떤 한 민족에서 유래된 표상들에 대한 지식을 필요로 한다. 이 길고도 소원疏遠한 폐쇄회로閉鎖回路를 거치지 않고 "많은 사람을 위해" 주어진 보편적 성찬의 상징세계는 전달될 수가 없을까? 성찬에 현존하는 분이 부활하고 승천하신 그리스도라면 특수한 하나의 역사에 굳이 얽매여서만 전달될 수 있는 분이 아니다. 예수의 죽음은 하나의 역사를 하느님이 절대화하지 않는다는 것을 말한다.[12]

여기다 트렌토 공의회의 실체적 변화까지 등장하면 설상가상이다. 빵과 술이 "참으로, 실제로 또 실체적으로"[13] 그리스도의 몸과 피라는 말만으로 성찬의 의미는 전달되지 않는다. "이 빵은 하늘로

---

[12] Ch. Duquoc, *Dieu Différent*, Paris (1977), p.143.
[13] 트렌토 공의회, DS, 1651.

부터 내려온 빵이어서 그것을 먹는 사람은 죽지 않습니다. 나는 하늘로부터 내려온 살아 있는 빵입니다"(요한 6.50-51). "여기에 그리스도의 몸은 그 의미와 성격으로 묘사되었다. 지극히 높고 지극히 먼 곳에서 와서 지극히 넓고 지극히 깊은 곳으로 가는 움직임에서 포착되는 것이다. 그것은 무엇을 위한 몸이지 그 스스로 있는 현존을 말하지 않는다. 밀가루덩이 전체가 부풀 때까지 그 안에 숨겨져 있는 복음의 비유에 나오는 누룩과 같다."[14] 성찬에의 참여는 죽기까지 보여준 그리스도의 사랑과 헌신에 참여한다는 사실이 더 가시적일 수 있는 의례가 되어야 하겠다. 그리스도교의 우주적 대생명과의 교감은 주고 나누는 현상으로 나타난다.

유대-그리스도교 역사라는 폐쇄회로 안에서만 이해되는 성찬이기에 세례를 받지 않은 사람에게 성찬의 분배를 금하는 현행법은 이해될 수 있다. 그러나 그 실천에 있어서 "하느님은 모든 사람의 구원을 바라신다"(1디모 2.4)는 진리를 왜곡 전달할 위험을 다분히 내포하고 있다. 하느님은 주시는 분이고, 그분은 그리스도를 주셨고, 그러한 그리스도를 받아 모시는 것은 우리도 이렇게 나누고 주는 사람이 되게 하였다는 사실을 체험하고 표현하게 해주는 성찬의례였으면 좋겠다.

5.2 푸짐하고 정성스런 마음

제찬에서 우리의 시선을 끄는 것은 굿판에서의 푸짐한 음식과 제사 때 정성들여 차린 푸짐한 제상이다. 한국인은 손님을 접대할 때도 낭비로 보일 정도로 많은 음식을 차려낸다. 상대가 신명이든 손님이든 한국인은 통교에 임할 때 풍부한 음식으로 자기의 정성과 관

---

[14] Hans-Urs von Balthasar, *La verité est symphonique*, Paris (1984), p.76.

대함을 표현한다. 한국 천주교회의 미사예물이 세계에서 제일 많은 사실이나 우리 나라 교우들이 헌금에 관대함도 이런 맥락에서 이해 되어야 하겠다.

그 반면 성찬에서 사용하는 빵과 포도주는 실용주의적 편의 위주로 된 빈약하기 짝이 없는 음식이다. 그것은 한국인에게 영약靈藥으로는 보일지언정 먹고 마시는 음식으로 보이지는 않는다.

가장 중요한 것은 그리스도와 하느님, 그리고 이웃과의 친교체험이다. 통교에 임하는 한국 사람의 정성과 관대함의 심성은 당연히 성찬의 의례 안에 흡수되어 하느님과 그리스도와 이웃과의 통교체험의 장이 되어야 하겠다.

5.3 우주적 대생명은 주고 나누는 생명

제찬과 성찬을 공통되게 지배하는 언어는, 초월자는 주셨고 또 주신다는 것이다. 주시는 분과의 통교는 즉시 나누는 행위로 표현되는 것을 보았다. 굿의 후덕이 대단히 현세적인 것인 반면, 유교 제사에서의 강복은 신명계를 정점으로 한 조화로운 질서와 구별이 되지 않는 도에 대한 순응이다. 불교의 공양도 불타와 성현 및 중생이 함께 무상無上의 진리를 향하여 나아가게 하는 것이다.

그리스도교의 성찬은 하느님이 스스로를 주시는 분이라는 데서 시작하여, 예수 그리스도라는 스스로를 준 한 분을 "보편적 구상"[15]으로 제시하면서, 성찬을 통해 그분의 생명에 참여하는 삶이 될 것을 촉구한다. 주고 나누는 삶은 시간과 장소, 종교적 신념의 유무, 종파와 교파를 가리지 않고 이 보편적 구상과의 관계 안에 있는 것

---

[15] C. Geffré, 위의 책, p.227.

으로 보아야 하겠다. 빵과 포도주의 형상 안에 그리스도의 몸과 피를 보는 것은 하늘과 땅과 인간노동의 산물은 무엇이나 우리 스스로를 주고 나누는 삶의 현장일 수 있음을 말한다. 이는 "아버지의 나라가 임하심"이고 "아버지의 뜻이 하늘에서와 같이 땅에서도 이루어지는" 것이다.

9

"예수 성심" 신심

1. "예수 성심" 신심의 발생
2. "예수 성심"과 유럽 중세적 신앙언어
3. 현대인을 위한 "예수 성심"
4. 맺는 말

1. "예수 성심" 신심의 발생

성서에는 인간을 지칭하기 위해 심장이라는 단어가 자주 사용되었다. "마음(심장)을 다 하고 정신을 다 바치고 힘을 다 쏟아 너의 하느님 야훼를 사랑하여라"(신명 6,5). "나는 온유하고 마음(심장)이 겸손하다"(마태 11,29). 요한 복음서는 "옆구리"라는 표현을 즐겨 사용하고 예수의 구원적 행업을 요약하는 상징으로 삼았다. "그분의 옆구리를 찌르니 즉시 피와 물이 나왔다"(19,34). "손과 옆구리를 보여주셨다"(20,20). "당신의 손을 내밀어 내 옆구리에 넣어보시오"(20,27). 예수의 "옆구리"에 대한 요한 복음 공동체의 애착은 "제자들 가운데 한 사람이 예수의 품에 기대듯이 자리잡고 있었는데"(13,23) 혹은 "그 제자가 예수의 가슴에 기대며"(25절)라는 표현들을 쓰게 만들었다.

신약성서의 이런 표현들이, 특히 요한 복음서의 표현들이 교부들의 저서에는 반복되었다. 이레네우스, 떼르뚤리아누스, 히쁠리뚜스 등을 들 수 있다.

2. "예수 성심"과 유럽 중세적 신앙언어

10세기를 넘어서면서부터 "옆구리"는 "심장"으로 바뀐다. 보이는 옆구리보다는 보이지 않는 심장에 대한 관심이다. 안셀무스Anselm of Canterbury(1033~1109)는 다음과 같이 기록한다. "옆구리가 열리고 우리를 위한 선하심의 풍요로움인 그분의 심장이 드러났다."[1] 베르나르두스Bernardus(1090~1153)도 "창이 그분의 옆구리를 찌르자 자비로운 심장이 나타났다"[2]라고 기록하고 있다. 예수가 받은 상처에 대한 시선이 예수의 심장으로 옮겨갔다. 이때부터 중세 신비체험가들, 특히 여성들을 중심으로, "심장에 입맞춘다, 심장 안으로 들어간다, 자기 심장을 바친다, 심장을 바꾼다, 죄인들의 죄를 속죄하기 위해 심장을 바친다" 등의 표현들이 널리 회자된다. 헬프타Helfta 수도원의 신비체험가인 게르투르다(1256~1302)는 오상을 받고, 예수의 심장에서 나온 빛이 자기의 심장을 꿰뚫고 지나간 다음 예수의 심장 안에 자기 손을 넣는 체험을 하였다고 전한다.[3]

이렇게 시작된 예수의 심장에 대한 신심은 베네딕도회에서 프란치스코회로 그 다음은 독일의 도미니코회로 건너갔다. "예수 성심"에 대한 신심이 중세 영성생활의 중심인 수도원들에 보편적으로 보급된 것이다. "예수 성심" 축일이 제일 먼저 제정된 것은 15세기 알사스Alsace 지방에서였다. 예수 성심 미사를 여러 교구에 보급한 인물은 장 에우드Jean Eudes(1601~1680)였다. "예수 성심" 신심의 보급에 결정적 역할을 한 사람은 프랑소와 드 살François de Sales의 영향을 받

---

[1] *P.L.* 158, 761, *Dict. de Sp.* II, 1026에서 인용.

[2] *P.L.* 183, 1072, 위의 책, 같은 곳 인용.

[3] 같은 책, 1027 참조.

은 방문회 수녀 마르가릿드-마리 알라콕ㄲMarguerite-Marie Alacoque(1648~1690)이다. 물론 그가 살았던 빠래-르-모니알Paray-le-Monial 수도원의 이름도 성심 신심에서 빼놓을 수 없는 장소이다. 이 수녀는 환시를 보고 예수의 말씀을 들었다고 말한다. 그 내용은 교회가 성심 축일을 제정할 것과 성심은 죄인들을 위한 예수의 자비로운 사랑을 의미한다는 메시지였다. 이때부터 "예수 성심"이라는 표현은 상처받은 예수의 사랑과 그분의 고통과 고뇌를 의미하는 것이 되었다. 마르가릿드-마리 수녀가 받은 사적 계시로 말미암은 "예수 성심" 신심은 교회 안에 서서히 보급되어 마르가릿드-마리 수녀가 시성되는 1920년에는 그 절정에 이른다.

예수 성심 축일은 1856년 모든 교회를 위한 축일로 보편화되고 동시에 나타나는 것이 매월 첫 목요일 "성시간"의 신심이다. 상처받은 예수의 사랑을 위로한다는 신심행위이다. "성시간"의 실천도 마르가릿드-마리 수녀로부터 시작되었다. 그가 1674년 예수의 발현을 보았을 때 예수로부터 다음과 같은 지시를 받았다고 말한다. "내가 올리브 산에서 겪었던 지극한 슬픔에 너를 참여시키겠다. 목요일 밤 11시부터 금요일 0시 사이에 너는 일어나 땅에 엎드려 죄인들을 향한 하느님의 분노를 가라앉히기 위해 하느님의 자비를 빌어야 한다. 또한 사도들이 나를 버리고 떠나갔을 때 내가 겪었던 쓰라린 고통을 위로해 주어야 한다." 마르가릿드-마리는 예수의 이 말씀을 혼자 실천하였지만, 1829년부터 빠래-르-모니알의 예수회 신부 드브로스De-brosse가 신자들에게 보급하기 시작하였다.[4] "성시간"과 "첫 금요일"의 실천은 예수 성심에 대한 신심이 월 주기를 가진다는 것을 의미한다. 1905년 비오 10세가 처음으로 권장한 매일 영성체라는 사실을 생각하면 월 주기의 "예수 성심" 공경은 그것이 그리스도교 신심

---

[4] M. Mouchot, "Heure Sainte", *Catholicisme*, V, Paris, 1962, 710 참조.

의 중심에 자리잡았다는 사실을 말한다. "성시간"과 "첫 금요일"의 신심이 가져다준 효과는 하느님의 입장에서 죄를 보게 하는 것이었다. 하느님에 대한 우리의 생각이 중요한 것이 아니라 예수의 마음이 받은 상처에 참여하고 그것을 위로하는 일이 급선무라는 것이다. 시선을 위에 고정하고 살아야 하는 시기였다. 인간 각자의 생각이 중요하지 않고 가치있는 모든 것은 위로부터 오는 시대였다.

레오 13세는 1899년 인류를 그리스도의 성심에게 봉헌한다. 창조적이고 구원적인 하느님 사랑에 응답하는 사랑으로 각자는 스스로를 하느님에게 봉헌함과 동시에 다른 사람들도 봉헌해야 한다는 것이 회칙「안눔 사끄룸」Annum Sacrum의 내용이다. 이 봉헌은 포르투갈에 있던 착한 목자회 소속 독일 수녀의 권고로 된 일이었다. 1928년 비오 11세는 회칙「미세렌띠시무스 레뎀또르」Miserentissimus Redemptor는 속죄라는 주제를 심화한다. 우리는 세례로써 속죄를 위한 그리스도의 보상에 참여한다. 우리는 세상의 구원을 위해 그리스도와 일치하여 하느님께 우리 자신을 희생제물로 봉헌해야 한다. 비오 12세는 1956년「하우리에띠스 아꽈스」Haurietis Aquas에서 그리스도의 육체적 심장이 그리스도의 사랑을 상징하는 지표이며 형상임을 서른 번이나 강조한다.

"예수 성심"은 19세기부터 20세기 전반부까지 가톨릭의 신심생활을 요약하는 표징이다. 이 시기에 프랑스에 설립된 남녀 수도회 중 남자 수도회 여섯 곳과 여자 수도회 스물일곱 곳이 "성심"이라는 단어를 그 이름에 사용하고 있다.[5] 샤를르 드 푸코Charles de Foucauld(1858~1916)도 예수 성심 신심에 깊이 물들었고 그의 정신을 이어받아 설립된 남녀 수도회들도 성심 신심을 강조하고 있다. 프랑스 혁명 이후 프랑스가 지은 죄를 보상하기 위해 파리 시가지를 내려

---

[5] Auteurs coll., "Sacré-Coeur (Institut Religieux sous le vocable du)", *Catholicisme*, XIII, Paris, 1991, 304-15.

다보는 몽마르트르Montmartre 언덕 위에 성심 성당을 착공한 것이 1873년이었고 준공한 것이 1919년이었다. 특기할 사실은 평신도들이 이 성당 건축을 발의하고 프랑스 온 국민이 헌금하여 완공했다는 사실이다. "예수 성심"의 대중적 보급 정도를 짐작하게 하는 일이다. 마르가릿드-마리의 시성식과 한 해 차이로 된 일이었다.

성서와 교부들이 "예수의 마음" 혹은 "예수의 옆구리"를 언급할 때는 예수로 말미암아 우리에게 주어진 구원을 표현하기 위해서였다. 11세기로 들어서면서부터 예수가 한 속량贖良(redemptio)은 신학적인 것에서 보상을 위한 심리적인 것으로 옮겨갔다. 특히 개신교와의 분리 이후 계몽사상의 합리주의는 그리스도교 신앙언어에 대해 비판적이었다. 이런 합리주의적 물결에 맞서서 신앙은 경건주의와 정적靜寂주의로 흘렀다. 훼늘롱Fénelon(1651~1715)이 만든 「십자가의 길」 기도문에는 "밤낮으로 눈물의 홍수가 내 눈에서 흐르게 하소서"라는 기도가 있다. 제2차 바티칸 공의회 때까지 사용된 미사경본에는 "눈물을 비는 신심미사"(Pro petitione lacrimarum)라는 것이 있다. 그 미사의 본기도는 다음과 같다. "전능하신 하느님, 하느님은 당신의 백성을 위하여 바위에서 생수가 솟아나게 하셨나이다. 우리가 우리 죄를 뉘우칠 수 있도록, 우리의 완악한 마음(심장)에서 회개의 눈물이 솟아나게 하소서." 영성체 후의 기도는 성령의 은총이 우리의 눈물을 흐르게 하여 우리 죄의 흔적을 지울 수 있도록 빈다.

유럽 중세사회의 눈물에 대한 신심은 경건주의와 정적주의와 더불어 널리 만연되었다. 13세기부터 눈물은 성덕을 평가하는 데 결정적 요소로 인식되었다. 눈물은 신비적인 선물로 해석되기도 하고 영적 발전의 결과로 보이기도 했다. "중세 사람들에게 눈물이 없다는 사실은 하느님으로부터 멀리 있다는 것을 의미한다."[6] 루이

---

[6] Piroska Zombory-Nagy, "Larmes", in *Dictionnaire Encyclopédique du Moyen Age*, Paris, 1997.

9세Louis IX(성 루이, 1214~1270)도, "태양의 왕" 루이 14세(1638~1715)도, 눈물을 잘 흘린 것으로 기록되어 있다. 이냐시오 로욜라의 전기작가는 이렇게 기록하고 있다. "이냐시오는 눈물을 하나의 은총과 같이 청하고, 계시와 같이 기다리고, 눈물이 없는 것을 고통으로 생각하고 참았다. 그에게 눈물이 없다는 것은 하느님이 그를 떠나신 것으로 보였다."[7] 아빌라의 데레사는 이 눈물 신심에 대해 주의를 환기시킨다. "눈물은 그 자체로 좋은 것이지만 항상 완전함을 나타내는 것은 아니다. 기질이 약하기 때문에 눈물을 흘리는 경우가 많다. 특히 천성적으로 섬세한 기질을 가진 사람은 작은 일에도 눈물을 잘 흘린다. 이런 경우 하느님에 대한 그들의 사랑에서 나오는 눈물이기보다는 심장 주변에 쌓인 감상에서 나오는 것일 가능성이 크다."[8]

유럽 중세의 이런 감상적 흐름과 더불어 18세기와 19세기의 낭만주의와 주관주의 영향도 고려해야 한다. 헤겔F. Hegel(1770~1831)의 관념주의가 지닌 주관주의, 유한한 것 안에서 무한한 것을 직관하고, 시간적인 것 안에서 영원한 것을 직관하면서 절대적으로 귀의한다는 슐라이어마허F. Schleiermacher(1768~1834)가 주장하는 느낌 위주의 신앙 이해, 인간의 상호 이해는 공통된 인간 삶을 바탕으로 동정심과 공명共鳴이 있을 때만 가능하다는 딜타이W. Dilthey(1833~1911)의 낭만주의 사상 등이다. 인간 정신, 느낌, 마음 등이 관심사인 시대이다. 따라서 "예수의 마음"은 신앙인이 마땅히 관심을 가지는 대상이고 사람들의 심금을 울릴 수 있는 하나의 주제였다.

드 푸코의 "예수 성심"에 대한 기록 하나를 보자.

---

[7] A. Ravier, *Ignace de Loyola fonde la Compagnie de Jésus*, coll. Christus 36, Paris, 1974, 503-4, *Dict. de Sp.* IX, Paris, 1976, 300에서 인용.

[8] M. Théron, "Larmes", *Catholicisme*, VI, Paris, 1967, 1850에서 인용.

가톨릭 신앙은 모든 진리들 중 가장 감미롭고, 가장 빛나고, 가장 뜨겁고, 가장 은혜로운 진리, 곧 "예수 성심"을 가르친다. … 예수는 당신이 가신 십자가의 길에서 우리를 잊지 않으셨다. 우리가 존재하기 전부터 하나의 마음(심장)이 영원한 사랑으로 우리를 사랑했다. 이 마음은 우리 삶의 여정에 가장 뜨거운 사랑으로 우리를 불태운다. 이 마음은 빛과 같이 순수하고, 그 안에는 창조되지 않은 하느님의 모든 아름다움과 온전함이 존재한다. 하느님은 우리를 사랑하신다. 하느님은 어제도 사랑하셨고, 오늘도 사랑하시고, 내일도 사랑하실 것이다. 하느님은 우리 지상생활의 모든 순간에 우리를 사랑하시고, 우리가 그분의 사랑을 거부만 하지 않는다면 영원히 우리를 사랑하실 것이다. 이것이 인간 마음을 밝히고 불태우기 위해 계시된 "예수 성심"의 진리이다.[9]

예수 안에 보여진 하느님의 사랑이 있다는 말이다. 시대적 감수성이 담뿍 반영되어 있다.

    산업혁명은 인간을 기계부품으로 전락시키고 요구되는 노동은 기계와 같이 단조로운 것이었다. 인간은 개인의 고유함이 무시되고 다른 사람으로 얼마든지 대치할 수 있는 노동력에 불과하였다. 이런 상황에서 "예수 성심"은 인간노동력의 경제적 실효성을 넘어서 불멸하는 초월적 세계로 초대된 인간임을 상기시키는 효과가 있었다. 인간은 하느님 사랑의 대상이라는 사실과 인간 각자를 사랑하시는 하느님이 예수 안에 인간 조건을 당신 것으로 하셔서 모든 시대의 모든 인간이 겪는 고통을 당신이 "떠맡으시고 … 짊어지셨다"(마태 8.17)는 사실을 인식시키는 힘을 지닌 "예수 성심"이었다.

---

[9] B. de Margerie, "Sacré-Coeur (Dévotion au), *Catholicisme*, XIII, Paris, 1991, 301에서 인용.

3. 현대인을 위한 "예수 성심"

제2차 바티칸 공의회는 다음과 같이 말한다. "하느님의 아들은 당신의 강생으로 어떤 의미에서 모든 인간과 일치하셨다. 인간의 손으로 일하시고 인간의 지력으로 생각하시고 인간의 의지로 행동하시고 인간의 마음으로 사랑하셨다."[10] 하느님의 아들은 "인간의 마음"으로 모든 사람을 사랑하셨다. 초대교회가 예수를 하느님의 아들로 고백한 것은 그분 안에 하느님의 생명이 일하셨음을 보았기 때문이다. 예수로 말미암아 발생한 언어 안에 하느님의 일을 보는 사람이 그리스도 신앙인이다. 그렇다면 예수의 마음 안에 하느님의 마음을 보는 사람이 그리스도인이다.

세월이 흐르면 세상도 변하고 사람도 변한다. 패러다임이 달라진다고 말한다. 사람의 감수성이 변한다는 말이다. 같은 하느님, 같은 예수 그리스도, 같은 인간이지만 시대에 따라 사람의 사고방식과 언어가 변한다. 이것을 제2차 바티칸 공의회는 달라진 "시대의 징표"가 있다고 말했다. 우리 시대 감수성에 맞게 신앙언어를 개혁하는 일을 교황 요한 23세는 아죠르나멘또aggiornamento, 곧 현대화라고 불렀다.

현대인은 사람을 볼 때 그 사람의 마음을 알기 위해 노력하지 않는다. 사람들은 밖에 드러나는 것, 곧 인간 실천이 생산한, 확인할 수 있는 과정過程을 보고 그 사람의 마음을 짐작한다. 우리 현대인은 사람의 마음을 직접 논하지 않는다. 내 마음을 내가 다 아는 것도 아니다. 프로이트 이후 인간은 자기 마음의 주인이 아니라는 사실

---
[10] 「현대세계의 사목헌장」, 22,2.

도 안다. 현대인이 관심을 가지는 것은 관찰할 수 있는 사실史實이다. 현대인은 낭만주의자도 감상주의자도 아니다. 객관적 타당성이 있고 다른 사람이 확인해 볼 수 있는 사실만을 말한다. 현대 과학기술 문명은 객관적인 것에 대한 우리의 감수성을 제고하였다.

현대 신앙언어는 예수의 마음에 대해 추측하지 않는다. 예수는 당신의 마음을 표현하기 위해 자서전을 쓴 분이 아니었다. 우리가 그분에 대해서 아는 것은 그분과 가까이 지낸 사람들, 그분과 접촉한 결과로 스스로의 삶에 변화를 일으킨 사람들이 남긴 회고적 증언들, 곧 그들의 해석을 통해서이다. 우리는 예수가 부활하실 때까지 제자들이 예수에 대해 잘못 알고 있었던 것이 많았다는 사실도 알고 있다. 그러나 예수에 대해서 말하는 특권적 문서인 복음서들을 통해서만 우리는 예수의 모습을 엿볼 수 있다. 현대인은 이 복음서들이 전하는 예수의 모습에 충실하려 한다. 그리고 현대인은 오늘 살고 있는 사람들의 죄값을 예수의 사랑이 이미 2,000년 전에 치렀다는 사실도 알아듣기 어려워한다. 현대인은 그런 말을 값싼 감상주의의 산물이라고 생각한다.

속량이라는 단어에 대한 이해도 새로워져야 한다. 이 단어의 본뜻은 노예를 해방시키기 위해 몸값을 지불하는 행위를 말한다. 노예가 자유를 얻기 위해서는 그 노예의 소유주가 보상을 받아야 한다. 그 보상이 속전이다. 예수가 그 속전을 지불했다고 복음서들은 말한다(마르 10.45; 마태 20.28). 속량이라는 표현은 구약성서(출애 6.6)에서 하느님이 이스라엘을 당신 백성으로 삼으셨다는 사실을 말하기 위해 사용되었다. 이것이 신약성서에 들어와서 "여러분은 값을 내고 사들인 사람들이다"(1고린 6.20; 7.23)는 말씀을 발생시켰다. 이 단어가 그리스도 신앙 역사 안에 사용되면서 그것이 가진 논리가 발생하였다. 예수가 인류를 해방시켰다면 인류는 어떤 주인의 노예로 있었다는 말이고 그 주인에게 예수가 몸값을 지불했다는 말이다. 마귀를 주인으로 하고 그리스도의 피를 몸값으로 하는 하나의 우화寓話가 생겨났다. 우리의 해방은 하느님과 마귀 사이의 어떤 상거래商去來의 결과와 같은 인상을 주게 되었다. 우리 죄가 많다는 사실을 의식하면, 그것에 비례하여 속전이 많다는 사실을 알게 되고, 그것은 "예수 성심"이 겪은 고통이 크다는 생각을 하게 했다. 모든 신앙언어와 마찬가지로 속량이라는 단어도 하나의 은유이다. 은유는 우리가 잘 알고 있는 사실을 언급하면서 이야기를 듣는 사람이 모르는 일에 대해 알아듣게 하는 화법이다. 속량에는 속전을 지불하는 사람이 있고 그 행위로 말미암아 자유를 얻는 사람이 있다. 예수로 말미암아 인간이 자유롭게 하느님과 함께 있을 수 있는 길이 열렸음을 의미한다.

현대인은 예수로 말미암아 발생한 삶의 전통이 인류 역사 안에 있다는 사실을 부인하지 않는다. 그리스도교 신앙인은 그 전통 안에 몸담은 사람이다. 그 전통 안에서 사람은 신앙인이 되고 예수의 삶에 준한 삶을 창의적으로 살아서 다음 세대를 위해 이 전통을 전달한다. 이 전통이 다른 사상이나 집단의 전통과 구별되는 것은 예수라는 인물 때문이다. 예수는 그리스도교 전통의 정체성이다. "예수 성심"에 대한 신심은 예수의 이야기는 어떤 사랑, 어떤 베풂의 이야기였다는 것을 말한다.

예수의 말씀과 삶은 하느님 아버지의 것이었다는 것이 초대교회 공동체의 신앙이다. 이 신앙을 표현하는 것이 예수는 하느님의 아들이라는 신앙고백이다. 예수는 하느님을 아버지라 부르면서 하느님이 우리 삶의 기원임을 보여주었다. "그들은 아버지의 사람들"(요한 17,6)이라는 예수의 기도이다. 유대 종교 지도자들에게는 종교제도와 율법이 소중했다. 그것들은 하느님의 함께 계심을 말하기 위해 그들이 만들어서 하느님의 이름으로 포장한 것이었다. 유대 종교 지도자들은 하느님이 사람들을 자기들에게 맡겨놓고 그들의 결정을 따른다고 생각하였다. 그들은 하느님의 이름으로 사람들을 단죄하고 소외시켰다. 그들에게 하느님은 중요하지 않았다.

예수가 하신 일은 이런 현상 앞에 하느님의 함께 계심을 우리 삶의 현장에 복귀시키는 일이었다. 유대 종교 지도자들은 인과응보 사상이 지배하는 우리 삶의 지평을 버리지 못하였다. 하느님은 사람들이 생각하듯이 우리의 공적과 우리의 실효성을 논하는 분이 아니라, 우리에게 무상으로 베푸시는 분이다. 그 하느님이 우리 삶의 현장에 현존하신다는 것과 그 함께 계심을 살아야 하는 우리라는 사실을 역설하신 예수였다. "만일 당신이 하느님의 선물을 안다면"(요한 4,10). 하느님은 베푸심이다. 하느님은 잃어버린 양을 찾아 헤매는 목자와 같고, 잃어버린 은전을 찾는 여인과 같고, 집나간 아들을 기다리는 아버지와 같다. 하느님은 사람들을 식사에 초대하는 사람과 같고(루가 14,16-24), 보수를 많이 주는 선한 포도원 주인과 같으며(마태 20,1-16), 종들에게 자기 재산을 맡기는 사람과 같다(마태 25,14-30).

하느님으로 말미암은 놀이가 발생하면 우리가 흔히 소홀히하는 무상성無償性이 보인다. "선하신 선생님, 제가 영원한 생명을 얻으려면 무엇을 해야 합니까?" 하고 물으면서 접근하는 사람에게 예수는 "왜 나를 선하다고 합니까? 하느님 한 분 외에는 아무도 선하지 않습니다"(마르 10,8)라는 말씀으로 선하신 하느님으로 말미암은 놀이가 있음을 말씀하신다. "두려워하지 마시오, 작은 양떼여! 사실 여러분의 아버지께서는 여러분에게 기꺼이 나라를 주시기로 작정하셨습니다. 여러분의 재산을 팔아 자선을 베푸시오"(루가 12,32-33).

그리스도 신앙은 이 무상성의 선상에 하느님의 상징성을 본다. 하느님이 베푸시는 분으로 보이고 우리의 생명이 베푸심의 결과로 보이면 하느님으로 말미암은 우리의 놀이는 시작된 것이다(루가 17,11-19 참조). 우리 삶의 여백餘白에 있는 무상성은 재평가되어야 한다. 이것이 하느님의 실재이다. 하느님은 우리가 우리 실존의 무상성을 경험하고 그 무상성이 작용하여 우리의 놀이를 발생시킬 때 우리가 발견하고 체험하는 상징적 무상의 실재實在이다. 여기서 상징이라는 말은 우리 삶에 놀이를 발생시키는 실재라는 뜻이다.

성서의 신앙은 놀이를 발생시키는 실천적인 것이다. 통속적이 아닌 가능성과 공로로 얻을 수 없는 무상성이 보이는 놀이이다. 이스라엘은 전혀 기대하지 않았고 정당하게 설명이 되지 않는 사건으로 말미암아 하느님의 의미를 본다. 그것은 이집트에서의 해방 사건이다. 해마다 반복해서 기념되는 해방절은 유대인 생활 안에 놀이를 발생시키는 길이다. 해방절에 히브리 사람들 안에 일어나는 실존적 변화는 하느님의 이름으로 일어나는 놀이를 알아보게 한다.

예수는 이 무상성을 어떻게 나타내는가? 예수는 성서 유산을 폐기하지 않는다. 그는 유대교를 비난하지 않는다. 예수는 무상성을 구체적 삶 안에서 나타내려 한다. 백일기도나 공양미 300석이 목적으로 하는, 인간생활을 정지시키고 얻은 인간생활 밖에서의 무상성은 의미가 없다. 그것은 하느님과도 인간과도 무관하다. 예수는 유대인이다. 유대교의 위대함은 하느님이 지엽적 위로나 가상假想적 보상을 주는 분이 아니라 인간생활의 한가운데 당신 스스로를 주신다는 것을 알아들은 데 있다. 성서의 하느님은 우리의 부족을 충족시켜 주는 분, 곧 미봉책彌縫策이 아니다. 그분은 우리의 가능성과 능력을 주는 분이다. 이스라엘이 율법으로 놀이를 발생시키려 한 것은 옳았다. 하느님의 함께 계심으로 말미암아 발생하는 놀이는 가상적인 것이 아니다. 함께 계시는 하느님에게 접근한다는 것은 다른 세계에로 가는 것이 아니다. 함께 계시는 하느님은 우리를 전혀 다른 방식으로 우리의 세계에로, 그것이 주는 갈등, 제한, 습성에로 들어가게 하신다. 전혀 다른 놀이를 발생시킨다. 성서의 율법은 바로 이 놀이가 존중해야 하는 표지였다.

예수는 율법 위에 무상성이 지배해야 한다고 생각한다. 율법이 제 기능을 잃는 것은 놀이를 발생시키는 무상성을 잃으면서이다.

이것을 위해 예수는 과거 예언자들같이 감사할 줄 알 것, 겸손한 마음을 가질 것, 참회를 할 것 등을 말씀하지 않는다. 이런 것은 부족하다. 예수는 율법을 범한다. 더도 덜도 없다. 예수의 범법은 전시용이나 영웅주의가 아니다. 예수가 회복하기를 원하는 무상성을 잃어버리지 않게 하기 위하여 예수의 활동이 다른 문제에로 비화되는 것을 원하지 않는다. 삶의 이야기들 안에서 예수는 율법이 그 상징성을 회복할 수 있는 몇 개의 구멍을 만드는 것뿐이다.

하느님의 함께 계심을 의미하는 계약에 그 상징적 힘을 부여하여 올바른 놀이를 발생시키게 하는 노력은 복음 안에 잘 나타난다. 가장 대표적인 것은 유대교의 계명들에 대한 부분이다. 안식일, 정결법, 율법이 보장하는 권위에 대한 순종, 유대인과 비유대인의 차별, 이혼법 등에 대한 예수의 자세이다. 예수는 이런 것들에 대한 유대인들의 실천을 무너뜨린다. 예수는 우리의 윤리적·율법적 올바름이 우리를 하느님 나라에 들어가도록 하는 것이 아님을 말한다. "세리들과 창녀들이 여러분보다 먼저 하느님 나라에 들어갑니다"(마태 21.31). 하느님은 베푸심이라는 사실을 잊어버린 사람들에게 예수의 이런 말씀은 비합리적이다.

예수는 병자들을 고친다. 예수는 그들을 악의 논리에서 해방시킨다. 하느님은 고치고 살리시는 분이다. 하느님은 죄의 대가로 병고를 주시는 분이 아니시다. 예수의 병 고침은 하느님이 용서하신다는 사실을 사람들에게 보여주는(마르 2.5) 하느님의 일(요한 5.17; 9.3)이었다.

예수가 우리에게 권하는 것은 하느님의 함께 계심으로 말미암은 놀이, 곧 우리 삶의 변화이다. 우리 삶의 여백에 무상성은 이미 들어 있다. 그것에서 시작하여 하느님의 이름을 해석하고 그 이름을 부르는 놀이가 있어야 한다. 이것이 신앙이다. 복음은 기쁜 소식이다. 우리가 사는 무상성을 깨닫게 하고 그것을 자극하는 것이다. 하느님의 무상성이 우리에게 다가오고 있다. 하느님의 나라가 다가오고 있다는 예수의 말씀이다. 이것이 급박한 결단을 요구하는 것은 우리는 이미 그 무상성 안에 태어났고 그 안에서 살고 있기 때문이며, 그것은 또한 하느님이기 때문이다.

그 시대 종교 지도체제와 율법에 대한 예수의 자유스런 행동은 그 대가를 치르게 된다. 그것이 예수의 죽음이다. 그러나 하느님 아버지에 대한 예수의 열정은 죽음의 위협도 좌절시키지 못하였다. 죽음에 임하는 예수의 자세 안에 초대교회는 베푸시는 하느님, 대가를 요구하지 않고 철저하게 스스로를 "내어주고 쏟는" 하느님의 모습을 보았다. 아버지가 베푸시는 분임을 강조하였듯이 예수도 스스로를 주는 모습으로 죽어갔다. 죽음의 휘장 뒤에 무엇이 있는지를 묻지 않고 아버지에 대한 신뢰만으로, 그러나 인간이기에, 죽음 앞에 불안으로 전율하면서 죽어갔다. 그리고 이 신뢰는 무상으로 베푸시는 하느님에 대한 것이었기에 헛되지 않았다는 것이 부활이다.

이런 예수를 체험한 제자들은 예수가 하였듯이 하느님의 베푸심을 살았고 이것이 전승되면서 그리스도교 신앙 전통이 발생한다. 우리는 세례와 더불어 그 안에 편입된 사람들이다. 이 전승은 시대에 따라 그 모습은 달라도 여러 형태를 지닌 베풂의 이야기들을 낳았다. 우리는 그 이야기들 안에 인간이 되신 하느님의 사랑이 남긴 역사적 모습들을 본다. 피를 흘려서 하느님이 어떤 베푸심인지를 보인 사람들도 있었다. 자선으로, 봉사로, 명상으로, 사색으로 혹은 선교로 시대에 따라서 강생한 베푸심의 역사적 모습들은 달랐다. 그러나 모두가 하느님의 사랑을 인간 안에 강생시킨 모습들이다. 예수 시대에 종교제도와 율법이라는, 하느님 아닌 것이 하느님으로 군림하면서 예수를 말살한 것과 마찬가지로, 이 사랑의 이야기가 소중한 것이 되지 못하게 하는 우상은 시대에 따라서 여러 가지로 다양했다. 우리 안에 성령으로 살아 계시는 예수는 우리가 겪는 십자가에 "어느 날이나 항상"(마태 28,20) 함께 계시다.

4. 맺는 말

"예수 성심"은 유럽 중세와 현대 그리스도 신앙언어 안에 중요한 자리를 차지한 깃발과 같은 것이다. 시대에 따라 그리스도 교회가 애용한 깃발들이 있었다. 중기 플라톤 사상적 합리주의에 물든 아리우스의 주장이 보급되는 4세기 그리스도교 문화권에 "아버지와 아들의 실체적 동일성"이라는 표현은 올바른 그리스도교 신앙의 깃발이었다. 5세기 이후는 "삼위일체"가 전통 그리스도 신앙을 말하는 또 하나의 깃발이었다. 트렌토 공의회 후에는 프로테스탄트 개혁가들이 마리아와 성찬의 의미를 격하시킨 데 대한 반작용으로 "마리아"와 "실체적 변화"가 반프로테스탄트적 가톨릭 교회의 깃발이었다. "예수 성심"은 유럽 중세와 근세 및 20세기 전반의 신앙언어 안에 오랫동안 가톨릭 교회 영성과 신심을 요약하는 깃발과 같았다.

하느님은 사랑이시고 스스로를 베푸시는 분이시다. 예수는 "자신을 비우시어 종의 모습을 취하시고 … 자신을 낮추시어 죽음, 곧 십자가의 죽음에 이르기까지"(필립 2.7-8) 스스로를 베푸신 분이었다. "예수 성심"은 하느님이 베푸심임을 말한다. 상처받으신 예수를 위로한다 혹은 보상한다는 말은 그 베푸심에 인간이 참여하여 그것을 실천한다는 시대적 표현으로 보아야 할 것이다. 초대교회는 요한복음을 따라 예수의 "옆구리"에서 우리의 구원이 흘러나왔다는 사실을 말하였다. 중세로 들어오면서부터 "예수 성심"은 시대적 감상주의와 경건주의 및 낭만주의로 채색되기는 하였어도 예수로 말미암은 헌신적 실천이 발생해야 함을 말하는 것이었다. 그 결과는 실효성이 있는 것이었다.

주요 참고 문헌

A. Hamon, "Coeur (Sacré)", *Dictionnaire de Spiritualité*, II,1, Paris, 1953, 1023-46.

B. de Margerie, "Sacré-Coeur (Dévotion au)", *Catholicisme Hier Aujourd'hui Demain*, XIII, Paris, 1991, 293-303.

H. Rahner, "On the Biblical Basis of the Devotion", *Heart of the Saviour, A Symposium on the Devotion to the Sacred Heart*, Herder and Herder, Freiburg, 1957, 15-35.

H. Rahner, "The Beginnings of the Devotion in Patristic Times", 위의 책, 37-57.

J. Stierli, "Devotion to the Sacred Heart from the End of Patristic Times down to St. Margaret Mary", 위의 책, 59-107.

J. Stierli, "The Development of the Chruch's Devotion to the Sacred Heart in Modern Times", 위의 책, 109-55.

K. Rahner, "Some Theses on the Theology of the Devotion", 위의 책, 131-55.

J. Stierli, "The Dogmatic and Religious Value of the Devotion to the Sacred Heart", 위의 책, 193-209.

⑩

수도생활

들어가면서
1. 현대인의 감수성
2. 신앙언어의 변화
3. 교회
4. 수도자
4.1 신체험의 현장
4.2 권위
4.3 예언자적 비판 기능
5. 수도자를 위한 복음적 권고
나오면서

들어가면서

수도생활은 교회 안에서 어떤 소외와 제한의 상황을 살면서 쇄신과 "예언적 비판"의 기능을 하는 생활양식이다. 수도생활은 교회와 더불어 발생하지 않는다. 300년의 세월이 흐른 후 교회가 필요로 할 때 교회 안에 복음적 기억을 되새기는 봉사를 위해 출현한다.[1] 각 수도회의 창립도 같은 맥락에서 이해되어야 한다.

한국에서는 현재 각 수도회마다 성소자의 확보에 어려움을 겪지는 않지만 제2차 바티칸 공의회 이후 서구 각국의 수도원들은 새로운 입회자가 급격히 줄었고 수도자들의 노령화와 더불어 각 수도회가 담당하던 과거 사도직 현장에서의 후퇴는 우리가 잘 알고 있는 현실이다. 한국에 여성 수도생활 지망자가 많다는 것은 한국의 사회적 여건과 한국 여성의 특수성[2]에서 설명될 수는 있어도 다른 나라에서 보지 못하는 신앙적 동기로 설명하기는 어려울 것이다. 그렇다면 일반적으로 거론되는 현대세계 안에서의 수도자 정체성의

---

[1] 진 토마스, 「교회 안에서의 수도생활의 역사」, 『오늘의 수도자들』, 분도출판사, 1987, 22.

[2] 한국 여성은 외유내강(外柔內剛)하다. 그들은 온건함 뒤에 어떤 맹렬함을 숨기고 있다고 하겠다. 한국 여성은 자기가 꼭 해야 하는 일이라고 생각하면 어려움을 감수하면서 그 일을 잘 해낸다. 비슷한 사실을 지적하는 글이 있다. "대체로 한국 여성은 역사적으로 일정한 주인의식을 가지고 능동적으로 대처함으로써 불리한 조건 속에서도 중요한 지위를 차지하는 슬기를 보여주었다. … 우리는 과거의 여성상에서 적극적이고 정열적이면서 한편으로는 엄격하고 성실한 여성상을 보아왔다"(하현상, 「한국 여성상의 형성」, 『한국 여성의 전통상』, 민음사 1985, 28쪽). "전체적인 성향의 흐름 속에서 때때로 강렬한 굽힐 줄 모르는 지구력과 추진력과 행동력을, 때로는 완고한 집념, 격정을 수반한 논쟁이 '치맛바람'의 이름으로 표면에 나타나지만 그것은 현대 한국 여성의 주된 면모라기보다 권력욕과 지배욕이라는 원시적 모성본능의 극단적 표현이거나 자기 개혁의 일시적 몸부림이다"(이부영, 「한국 민담 속의 여성 원형상」, 위의 책, 100).

모호함이 우리 나라 현실에서는 적용되지 않는다고 말하지는 못하겠다. 문제의 긴박성은 많은 사람들에 의해 외면되고 있으나 그 심각성은 엄연히 한국 교회 안에 내재하고 있음을 본다.

성직자의 성소 격감과 함께 수도자 성소의 격감은 일반적으로 그 정체성에 대한 불확실함 때문이라고 생각한다. 과거 사회에서는 복음적 권고를 따르는 "가장 좋은 몫"(루가 10.42)을 택한 사람들이라는 확신이 있었지만 현대에는 그 확신이 없어졌다. 세례를 받은 모든 신자는 모두 복음적 권고에 불려진 것이다. 따라서 수도자의 특수성을 말하려면 쉽지 않다. 진 토마스 신부도 최근의 글에서 "일반 신자들과 수도자들의 차이는 전자는 추종을 더 정신적으로 그리고 더 광범위한 뜻으로 수행하는 반면에, 후자는 추종을 더 엄밀한 뜻으로 이해해서 옛날 예수와 제자들의 생활을 더 구체적으로 모방하는 것이다"[3]라는 말씀으로 신자의 신앙생활과 본질적으로 다른 것이 아님을 말한다. 그렇다면 수도자들은 신자들이 모르는 진리를 사는 것도 아닌데, 어떻게 그들이 증인의 역할을 할 수 있으며 교회를 위해 복음적 비판의 역할을 할 수 있나?

현대교회 전체가 안고 있는 문제로 수도자들에게도 지대한 영향을 주는 것은 현대 신앙언어의 위기라고 하겠다. 우리는 과거의 문화권에서 발생하여 통용되던 언어를 사용하고 있다. 과거에는 의미가 있던 언어가 현대에 와서는 그 의미를 상실하고 만 것이다. 예를 들면 하느님 나라, 의화, 구속, 속량, 희생제물, 봉헌, 금욕 등등.

인간은 언어 안에서 살아간다. 신앙의 언어가 위기를 겪는다는 말은 신앙이 어떤 위기를 겪고 있다는 것을 의미한다. 현대인으로서의 올바른 감수성이 있는 곳에 현대인으로서의 영성이 있을 수 있고 그것은 현대적 신앙언어를 발생시킬 것이다.

---

[3] 「공관복음에서의 예수 따름」, 『영성생활』, 1990, 창간호, 21.

장 클로드 기Jean Claude Guy는 유고집[4]에서 수도자의 영성은 세 개의 충실함이 만나는 곳에서 나타난다고 말한다. 자기가 속한 수도 공동체의 기원에 대한 충실함, 수도자 각자에게 영감을 주시는 성령의 부르심에 대한 충실함 그리고 수도자의 존재 이유가 되는 세상과 교회에 대한 충실함이다.

수도자는 자기가 속하는 공동체의 설립 기원에 그 창설자가 개척한 하느님 체험의 길에 충실하도록 노력하되 오늘 각자에게 영감을 주시는 성령에 충실하여 그것을 변형시키는 창조적 노력도 해야 한다는 것이다. 그런 노력이 전혀 없이 과거 기원의 체험에 충실하기 위한 노력만 한다면 기원의 것을 완전한 것, 성스러운 것으로 생각하고 우상화할 뿐 아니라, 자기 삶에 맡겨진 새로운 증언의 책임을 외면하는 우를 범하게 된다. 그와 반대로 우리에게 오는 개인적 영감을 기원에 대한 충실함으로 여과하지 않으면 가지치기를 전혀 하지 않은 나무와 같아서 밑에서 올라오는 수액이 열매를 맺지 못한다. 아무것이나 성령에서 오는 것으로 쉽게 생각하는 사람은 자기 환상의 장난감밖에는 되지 못한다.

수도자는 동시에 자기가 살고 있는 세상과 교회에 충실하기 위해 노력해야 한다. 이 노력이 개인적 영감이나 기원에 대한 충실함을 올바른 것으로 해줄 것이다. 자기가 사는 세상과 시대에는 자기를 위한 하느님의 말씀이 새겨져 있다는 사실을 잊지 말아야 한다. 따라서 오늘의 세상과 교회를 외면한 신앙생활과 수도생활은 한 개인이나 단체의 아집으로 전락할 위험을 안고 있다.

이상 세 가지의 충실함이 만나는 곳에서 수도생활의 쇄신과 성장이 시작된다는 것이 위 저자의 주장이다. 여기서 우리가 주목할 것은 수도자 개인과 그 수도자가 사는 세상과 시대이다. 과거에는 확

---

[4] *La vie religieuse, mémoire évangélique de l'Eglise*, Le Centurion, 1987, 115 이하.

실했던 것이 오늘은 그렇지 않을 수 있고 과거에는 충만한 의미를 전달하던 언어가 오늘은 그렇지 못할 수 있다.

  이 글은 과거와 현대의 감수성의 차이를 제시하고 그 감수성에서 그리스도, 하느님, 교회에 대해서 어떤 언어가 발생하는가를 생각해 봄으로써 현대 수도자를 위한 신체험神體驗의 현장과 양식을 생각해 보려는 것뿐이다. 수도자 고유의 신체험이 있고 그것을 사는 사람이 언어를 발생시키면 수도자의 정체성에 대한 말이 될 것이다.

1. 현대인의 감수성

계몽주의에서 시작한 현대의 감수성은 과학기술 문명의 발달과 보급으로 현대인의 감수성을 과거의 것에서 크게 변화시켜 놓았다. 과거는 형이상학形而上學이 지배하던 시기이다. 모든 것은 인과율에 의해서 설명되었다. 형이상학에서 역사는 우연의 범주에 속하는 것으로 인간의 삶에 본질적인 것이 되지 못하였다. 따라서 역사의 진보와 발전은 무시되었다. 인간은 자기가 생성되는 순간에 획득한 실체를 역사라는 공간 안에 발휘하면서 살아가는 것이었다. 최고유最高有로 인식된 하느님을 정점으로 존재의 서열은 당연한 것이었다. 존재의 서열이 높으면 높을수록 그 존재의 실효성은 큰 것이었다. 따라서 신분이 높다는 것은 권위가 있다는 것을 의미한다. 이런 사고방식은 사물의 다양성을 극복의 대상으로 생각하고 존재론적 서열이 높은 것에 동화同化되는 것을 이상으로 한다. 종은 주인과 같이, 어린이는 어른과 같이, 신앙인은 하느님과 같이, 비신앙인은 신앙인과 같이, 식민지의 주민은 지배국의 주민과 같이 되는 것이 가장 이상적인 것이었다. 이 논리가 시종일관 전제하고 있는 질서는 하위下位자의 상위上位자에 대한, 또 약자의 강자에 대한 의무와 순종이다. 이 의무와 순종은 하위자와 약자가 진보, 발전할 수 있는 유일한 길이다.

  현대인의 감수성에는 존재한다는 사실이 중요한 것이 아니라 존재하는 것들의 상호관계가 중요하다. 원자물리학은 양자陽子, 전자電子, 중성자中性子 등의 존재를 논하지 않고 그것들의 상호작용이 어떤 핵분열 현상을 일으키는지를 관찰한다. 존재들의 상호관계가 현대인의 관심사이다. 존재의 형이상학적 서열이 존재의 실효성을 가져다주는 것이 아니라 다양한 존재들과의 다양한 관계에서 그 존재의 기능이 정해지고 이 기능은 곧 그 존재의 실효성과 연결된다. 현대 세계에서는 권위가 존재와 신분에서 발생하는 것이 아니라 한 개체가 그 주변과 가지는 관계의 진실성과 실효성에서 나타난다.

현대인에게 역사는 인류와 세계가 발전해 나가는 현장이다. 이 역사 앞에 현대인은 숙연함을 느낀다. 현대인은 모든 사물이 관찰될 수 있는 과정을 거쳐서 이루어졌다는 것을 안다. 현대과학은 사물의 생성 과정이 정확하지 않으면 그 사물의 기능을 신뢰할 수 없다는 것도 가르쳐주었다. 따라서 현대인은 생성 과정이 분명하지 않은 사물이나 언어를 신뢰하지 않는다. 현대인을 위한 신앙언어도 그 언어의 발생 과정을 말할 수 있어야 한다. 그것을 말할 때만 그 언어가 지닌 의미가 전달된다. 모든 사물과 언어의 발생 과정은 공개되어 있을 때만 신빙성이 있다.

현대인을 지배하는 것은 다양한 것이 조화를 이루어 큰 효과를 내는 다원多元성의 논리이다. 서로 다른 것이 공존할 뿐 아니라 그것들의 다양한 작용이 인간적이고 풍요로운 삶을 가져다준다. 서로가 다르다는 것은 극복해야 하는 장애요소가 아니라 상호보완과 조화와 발전의 계기가 된다. 여기서 인간 상호간을 연결시키는 다원성이 조건으로 하는 것은 인간의 자유이다. 인간은 자유로울 때 인간다운 관계를 맺을 수 있고 이웃과 사회를 위해 기여할 수 있으며 아름다움과 풍요로움을 가져다줄 수 있다. 오늘날 인간 자유를 증대시키는 것이 창조적이고 구원적인 것이며, 자유를 제한하는 것은 비인간적이며 창조를 역행하는 비구원적이라는 사실을 부정할 사람은 아무도 없다.

자유는 무질서와 방종을 의미하지 않는다. 사회의 모든 법은 그것이 민주적인 것일 때 인간 자유를 증대시킨다. 도로교통법은 도로상에서 이동하는 모든 사람의 자유를 공평하게 보장한다. 형법과 민법이 없으면 그 사회의 구성원들이 자유롭게 활동할 수가 없을 것이다. 현대인의 감수성에 영합하는 언어가 어떤 것인지를 보기 위해 자유민주국가의 어떤 대통령[5]이 취임식에서 행한 연설문의 몇 구절을 들어보자.

> 새로운 미풍이 불어오고 있고 "자유"로 새로워진 이 나라는 전진할 준비가 되어 있습니다. 세계의 위대한 국민들은 "자유"를 향한 문을 통해 민주주의로 전진하고 있습니다. 전세계인들은 번영을 향한 문을 통해 "자유"시장체제로 움직이고 있습니다. 세계인들은 오직 "자유"만이 허용할 수 있는 지성적·도덕적 만족을 향한 문을 통해 사상의 "자유"와 표현의 "자유"를 요구하고 있습니다. 우리는 무엇이 제대로 작용하는가를 알고 있습니다. "자유"입니다. 우리는 무엇이 옳은가를 알고 있습니다. "자유"입니다. 우리는 인류의 더 정당하고 번영된 삶을 보장하는 길이 무엇인지를 알고 있습니다. "자유"로운 시장제도와 "자유"로운 언론, "자유"로운 선거 그리고 국가에 의해 제외당하지 않는 "자유"의지의 실천을 통해서입니다.

다시 한번 더 요약하면 과거 사고방식은 존재, 인과율, 권위, 동질성의 추구, 의무 등이 지배하는 언어를 낳는 반면 현대의 사고방식은 역할, 실효성, 과정, 역사, 확인, 상이相異한 것들의 상호작용과 화합의 추구, 자유 등의 언어를 낳는다.

---

[5] 미국 부시 대통령의 취임사, 「동아일보」, 1989년 11월 21일자에서 인용.

2. 신앙언어의 변화

과거에는 예수라는 인물을 인과율에서 보았다. 그분은 하느님의 아들로 인간이 되신 분이다. 칼케돈 공의회가 정의한 대로 그분은 온전한 하느님이고 온전한 인간이다. 그러나 여기서 존재론적 서열이 우위인 하느님이라는 점만 우리의 시선을 독점하기 때문에 하느님이심을 말하기 위해 기적과 부활에 대한 장황한 논증을 하지만 그분이 인간이라는 점에 가서는 출생, 성장, 먹고 마심, 죽음 등 모든 인간에게 공통된 것만 이야기한다. 결국 예수라는 분 안에는 하느님이 숨어 계시다는 것 외에 아무런 메시지가 나타나지 않는다. 이렇게 되니까 그분으로 말미암아 이룩된 구원을 말하기 위해, 하느님이기에 감당할 수 있었던 십자가 고통의 혹독함과 아버지께 바친 화해의 제사라는 일반 종교사에서 빌려온 개념을 등장시켜야 하고 하느님의 자비와 사랑은 이차적인 것이 되고 말았다.

현대의 그리스도론은 먼저 역사 안에서 확인되는 역사적 예수의 모습에서 시작한다. 신앙인과 비신앙인들이 남긴 문헌들을 근거로 역사 안에서 예수의 모습을 확인해 본다. 그리고 예수의 삶과 죽음의 과정 안에서 그분에게서 확인할 수 있는 하느님 아버지에 대한 일관된 말씀과 아버지에 대한 그분의 자세에서 관찰할 수 있는 아버지와의 특수한 관계를 확인한다. 그렇게 확인된 예수의 모습에서 아버지를 보여주고 인간이 무엇인지를 보여주는 그분의 역할을 확인한다. 예수는 이 역할에 충실한 나머지 역사적으로 확인 가능한 유대인들과의 갈등을 겪게 되었다. 예수는 당신 개체의 생존보다 당신의 사명, 곧 아버지를 보여주고 아버지의 자녀로서 인간의 모습을 보여주는 역할에 충실했던 나머지 십자가에 죽으셨다.

부활은 예수의 말씀과 행동이 하느님의 것이었다는 사실을 하느님이 확인해 준 사건이다. 따라서 "예수는 그리스도"요 "하느님의 아들"이라는 신앙고백이 제자들에게서 생겨난다. 부활하신 분에 대한 말은 관찰의 언어가 아니다. 예수의 삶과 죽음과 부활에 대한 신앙인들의 회고回顧가 표현한 신앙고백의 언어이다. 인간이 하느님과 가질 수 있는 타당한 관계는 신앙뿐이기에 이 고백은 하느님과 함께 계시는 예수를 표현하는 양식이다. 하느님에 대한 말은 인간이 스스로 변하면서만 가능한 것이다. 제자들은 죽은 예수가 하느님과 함께 살아 계시다고 증언하면서 죽어갔다. 이것이 초대교회의 복음 선포 안에서 우리가 확인할 수 있는 예수 그리스도에 대한 신앙언어의 발생 과정이다.

예수의 죽음과 부활에서 확인되는 구원적 실효성은 무엇인가? 예수는 아무라도 제자가 되려면 자기의 십자가를 지고 당신을 따르라고 말씀하신다. 십자가는 예수가 하느님이 계시지 않는 어둠과 절망 안에서도 하느님을 부르면서, 하느님이 하시는 일만이 소중하다는 사실을 믿고 실천한 결과였다. 예수는 자기의 뜻이 아니라 아버지의 뜻이 이루어지도록 산 인물이었다. 십자가는 인간 예수의 한정된 자유가 하느님의 자유로 승화되는 문이었다.

예수 그리스도는 우리의 자유를 성취시키고 승화시키는 데 결정적 역할을 한 인물이다. 예수의 생애와 죽음에서 확인되는 것은 재물, 명예, 권력 등의 소유욕에서 해방되면서 형제와 하느님 앞에 자유스런 인간이 될 수 있다는 교훈이다. 우리는 끊임없이 그런 것의 노예로 스스로를 전락시킨다. 예수 그리스도는 그런 노예상태에서 우리가 해방되어 자유로울 것을 촉구한다. 예수는 원수를 사랑하라고 가르쳤을 뿐 아니라 억울하게 죽어가면서 죽이는 자에게 죽이는 힘, 곧 증오의 힘을 발동하지 않음으로써 하느님 자녀의 자유가 어떤 것인지 보여주었다.[6] 우리의 인과응보 사상에 기반을 둔 인간 미움의 논리가 어떤 것인지 들어보자. "파괴자 바빌론아, 네가 우리에게 입힌 해악을 그대로 갚아주는 사람에게 행운이 있을지라. 네 어린것들을 잡아다가 바위에 메어치는 사람에게 행운이 있을지라"(시편 137.8-9). 바빌로니아에 유배간 이스라엘의 분노와 증오가 담긴 글이다. 가해자가 보여준 증오의 논리에 사로잡혀 있는 인과응보 원리이다. 예수의 삶과 실천들 안에 우리를 위한 하느님의 일을 보는 사람이 그리스도인이다.

과거 신학에서는 하느님을 형이상학적 존재 서열의 정상을 차지하시는 분이라는 의미에서 최고원리, 그보다 더 큰 분을 생각할 수 없는 큰 분, 또한 모든 것의 제일원인 등으로 표현하였다. 따라서 이 존재론적 서열에서 정상이라고 생각되는 것은 모두 하느님을 표현하는 것으로 받아들여졌다. 만선만덕萬善萬德의 순전한 신이고 만물을 창조하신 분, 영원하신 분, 전지全知하신 분, 무량無量하신 분, 공의公義하신 분, 전능全能하신 분, 전선全善하신 분임을 말한다. 이런 하느님의 속성을 나열한 다음에 거론되는 하느님의 자비하심은 강자가 무자비하게 보이지 않기 위한 말 정도로밖에는 들리지 않는다. 이 하느님은 상선벌악이라는 인과응보의 인간 이념을 벗어나지 못한다. 이 하느님은 예수의 실천에서 확인되는 아버지이신 하느님과는 거리가 멀다.

하느님에 대한 이런 언어는 한 사람을 정점으로 한 과거의 군주제도만을 체험하면서 산 사람들에게는 무리없이 통용될 수 있었다. 그런 제도 안에서 지배자가 끊임없이 제시하는 것은 상선벌악이고 그것의 공의로운 적용이 그 사회의 이상이었다. 자비로움은 통치자가 때때로 보일 수는 있는 덕목이지만 그것이 지나치면 무질서와 정의의 손상을 가져온다는 사실을 모두 알고 있었다.

---

[6] Ch. 뒤꼭, 문세화·박영식 공역, 『예수는 자유의 몸이시다』, 분도출판사, 1976, 88-100.

오늘날 하느님에 대한 이해는 달라졌다. 먼저 예수의 말씀과 삶 안에서 하느님이 어떤 분인지를 보아야 한다. 예수 안에 확인되는 하느님은 사랑하고 용서하고 사람들을 살리시는 분이다. 일반 종교사에서 확인되는 신관神觀과는 대조적이다. 하느님이 사랑이라는 말(1요한 4,16)은 예수가 아버지라 부른 하느님을 요약하는 말이다. 사랑은 사랑하는 상대를 위해 무엇이라도 되어주는 것을 말한다. 하느님의 전능하심, 영원하심 등 우리가 하느님의 초월성超越性이라 부르는 것은 그분은 사람들을 위해 무엇이나 되어주고도 스스로 하느님이심을 잃지 않는 분이라는 사실을 의미한다.[7]

예수가 하느님에게 사용한 호칭은 아버지이다. 제자들도 그 호칭을 사용하도록 가르쳤다. 아버지라는 개념이 우리 각자에게 전달하는 영상은 각자 다르겠지만 우리는 이것을 하느님께 사용하기 위해 우리 각자의 마음속에 있는 아버지의 표상을 비워야 한다.[8] 하느님을 아버지라 부르면서 우리는 그분이 우리 생명의 기원이며 그분과 우리는 다르다는 사실을 인정한다. 하느님이 우리 생명의 기원이시면 우리는 그분의 생명을 살아야 한다. 예수 그리스도 안에 확인된 바에 의하면 그분은 사랑하고 용서하는 분이었다. 우리는 그분을 아버지로 부르기 위해 사랑하고 용서하는 삶을 살아야 한다. 노예는 주인의 자리를 탐내고 주인이 가진 것을 누리기 위해 주인에게 봉사한다. 그러나 자녀는 아버지가 아버지로 계시는 것이 좋은 것이다. 자녀는 아버지의 자리를 탐내지 않는다. 우리가 하느님을 아버지라 부를 때는 우리 스스로는 아버지가 아니라는 사실을 인정하는 것이다. 아버지가 자기와 구별되는 아버지로 계시다는 사실과 아버지를 존경하고 사랑할 수 있다는 사실이 고마운 것이다. 인간

---

[7] K. Rahner, *Grundkurs des Glaubens*, Herder, 1976, 125-6.

[8] P. Ricoeur, *Le conflit des interprétations*, Seuil, 1969, 476.

이 하느님을 아버지라 부를 때는 하느님의 전능하심을 탐하는 노예가 되는 것을 의미하지 않는다.[9] 하느님을 아버지로 부르는 것은 아버지와 아들의 다름은 아들에게 위협이 아니라 사랑과 신뢰의 근거라는 사실을 고백하는 것이다. 아들이 아버지를 부르면 아버지의 시선이 아들에게 있듯이 또 이 부름 안에서 서로가 사랑함을 인정하듯이, 사람은 하느님을 아버지로 부르면서 하느님이 가까이 계시다는 사실과 하느님이 자기를 사랑하신다는 사실을 확인한다.

인간이 아버지라 부르고 접근하는 하느님은 개방이고 대화이며 나눔이다. 이것이 하느님은 사랑이라는 말의 의미이다. 그분과의 일치는 아무런 틈이 없는 완전함 안에 있는 것이 아니다. 이것은 상호소통의 완전함으로서 둘의 차이점을 모아서 그것을 존중하면서 있는 일치이다. 이것은 교회가 성령강림에서 체험한 것이고 삼위일체 신비가 표현하는 것이다. 그리스도적 신비는 동일함을 위해 다양성을 소멸하는 신비가 아니라 다양성을 존중하면서 하나가 되는 결혼의 신비와 같다. 각자의 자유 안에서 이룩되는 계약과 소통과 사랑의 신비이다.

하느님이 사랑이라면 당신의 피조물과의 대화에 들어가면서 당신의 완전함을 조금도 손상시키지 않는다고 생각할 수 없다. 강생과 십자가의 죽음은 하느님의 완전함, 사랑의 완전함이 어떤 것인지를 증언한다. 하느님은 스스로 연약한 존재가 되면서 당신의 거룩함이 어떤 것인지를 보여주었다. 하느님이 스스로 연약한 자가 되었다면 이렇게 스스로를 보여주신 그 현장에서 우리는 그분을 발견할 수밖에 없다. 거기에서 인간은 인간다워지고 또한 하느님의 자녀다워지는 것이다. 하느님은 당신을 관상觀想하라고 그 현장에 계시는 것이 아니라 우리를 위한 당신의 투쟁에 우리도 참여할 것을 원하며 계

---

[9] Ch. Duquoc, *Dieu différent*, Paris, 1978, 143-4 참조.

시다. 이 현장에 우리의 자유는 활동하도록 불려진 것이다.[10]

　하느님을 발견하기 위해 인간은 자유로워야 하고 형제인 다른 사람들과 세상과의 유대 안에 불려진 자기의 운명에 대해 끝까지 책임져야 한다. 이것이 진리 안에서 하느님을 만나는 길이다. 인간은 세계를 인간화하는 데에 불려진 존재이다.

---

[10] J. 몰트만, 김균진 역, 『십자가에 달리신 예수』, 한국신학연구소, 1987, 259-62 참조.

3. 교 회

과거의 교회론은 교회 설립을 역사적 예수에 연결시켜서, 보이는 교회 현상 뒤에 보이지 않는 예수 그리스도의 뜻을 교회의 존재론적 원리로 삼는다. "그대는 베드로입니다. 나는 이 바위 위에 내 교회를 세울 터인데 …"라는 말씀에서 교회의 기원을 보고 예수의 명백한 명령이 교회의 존재원리라고 생각하였다. 예수가 교회를 베드로 위에 세웠으니까 교회는 한 사람의 권위 밑에 있고, 지역교회는 그 한 사람이 위임한 사도들의 후계자라는 주교 밑에 있다는 논리였다.[11] 모든 사회조직이 한 사람을 중심으로 그 사람의 권위 밑에 존재하던 시기에 이런 교회관은 당연한 것으로 받아들여졌다. 교회는 그리스도의 신비체, 성령의 궁전이라는 표상들도 교회 교계제도의 권위를 격상시키고 모든 것은 하느님의 보장하에 된 것인 양 생각하도록 해석되었다.

오늘은 예수가 지상 생애중에 교회를 세우지 않았다는 신약학계 통설[12]을 받아들인다. 예수가 그 생애중에 교회를 세웠다면 초대교회의 사도들에게는 대단히 중요한 사건이다. 따라서 모든 복음서들이 그 사실을 보도해야 할 것이다. 그러나 마태오 복음서만이 그 사실을 언급하고 있다. 예수가 교회를 직접 세웠다면 당신이 하실 일

---

[11] 이런 논리의 발언이 최근 활자화된 것 두 가지만 소개한다. "하느님 명령은 주교를 통해 내려집니다. 아무리 옳은 일이라도 주교가 하지 말라고 하면 하지 말아야지. 주교는 틀릴 수 있어도 주교에게 순명하는 사람은 틀릴 수 없습니다"(가톨릭 노동사목 전국협의회, 「노동사목에 대한 그리스도인의 고민」, 『노동사목 자료집』, 1990.10.30). "사제로서의 충만성은 주교이고, 주교가 곧 교회이다", 『생활성서』, 1990.12, 63.

[12] 정양모, 『마태오 복음서』, 분도출판사, 1990, 147 참조.

은 모두 한 것이기에 그 죽음의 비극성은 반감된다. 제자들의 설교도 예수의 죽음을 주제로 하지 않았을 것이고 십자가에 죽고 부활한 예수 그리스도에 대한 설교가 아니라 예수가 지상 생애중 가르친 하느님 나라에 대한 설교를 지속하였을 것이다.

현대인의 감수성은 역사적 과정을 중요시한다. 예수의 죽음에서 그분의 실체를 본 제자들은 절망 가운데 흩어졌고 부활을 체험하면서 다시 모여서 교회를 발생시켰다. 그들은 예수가 죽기 전에 남긴 성찬을 행하면서 그분의 제자됨은 "여러분을 위해서 내어주는 몸, 여러분을 위해서 쏟는 피"에의 참여라는 사실과 이것이 실제 생활 안에서 어떤 변화를 의미하는지를 깨달으면서 교회는 발족되었다.

제자들은 죽고 부활하신 예수 그리스도를 중심으로 교회 공동체를 형성하고 죽고 부활하신 예수 그리스도를 선포하면서 예수가 한 복음선포를 지속한다고 믿었다. 그분이 십자가에 죽으면서 보여준 것은 앞을 향한 최대의 노력을 하고 그 노력이 온전히 실패하더라도 하느님이 하실 일에 신뢰하면서 그 실패를 감수하는 것이다. 교회 공동체는 이 앞을 향한 노력과 실패의 감수를 병행시켜 실천하면서 발전하였다.

예수는 떠났고 제자들은 남았다. 그리고 이 제자들은 교회가 되었다. 예수가 교회를 세웠다고 말할 수 있다. 그러나 그것은 하느님이 세상을 창조하셨다는 말과 같은 의미에서 알아들어야 한다. "바다가 물러나면서 육지가 나타나듯이 하느님이 물러나면서 세상이 나타나고 예수가 물러나면서 교회가 나타났다."[13] 게쎄마니에서 홀로 된 예수의 모습이나, 체포 당시 "이 사람들은 가게 버려두시오"(요한 18,8)라는 말씀과, 빌라도 앞에서 당신의 나라는 이 세상으로부터 비롯하지 않기에 당신을 위해 아무도 싸워주지 않는다는 말씀(요

---

[13] M. Vidal, *L'Eglise peuple de Dieu dans l'histoire des hommes*, Paris, 1975, 54.

한 18,36) 등은 예수 홀로 어떤 길을 개척한다는 사실을 보여준다. 예수는 홀로 그 길을 개척하여 제자들의 공적이 교회의 기반이 되지 않게 하였다. 예수는 자기의 희생이 자기 자신과 자기 일을 아버지께 내어맡김에 있다는 것을 보임으로써 제자들이 교회가 되면서 "아버지께서 세상에서 (택하여) 제게 주신 사람들"(요한 17,6)을 위해 기도하고 아버지께 맡겨드려야 함을 보여주었다. 이것이 교회 출현의 조건이고 교회 실존의 한계이다.

그리스도교는 권위의 종교가 아니다. 그리스도교의 권위는 증언과 사랑과 봉사의 연약함에 있다. 복음의 새로움을 깨우치고 지금까지 자기를 지배해 온 것과 결별하는 것, 이것은 새로운 율법이라는 성령이 교회 안에서 다양한 형태로 하시는 일이다. 이런 자유가 가능하게 하기 위하여 교회는 세상 안에 가시적으로 제도화되어 있는 것이다.

4. 수도자

과거에는 세상을 외면하고 최고유最高有인 하느님만을 생각하고 하느님만을 섬긴다는 생활이 세상에서 "가장 좋은 몫"이라고 이해되었다. 형이상학적 사고방식에서 가능한 이해였다. 현대사회를 지배하는 것은 과거와 같은 단일한 가치관이 아니다. 현대사회에는 다양한 가치관이 혼합 교차된다. 현대인이 하나의 직업을 택할 때 그것이 최상의 것이기 때문에 택하지 않는다. 자기의 적성에 맞고 그 직업이 그 사회에 기여하는 바가 있으며 자기를 위해 보람있으면 선택한다. 따라서 수도생활에 대한 평가에서도 "최고"와 "최상"이라는 표현을 쓰지 않고 수도생활이 개인을 위해 또 사회를 위해 가지는 의미와 보람을 말할 수 있을 때 수도자의 정체성이 확실해질 것이다.

4.1 신체험의 현장

사도직에 종사하는 수도자들은 이 세상 사람들과 함께 사는 것이다. 그들에게는 세상이 그들 신체험의 구성요소이다. 그들은 이 세상 안에 있는데도 불구하고 하느님을 체험하는 것이 아니라 그들이 이 세상에 있기 때문에 하느님을 체험한다. 사도직에 종사하는 수도자들은 예수의 제자들과 같이 이 세상 안에서 그리스도의 뒤를 따른다.

수도자들이 살아야 하는 세상은 국가간의 관계가 여러 형태의 폭력으로 조정되는 곳이다. 모든 문제를 제외와 소외로써 해결하려는 세상이다. 빈부 격차의 골은 갈수록 깊어지고 가진 자들의 횡포는 더 커져가는 세상이다. 인간이 자유의 소중함을 전례없이 외치면서 실제로는 자유를 잃어가는 세상이다. 과학기술 문명의 혜택으로 인간은 인간이 조작한 것의 홍수 안에서 살아가면서 모두가 하느님이 계시지 않는 양 살아가는 세상이다. 현대세계 안에서 살아가는 수도자도 신부재神不在의 동일한 체험을 하면서 산다. 그러나 "현대의 영적 체험은 하느님 앞에서 하느님의 부재를 사는 것이다. 여기에 이 영적 체험의 역설적인 면이 있다".[14] 수도자는 이 세상에 하느님이 무용지물임을 경험하면서 하느님께 기도하는 순종을 사는 사람이다.

그리스도의 뒤를 따름은 예수가 사람들, 특히 버려진 사람들과 어울리고 그들의 동료가 되어준 것까지 따르는 것이다. "당신의 사람들을 사랑해 오신 그분은 이제 그들을 끝까지 사랑하셨다"(요한 13.1)는 말씀은 사도직이 어디까지 예수를 따르는 것인지를 말해준다. 사람들을 끝까지 사랑하고 그들의 동료가 된다는 것이 어떤 위험이며 어떤 불이익을 감수하는 것인지는 예수의 십자가에서 읽을 수 있어야 한다. 이 위험과 불이익은 사도직에 종사하는 사람이 당연히 감수해야 하는 것이 아니겠는가?

사도직이 두려워해야 하는 것은 생활의 결을 통한 과잉보호이다. 그리스도를 위해 형제자매에게 노출된 생활을 할 때 참다운 기도가 있을 것이다. 기도는 우리의 삶에서 하느님께로 올라가는 신앙의 부르짖음이다. 고통에서, 버려짐에서, 희망에서, 기쁨에서 하느님을 향해 부르짖는 것이다. 부르짖음은 위험과 위기에서 나온다. 우리의 기도가 단조로운 하나의 일과이고 별 의미없는 하나의 수련이라면 우리는 사람들에게서 격리되고 과잉보호된 것이다. 신앙의 위험도, 희망의 과감함도, 사랑의 상처도 우리는 맛볼 수 없는 상태에 있는 것이다. 하느님을 위해 위험을 감수하면서 기도는 살아 있고 참된 것이 된다.[15]

흔히 영성이라면 기도를 생각하고 그것도 관상적 기도만 생각하는 경향이 있다. 영성의 본질적 요소는 여러 가지 형태로 표현되는

---

[14] C. Geffré, *Le christianisme au risque de l'interprétation*, Paris, 1983, 229.

[15] M. Rondet, *La vie religieuse apostolique, témoignage pour l'Eglise d'une expérience de Dieu*, Paris, 1985, 61.

사랑이다. 깊은 기도에서 얻은 힘을 사도직에서 방출하는 것이 아니다. 하느님이냐 사도직이냐 양자택일식 문제제기는 전적으로 잘못된 것이다. 복음은 예수가 하느님과의 관계와 인간과의 관계라는 이중적 관계를 어떻게 동시에 살았는지를 보여준다. 사도직에서 기도가 중요한 것은 하느님의 주도권을 영접하여 나의 계획이 아니라 하느님의 계획이 이루어지게 하기 위함이다.

4.2 권위

교회 안의 권위는 죽기까지 한 사랑과 봉사이다. 수도 공동체도 이 조건을 넘어서지 못한다. 그리스도 신앙은 이 세상에서 어떤 불안과 어떤 소외를 내포한다. 신앙은 이 세상의 가치체계에 역구조적인 면을 가졌기 때문이다. 신앙은 하느님의 일하심이라는 삶의 새로운 장을 열어주기에 우리 통념의 가치체계에 역구조적인 것으로 나타난다. 그리스도교는 이 새로움에로 부르는 종교이다. 과거 세계 안에 머물기 위한 권위의 종교가 아니다. 요한 복음이 전하는, "한 사람이 이 백성을 위해서 죽고 온 민족이 멸망하지 않는 것이 당신들에게 더 이롭다"(11.50)는 가야파의 말은 과거 세계 안에 머물기를 원하는 권위의 종교가 하는 말의 대표적인 경우이다. 그리스도교 권위의 힘은 증언과 죽기까지 하는 사랑의 연약함이고 이것은 그리스도교의 본질을 이루는 새로움이다.

1984년 미셸 도르텔클로도Michel Dortel-Claudot는 1978~1984년 사이에 채택된 145개의 수도회헌을 분석·연구하여 「현대 수도생활에 있어서 순종」이라는 논문을 발표하였다. 그 일부를 소개한다.

순종과 권위에 대해 말하는 방식에 큰 변화를 볼 수 있었다. 먼저 이 회헌들에서 자취를 감춘 단어들이 있다. "명령하다", "명하다", "금하다", "지도하다" 등의 동사가 완전히 사라졌다. "다스리다"는 동사는 총장과 관구장에 대해서 사용된 것을 볼 수 있었지만 지역 장상을 위해서는 전혀 사용되지 않았다. "선언하다", "결정하다"는 동사는 장상들을 위해서 사용되지 않고 총원이나 관구원의 참사회를 위해 사용되었다. "장상의 권한"은 "장상의 기능"으로, "결정"은 "방향제시"로 바뀌었다.

"권위"라는 단어는 남아 있지만 "장상의 권위"라는 식의 권위의 소유주가 없어졌다. 이 단어는 누구의 권위를 말하기 위함이 아니라 추상적 의미로 사용되었다. 권위는 남아 있지만 그것을 누가 행사하는 것인지를 모르는 것같이 되어 있다. "권위-순종"은 결합되어 많이 사용되었지만 권위는 한 위격의 것이 아니라 어떤 원칙과 같다.

권위는 하나의 봉사이다. 장상은 형제들 가운데 한 형제이고 자매들 가운데 한 자매이다. 모든 수도자는 자기가 소속된 수도회에 대해서 책임감을 가져야 한다. 모든 수준의 참여는 필수적이다. 보조적 역할은 중요하고 공동노력은 장려되어야 한다. 그리고 역할은 분산되어야 한다. 이것이 최근 10년간 거의 모든 회헌에서 주류를 이루는 흐름이다.[16]

위의 문서는 수도자의 순종에 대해서는 145개 회헌이 이구동성으로 아버지에 대한 예수의 순종을 근거로 제시하고 있다는 사실을 지적하면서 두 신학자의 말을 인용한다.

> 그리스도인의 순종, 특히 수도자의 순종을 위한 근거로 흔히 예수 그리스도가 아버지께 한 순종을 제시한다. 그러나 우리가 살아야 하는 순종을 위해 이렇게 예수의 예를 찾아야 하는 것인지는 분명하지 않다[미셸 롱데(Michel Rondet)].

---

[16] Michel Dortel-Claudot, *Obéir aujourd'hui dans la vie religieuse*, Centre Sèvres, Paris, 1985, 4-8.

수도자가 살아야 하는 순종의 근거로 예수의 순종을 제시할 수 있나? 복음은 아버지에게 하는 순종이 예수에게 얼마나 근본적인 것이었는지를 잘 보여준다. 그분의 생애는 이 순종 안에서 이루어진 것이다. … 그러나 아버지께 대한 이 순종은 장상에 대한 수도자의 순종과는 다르다. 후자를 전자의 모형에다 맞출 경우 한 인간의 권한에다 자기의 뜻을 맡기는 것이고 장상과 하느님을 동일시하는 결과를 초래한다(로랑 보아베르(Laurent Boisvert)).[17]

4.3 예언자적 비판 기능

예수 시대에 예언자라는 단어는 메시아 혹은 다윗의 아들이라는 단어들과 혼용되었다. 군중은 예수를 메시아 혹은 예언자로 생각하였다. 그러나 예수는 그런 기대에 영합하는 말씀이나 행동을 전혀 하지 않았다. 이 기대에 대한 실망은 결국 예수를 죽이는 일에 군중이 가담하는 계기가 되었다. 예수는 자기 스스로 예언자라고 말씀하지는 않았지만 자기를 예언자로 암시할 때는 항상 죽음과 관련된 예언자이다. "예언자는 자기 고향에서 공경을 받지 못합니다"(요한 4.44), "예언자가 예루살렘 밖에서 죽을 수는 없다"(루가 13.33). 이런 맥락에서 초대교회는 예수의 죽음을 이해하였다. 예수가 예언자라는 신앙고백은 십자가에서 죽은 예수를 의미하게 된다. 본시는 명예로운 호칭이었지만 그리스도교 신앙체험에서는 하느님에 대해서 말하고 죽음을 감수하는 운명을 의미한다.[18]

수도자의 역할을 이 세상 안에서 또 교회 안에서 예언자적 비판이라고 말하기 위해서는 예언자에 대한 그리스도교적 의미를 충만히 담아야 할 것이다. 사도직에 종사하는 수도자는 주위 사람들의 존경과 대접을 기대하는 처신을 하지 말아야 할 것이다. 복음의 새

---

[17] 위의 책, 11.

[18] 샤를르 뻬로, 박상래 역, 『예수와 역사』, 가톨릭출판사, 1984, 191-207.

로움을 살아야 하고 그것으로 말미암아 겪는 푸대접에 십자가를 보는 기쁨을 누려야 한다.

수도자는 이 세상의 모든 생명을 긍정하면서 아버지께 순종한다. 하느님은 생명을 사랑하고 계속해서 생명을 만드신다. 예언자의 역할을 하는 수도자는 모든 생명을 하나의 선물, 하나의 약속, 하나의 부르심으로 영접한다. 이것을 위해 사도적 수도자들이 전통적으로 일해 온 교육, 의료, 사회사업 현장에서의 헌신적 노력은 그들의 예언자적 역할의 수행이다. 교리를 가르치고 세례를 주는 것만이 사도직이라는 생각은 버려야 한다. 예언자적 역할이란 아버지의 일이 성공하도록 아들과 함께 자기의 생명을 바치는 것이고 이것은 자기의 생명이 아버지와 형제들을 위해 나누는 빵이 되게 하는 것이다. 이것은 서로 다른 것이 성령으로 하나 되게 하는 정열을 사는 것이다.

교회를 위한 수도자들의 예언자적 비판은 먼저 세상에서 하느님을 잊고 살아가는 신앙인들에게 기도를 보여주는 것이라야 한다. 이것은 과거 대수도원에서 행해지던 기도와는 다르다. 신앙인들이 그들의 일상생활, 그들의 기쁨과 고통 안에서 하느님을 체험할 수 있도록 도와주어야 한다. 사람들의 삶 안에서 하느님을 찾는 기도라야 한다.

교회는 끊임없이 스스로를 목적으로 제시하고 자기의 전통, 법, 제도 등을 하느님의 것인 양 사람들에게 맹종하도록 요구하는 경향을 가졌다. 교회는 산 위의 도시가 되기 위해 존재하는 것이 아니라 반죽 안의 누룩이 되기 위해 존재한다. 그러나 실제로는 자기 제도의 완벽함, 화려한 대형 성당 건물, 아름다운 전례, 어려운 교리 등에 시선을 빼앗긴 나머지 사람들에 대한 성령의 말씀에는 귀기울이지 않는다.[19]

---

[19] 「한국 천주교회의 존재 의미」, 『사목』 141, 1990.10, 77-87 참조.

수도자의 예언자적 역할은 교회가 하느님의 나라도, 신자들의 목적도 아니라는 것을 깨닫게 하는 데 있다. 수도자로서 사도직에 종사한다는 것은 한편으로는 제도적 교회 안에 있으면서 또 한편으로는 하느님 부재, 인간의 영적 가난함 등 이 세상 변두리의 상황에도 친근감을 가진다는 것을 의미한다. 복음적 권고가 보장하는 자유와 공동체가 보장해 주는 삶은 여기서 의미를 지닌다. 예언자의 용기는 고독과 몰이해를 받아들이는 데에 있다.

5. 수도자를 위한 복음적 권고

수도자는 복음 삼덕三德이라고도 불리는 복음적 권고를 살겠다고 서약한다. 이 수도서원에 대한 해석은 수도회에 따라 조금씩 차이는 있어도 일반적으로 구시대 양자택일의 논리가 작용하고 있음을 볼 수 있다. 청빈淸貧은 이 세상의 재물과 하느님 중 하느님을 택했다는 것을 의미한다. 정결貞潔은 이 세상의 쾌락과 하느님 중 하느님을 택했다는 것이다. 순종順從은 자기의 자유와 하느님 중 하느님을 택했다는 것이다. 이런 해석은 이 세상의 재물, 가정생활과 개인의 자유를 무조건 하느님과 대립관계 안에 있는 것으로 전제한다. 이것은 과거 우열이 있는 형이상학적 이원론에 입각한 양자택일의 논리이다. 물질적이고 육체적이며 개별적인 것은 정신적이고 영적이며 보편적인 것보다 서열이 낮다는 사고방식이다.

오늘날 현실적으로 청빈서원을 한 사람이 참으로 청빈한지 스스로 물어보아야 한다. 대부분의 수도원들은 결코 청빈하지 않다. 수도자들이 장상의 허락을 받아 물질을 사용하기에 청빈하다는 말은 궤변이다. 정결서원을 미화하기 위해 가톨릭 교회는 결혼생활을 격하시켜 놓았다. 순종이라는 미명하에 수도자들을 미성숙하게 만들고 있다는 사실을 알아야 한다.

"청빈"은 "하느님의 함께 계심"을 사는 사람의 세계관 내지 물질관이라고 말하겠다. "사람은 빵으로만 살지 못하고 하느님의 입에서 나오는 모든 말씀으로 산다"(마태 4,4). 인간에게 물질은 필요한 것이지만 삶의 보람일 수는 없다. 물질이 구원을 주지 않는다. "청빈"은 물질을 포기하는 것이 아니라, 인간을 노예로 만드는 물질의 마력에서 해방되기 위해 물질에 구애받는 삶을 포기하는 것이다. 사실 물질이 사람보다 더 강하다. 물질이 사람을 한번 사로잡으면, 온갖 속물 현상이 다 나타난다. 사람의 생애는 한시적이지만 물질은 그렇지 않다. 사람이 죽고 나면 물질은 또 다른 사람을 사로잡아서 추태를 부리게 한다.

인간은 누구나 자기 생명이 지닌 창조적 힘을 발휘하고 그 대가를 얻어 생활한다. "청빈"은 "하느님이 함께 계시기에" 물질이라는 자기 노동의 정당한 대가에 구애받지 않는 자세이다. 또한 물질을 기준으로 형제를 판단하지도 않게 한다. 아버지이신 "하느님이 함께 계시기에" 나는 그 아버지의 시선에서 내가 지닌 물질과 내 형제들을 본다.

"정결" 혹은 수도자의 "독신생활"은 인간이면 정당하게 누릴 수 있는 권리, 곧 배우자와 함께 가정을 꾸미며 안정하는 권리를 포기하는 것이다. 이성異性의 사랑, 자녀 생산, 가정적 안정이 나빠서가 아니다. 인간은 "자기 부모를 떠나 배우자와 결합하여 한몸을 이루고 자식 낳아 번성하며 살도록" 하느님이 창조하셨다. 이 권리를 포기하는 것은 "하느님의 함께 계심"에 더 민감하고 더 충실하기 위해서이다. "하느님이 함께 계시기에" "이 지극히 작은 내 형제들 가운데 하나에게 해주었을 때마다 나에게 해준 것이다"(마태 25,40)라는 말씀을 산다. 형제를 외면하고 아버지를 부르지 못한다. 나의 혈연보다 하느님이 주신 형제자매들을 위한 사랑에 더 충실한다(마르 3,33-35 참조). 원수까지 사랑하고, 일곱 번을 일흔 번까지 하라는 용서는 "하느님의 함께 계심"을 사는 길이다. 독신생활을 약속하고 모인 수도 공동체 안에 형제자매들을 위한 이런 사랑이 있는지를 반성해야 한다. 이웃을 사랑하지 않는 독신생활자들의 공동체는 절대적 이기주의의 온상이 되고 말 것이다.

"순종"은 방종으로 흐를 수 있는 나의 자유를 참다운 것이 되게 하기 위한 것이다. "하느님이 함께 계시기에" 나를 위주로 한 이기적 자유 행사를 포기한다. "함께 계시는 하느님"의 시선에서 내 자유 선택을 하려 한다. 내 일신의 영달과 편안함을 약속하는 권력자에게 순종하기보다는 "하느님의 함께 계심"에 충실하겠다는 것이다. 장상을 상대로 거룩하게 포장한 명철보신明哲保身이나 면종복배面從腹背의 호신술護身術이 아니다. 이 자유는 베풀고 용서하고 사랑하는 자유일 것이며, 나의 유익을 생각하지 않고 공동체의 유익을 찾는 창의적인 자유일 것이다. 장상은 수도생활의 선배이며, 수도 공동체의 공동선에 대해 더 관심을 가진 사람이기에 장상의 의견과 인사권은 존중된다. 그러나 장상을 하느님과 혼동하지 말아야 한다. 장상의 말이라고 혼비백산하여 무조건 따르는 것이 아니다. 장상은 동료 수도자들과 충분히 대화하면서 함께 하느님의 뜻을 찾는 자세를 지녀야 한다. 하느님의 뜻은 먼저 장상에게 주어지는 것이 아니다.

나오면서

복음적 권고가 포기하게 하는 것은 나를 중심으로 한 삶이고, 긍정하는 것은 "함께 계시는 하느님" 혹은 인류 역사 안에 주어진 구원이다. 복음적 권고는 모든 신앙인을 위한 덕목德目이기도 하다. 수도생활을 신앙인의 삶과 질적으로 다른 것으로 만들기 위한 노력은 일종의 패권주의이다. 다른 생활 형태와 비교하여 우열을 논하지 말아야 한다. 수도자는 자기가 발견한 가치를 따라 살고 그것에 충실하여 사회 안에서 자기의 역할을 하는 것이다. 모두가 하느님의 자녀이기에 "이제는 유대인도 없고 헬라인도 없으며, 노예도 없고 자유인도 없으며, 남성이랄 것도 여성이랄 것도 없다"(갈라 3,28). "하느님은 사람을 차별 대우하지 않으신다"(사도 10,34).

수도자의 주변에는 기쁨과 반가움이 있어야 한다. 복음은 죽음이 아니라 기쁨이다. 죽었던 사람을 살리는 것이 복음이다(루가 15,24.32 참조). 예수에 대한 명상록인 요한 복음은 예수가 이 세상에 와서 보여준 첫 표징이 가나의 혼인잔치에서 술을 만든 일이었다고 말한다. "하느님의 함께 계심"은 본시 해방이고 기쁨이었다. 그래서 예수는 하느님 나라를 잔치에 비유한다(마태 22,1-14; 루가 14,15-24). "하느님의 함께 계심"을 잃어버린 유대 종교는 율법과 성전으로 사람을 단죄하는 장소가 되어버렸다. 술이 떨어진 잔치와 같이 곤혹스럽고 괴로운 장소이다. 예수는 그런 현장에 술을, 그것도 감탄스럽게 좋은 술을 공급한 분이다. 예수가 하신 일은 그렇게 기쁨과 신바람을 사람들의 삶에 주는 일이었다는 것이다. 수도자들이 실천하는 예수도 기쁨인가?

수도자는 예언자적 역할을 해야 한다. "함께 계시는 하느님"에 입각하여 생각하고 실천해야 한다. 하느님의 시선과 하느님의 일이 소중하다. 수도생활은 인간생활을 거부한 것이 아니다. 현실도피가 아니다. 그것이 거부하는 것은 시류時流에 맞춰 흐르는 것이다. 인간이 하는 노동과 사랑과 자유 안에서 "하느님의 함께 계심"을 충만히, 타협 없이 살겠다는 기획의 삶이다. 하느님의 베푸심과 용서가 주변에 흐르게 하는 삶이다. 권위주의적 자세는 과거 사회의 유물이다. 요한 복음이 예수의 공생활 시작에 "성전 정화" 이야기를 옮겨다놓은 이유를 생각해야 한다. 성전 제관들의 권위주의는 그들 자신을 긍정하고 치부하게 하였다. 예수는 그들의 권위에 도전한 분이었다. 예수로 말미암아 시작된 성찬은 우리 자신을 긍정하기 위함이 아니라, 우리 스스로를 "내어주고 쏟게" 만든다. 하느님은 예수가 남긴 성전 안에 계시다. 그곳에는 제자들의 발을 씻은 예수(요한 13,1-17)의 실천, "내어주고 쏟음"이 있다. 이것을 철저하게 살겠다는 수도생활이다.

우리는 상호 존경하는 대화 안에서 각자 안에 현존하시는 하느님을 인정한다. "하느님은 여러 번 여러 모양으로"(히브 1,1) 우리에게 말씀하신다. 이웃들 안에 계시는 하느님, 성령을 들을 줄 알아야 한다. 우월감은 정보의 흐름에서 스스로를 소외시키는 요인일 뿐 아니라 "성령에 대해서 모독하는"(마르 3,29) 미련함을 범하는 것이다. 우월감은 하느님의 말씀도 성령도 외면하게 한다. 사람들, "그들은 아버지의 사람들이었는데 아버지께서 그들을" 우리에게 "주셨다"(요한 17,6)면, 어떤 존경으로 그들을 대해야 하는지를 알 수 있다. 자기가 속하는 공동체의 울타리를 넘어서 구원하시는 하느님의 현존을 생각해야 한다.

⑪

교회 쇄신

들어가면서
1. 예수 그리스도의 교회
2. 교회의 조직
3. 예수 그리스도의 실천
4. 성령이 살아 계시는 교회
나오면서

들어가면서

2000년은 대희년이고 그것을 기회로 교회는 쇄신되어야 한다는 말들을 요즘 가톨릭 언론 매체들에서 자주 본다. 대희년은 구약성서 레위기 25장에 나오는 낱말이다. 매 49년 혹은 50년마다 한 번씩 모든 토지는 원주인에게 무조건 복원하고 이스라엘인 노예는 무조건 해방한다는 것이다. 사람들에게 경제적 자유와 신체적 자유를 주기 위함이다. 그러나 그 내용이 너무나 이상적이라 "이스라엘에서 단 한 번도 곧이곧대로 실현되지 못했다".[1] 결국 말잔치로 끝난 대희년이었다.

2000년을 앞두고 신앙인과 교회의 자세를 점검하고 새롭게 다짐하는 것은 대환영이지만 "희년"이라는 어려운 개념, 그것도 한 번도 실천되지 않은 낱말을 가져온 것은 이해하기 어렵다. 지구촌이라 불리는 오늘의 세계이다. 또 모든 사람을 위한 복음이고 모든 사람을 위한 교회이다. 그렇다면 교회가 사용하는 기본적인 언어는 구약성서를 모르고 신앙인이 아닌 사람들도 알아들을 수 있는 것이라야 한다. 2000년을 위한 교회 쇄신이라 말하면 못 알아들을 사람이 없지 않겠나? 말잔치만이 아닌 대희년이기를 빈다.

그리스도교 신앙은 죽고 부활하신 예수 그리스도로 말미암아 발생한 생활운동이다. 교회는 이 운동에 가담하여 예수 그리스도의 복음을 실천하는 사람들의 공동체이다. 유럽 중세 사람들이 생각하였듯이 교회는 하느님과 인간 사이에서 구원을 중재하는 권력구조가 아니다. 현대인들이 흔히 생각하듯이 내세來世를 위한 생명보험

---

[1] 정양모, 「복음과 인권」, 『공동선』 1997년 1,2월호, 62.

기구도 아니다. 교회는 하느님으로 말미암아 어떤 구원적 실천을 하는 사람들의 모임이다.

그러나 교회에는 예수 그리스도를 선포하는 데에 장애로 작용하는 요인들이 있다. 사람들의 모임이기에 야심이나 소홀함이 숨어 있을 수 있다. 일의 중요성이 크면 클수록 위선과 거짓은 더 많이 숨어드는 법이다. 교회는 과거 어느 한 시기의 문화적 표현을 강요함으로써 타문화권에 속한 사람들이 예수 그리스도를 알아듣고 실천하는 데 지장을 주기도 하였다. 교회 안의 권위는 오늘날 많은 문제를 안고 있다. 소위 교계제도敎階制度라는 것은 초기에는 공동체가 예수 그리스도를 영접하는 데에 도움을 주는 봉사직무로 이해되었지만, 교회가 지리적으로 또 사회적으로 팽창하면서 많은 계층과 신분을 만들었다. 이 제도는 필요없는 고통과 잡음을 교회 안에 발생시켰고, 많은 신자들이 교회의 질서를 정치질서에 준하는 것으로 오해하게 만드는 계기가 되고 말았다. 오늘날 교계제도권 안에 있는 사람들이 즐겨 사용하는 교도권敎導權(magisterium)이라는 낱말은 19세기부터 통용되는 것으로 크고 높은(magis-major) 것을 의미한다. 그 반면 예수가 즐겨 사용하시고 신약성서와 교회 공동체가 오랫동안 사용해 온 복음적인 낱말은 봉사奉仕(ministerium)이다. 이 단어는 낮고 작은(minor) 것을 의미한다.

우리가 사는 세상은 유럽 중세와 같은 봉건사회도 아니고 군주사회도 아니다. 극소수의 유식한 사람들이 있고 무식하고 몽매한 대다수의 사람들이 있는 그런 세상이 아니다. 수직적인 사회구조 안에서 황공하게 살아가는 백성으로 된 세상이 아니다. 오늘날 사람들은 각자 충분한 정보를 지니고 수평적으로 다른 사람들과 긴밀하게 연결되어, 서로의 자유의사를 존중하고 창의력을 동원하여 실효성있는 일을 하면서 살아간다. 이렇게 변화된 세상 안에서 과거 봉건사회와 군주사회에서 이상적이던 교계제도는 현재 심각한

부작용들을 낳고 있다. 반복음적이고 반그리스도적 현상을 일으키고 있다.[2]

제2차 바티칸 공의회는 "교회는 항상 정화되어야 하겠기에 끊임없이 회개와 쇄신을 계속하는 것이다"[3]고 말하였다. 회개와 쇄신으로 새로워져야 한다는 말이다. 공의회가 끝난 지 이미 30년이 훨씬 넘었지만, 교회는 과거 사회에서 얻어온 이 제도를 쇄신하지 않을 뿐 아니라 더 강화하려는 의도를 엿보게 한다.

최근 신자들의 미사 참석률이 저하되고 영세 입교하는 사람들의 수도 줄면서 어떤 교구는 본당의 규모를 줄여서 소형화 혹은 소공동체화를 하면 이런 현상을 개선할 수 있다고 믿고 있다. 그러나 현재 우리 교회에는 성당 건물이라는 하드웨어hardware에 문제가 있는 것이 아니다. 사목하는 사람들의 의식구조라는 소프트웨어software가 구시대적인 것이라 현대사회에서 제구실을 못하고 있다. 사목하는 신부들이 권위주의적이다. 신부들이 너무 안이하게 산다 등의 비난은 순수한 오해에서만 빚어진 말은 아닐 것이다. 봉사한다고 말하면서 실제로는 군림하도록 되어 있는 현재 교회의 제도이다. 신분위주의 사고방식이라 현대사회가 요구하는 실효성을 외면한 채, 그 비효율성을 복음이나 하느님을 빙자한 권위주의로 극복하려 하고 있다. 무엇을 가르치겠다는 우월감에 젖은 사목자들의 마음 자세는 복음을 발생시키지 못한다. 강론은 들을 것이 없다는 가톨릭 교회의 중론이다. 신부가 본당을 위해 있는지 본당이 신부를 위해 있는지 의문을 낳게 하는 일들이 계속 일어나고 있다.

같은 의문을 교구와 주교의 관계에 대해서도 가지지 않을 수 없다. 한 교구의 사목을 책임진 주교가 한 자리에 75세까지 있을 수

---

[2] 오장균, 「거꾸로 가는 세상, 거꾸로 가는 교회」, 『사목』 214호, 1996, 11, 42-49 참조.

[3] 「교회에 관한 교의헌장」, 8항.

있다는 현행 제도는, 한번 주교가 되면 20년 혹은 30년도 있을 수 있다는 말인데 이것은 중세 봉건사회의 영주들이 죽기까지 영주로 있었던 것과 큰 차이가 없는 제도이다. 현대는 실효성이 중요하다. 그것이 임기任期 제도라는 것이다. 높은 사람이 그 자리를 지켜만 주어도 성은聖恩이라 생각하던 세상이 아니다. 정치가들이 장기집권하는 것에 반대하여 투쟁한 한국 가톨릭 교회의 주교들이 자기 자신들의 장기집권에 대해 아무런 모순을 느끼지 않는다는 것을 어떻게 이해해야 할지 모르겠다.

이런 아전인수我田引水식의 사고방식은 노동운동에 대한 가톨릭 교회의 자세에서도 볼 수 있다. 일반 기업에서 파업 사태가 일어나면, 그것은 노동자의 권리라면서 근로자들을 격려·옹호하지만, 교회 재단 산하단체에서 노동운동이 격렬하게 발생했을 때, 사직당국에 고발하여 노동조합 간부들을 구속시키고, 노동조합을 해산한 일이 있었다면, 이런 것은 어떻게 이해하라는 말인가? 교회 지도자들이 한 일이니까 하느님의 뜻이라고 알아들어야 하나? 다른 사람들에게 적용하는 잣대와 자기 자신에게 적용하는 잣대가 다르면 그 진실성과 선의를 의심하지 않을 수 없다.

우리가 타산지석他山之石으로 삼아야 하는 유럽 교회가 있다. 사회가 민주화되고 인간 각자의 자유가 존중되면서 교회의 언어와 제도는 사람들로부터 철저히 외면당하고 말았다. 소 잃고 외양간도 고치지 못하는 교회가 되었다. 그런 현상을 현대인들의 잘못이라고 말하겠는가? 현대 신자들의 "물질주의, 이기주의, 편의주의, 쾌락주의, 한탕주의, 과소비주의, 선교 의지의 부족"[4]만 탓하면 되는 것인가?

---

[4] 『가톨릭 신문』, 전교주일 특집/각 교구 사목국장에게 듣는다. 「복음화 장애 요인 대책」, 96.10.20, 12면.

1. 예수 그리스도의 교회

예수가 교회의 설립자라는 것은 지극히 당연한 것으로 보인다. 그리스도인들에게는 아무 문제 없이 받아들여지는 말이다. 그리스도교 신앙으로 말미암아 예수라는 한 스승을 중심으로 모였던 제자단이 교회라는 조직체를 형성하였다. 초기 교회 공동체가 그것의 모태였던 유대교와 그렇게 빨리 결별하고 독자적 노선을 갈 수 있었던 것은 예수 그리스도라는 인물 없이는 설명이 되지 않는다.

그러나 생각해 보면 교회 설립자의 문제는 역사적으로나 신학적으로 쉽지 않다. 역사적으로 살펴보면 그리스도교 운동은 예수에게 그 기원이 있기는 하지만 유대교에서 분리되어 조직된 교회의 설립자를 예수라고 말할 수는 없다. 그리스도교 운동은 예수가 창시創始한 것이고 그 운동이 지속되면 그것의 성격상 하나의 교회로 발전할 수 있다는 평가는 내릴 수 있어도, 예수가 역사적으로 그 교회를 설립하였다고 말할 수는 없다. 성서적·역사적 자료가 이것을 증언하고 있다.

이런 역사적 상황은 신학과도 관계가 깊다. 신학이 교회를 예수께서 세우셨다고 말할 때, 예수의 공생활이나 어떤 선포가 교회를 설립했다고 말하기 위함이 아니다. 예수의 죽음, 부활, 승천과 성령강림을 포함하여 예수 그리스도의 사건을 교회의 기원으로 말한다. 교회는 예수의 부활 이후 사도들의 봉사직무 수행 과정에서 발생했다. 예수는 부활 후 당신이 제자들과 함께 계실 것을 약속하면서 그들을 파견하신다(마태 28,18-20). 예수는 당신의 메시지 뒤에 계셨다. 그 메시지를 수용한 사람은 예수 그리스도를 수용하고 실천한 것이다. 교회는 본질적으로 예수의 제자됨이다.

예수가 베드로에게 하셨다는 약속을 마태오 복음이 전한다. 필립보의 가이사리아 지방에서 있었던 베드로의 신앙고백에 답하는 양식으로 된 예수의 말씀이다. "그대는 베드로(바위)입니다. 나는 이 반석 위에 내 교회를 세울 터인데 저승의 성문들도 그것을 내리누르지 못할 것입니다. 나는 그대에게 하늘나라의 열쇠를 주겠습니다" (16,18). 이 텍스트의 해석사解釋史는 베드로의 후계자라고 생각하는 로마 주교의 역할을 중요시하던 로마 가톨릭 교회와 다른 교회들간의 공방으로 얼룩져 있다. 서로 다른 교회론이 서로 다른 해석을 하게 하였다. 오늘날 이 텍스트로써 베드로의 수위권 문제를 해결하려는 신학자는 없다. 교회 설립에 대한 이 말씀은 모두 예수의 부활 후 시리아 교회의 전승이다.[5]

이 텍스트에서 베드로에게 약속된 역할은 열두 사도들의 성소이다. "하느님 나라의 열쇠"는 사람들을 하느님 나라에 들어가지 못하게 하는 사람들이 있음(마태 23,13: 루가 11,52)에도 불구하고 사람들을 하느님 나라에 들어갈 수 있게 하는 교회의 설교를 상기시키는 표현이다. "저승의 성문들"에 대한 승리는 죽음과 죽음의 힘을 극복하는 예수와 예수가 파견한 사람들의 봉사를 의미한다.

가장 중요한 요소는 "나의 교회"라는 표현이다. "나의 교회"는 예수 그리스도에 대한 신앙이 정의하는 교회이다. 예수는 하나의 특수 공동체 설립자이다. 이 공동체는 예수의 죽음과 부활 후에 나타난다. 예수의 말씀과 생애가 이 공동체 발생의 원리이다. 초대교회가 "내어주는 몸"과 "쏟는 피"로 요약한 예수의 말씀과 생애이다. 교회는 내어주고 쏟으면서 봉사하신 "그분의" 교회로 있어야 한다.

---

[5] 정양모, 『마태오 복음서』, 분도출판사, 1990, 146 참조.

2. 교회의 조직

교회는 예수의 말씀과 생애를 기원으로 하고 있다. 그러나 역사 안에 발생하고 발전한 교회의 조직 형태가 예수에게 기원이 있는 것은 아니다. 현재 교회의 조직과 제도를 하느님이 원하신 것이라 말할 수는 없다. 그리스도교 공동체가 제도적 측면을 가지게 된 것은 예수의 제자됨을 보존하기 위함이었다.

교회가 발족하는 것은 예수 그리스도의 복음을 선포하여 모든 사람이 예수의 구원적 의미를 들을 수 있고 그분이 열어놓은 해방에 참여할 수 있도록 하기 위해서이다. 교회는 말씀, 성사, 실천을 통해서 하느님 나라를 위한 실천들이 발생하도록 증언하는 집단이다. 예수가 그 시대 사람들을 위해서 하신 바를 교회는 역사 안의 각 시대 사람들을 위해서 한다. 교회는 하느님 나라의 도래를 위해 사람들을 눈뜨게 하고, 친교를 살게 하여 복음을 사는 공동체를 만든다.

이렇게 발족하는 교회는 로마 제국 안에서 그 주변 사회조직 형태를 배워서 채용했다. 콘스탄티누스 대제 때(313) 신앙의 자유를 얻고 테오도시우스 황제 때(380) 로마 제국의 국교國敎가 되면서 교회는 제국의 제도를 수용한다. 비잔틴 제국 궁정의 화려한 문장紋章, 복장, 의례 등을 흡수한다. 중세 봉건사회에서는 귀족사회의 질서, 습관, 신분을 나타내는 상징 등을 배워 교회의 구조, 질서 및 전례 안에 흡수하였다. 유럽 중세 봉건사회가 정착하면서 주교들은 교회의 영주들이 되었다.

교회가 신앙의 자유를 얻은 때의 지배적 사상은 신플라톤주의였다. 이 사상이 제공한 이념 안에서 교회는 여러 계층과 서열이 있는 피라미드와 같은 조직이 된다. 하느님, 그리스도, 교황, 주교들, 신부들, 부제들, 그 밑에 수도자들이 있고 그리고 평신도들, 먼저 남자들 그리고 여자들과 어린이들이 있다.

　16세기 교회 분열 이후 개신교 운동이 민주적인 교회체제를 택하자 가톨릭 교회는 소위 반종교개혁이라 불리는 대개신교對改新敎 반작용으로 교계제도의 권위가 하늘에서 주어진 것임을 더 강조하게 된다. 유럽 국가들은 절대군주들이 통치하고 교황은 교회를 위한 절대군주로서의 위상을 가지게 된다. 교황을 거슬러서는 아무도 말할 수 없다. 과거 특수 교회론의 정점이다.

　트렌토 공의회(1545~1563) 이후 교회의 이런 표상들이 법제화된다. 교회에 대한 모든 권한은 로마 교황에게, 교구에 대한 모든 권한은 주교에게, 본당에 대한 모든 권한은 본당신부에게 집중된다. 19세기에는 이탈리아 중부를 차지하던 교황령의 상실과 근대사회의 출현을 거슬러서 교회는 피라미드식의 교회조직을 더욱 강화한다. 교회는 로마 교황을 중심으로 조직된 절대군주 사회이며, 주교들은 각 교구에 임명된 교황의 총독들이고 신부들은 이 총독들이 먼 들판에 있는 양떼들을 위해 임명한 대리자들이다.

　교회에 대한 이런 표상을 정당화한 것은 성령이 교회의 저변에까지 일하신다는 사실을 잊어버리고 교계제도의 봉사직무 안에만 성령이 일하신다는 착각 때문이다. 또 한 가지는 제1차 바티칸 공의회가 정의한 교황 무류권無謬權을 교회 내 질서 확립의 원리로 착각한 데서 비롯한다. 교황은 그리스도의 지상 대리자가 된다. 신앙은 낮은 계층이 높은 계층에 순종하는 것이다. 신자들은 교회의 의사결정에 전혀 참여하지 못한다. 그들은 사목적 배려의 대상일 뿐이다.

　무류권은 교황 개인에게 주어지지 않았다. 개인과 연결시켜서 이해하면 로마 가톨릭 교회의 입장에서도 이단이다. 그러나 아직까지 한 번도 단죄되지 않은 이단이다.[6] 교회 공동체 전체의 이름으로 취

---

[6] E. Schillebeeckx, *Church. The Human Story of God*, New York, 1991, 199 참조.

해진 교황의 결정이나 공의회의 결정이 무류성을 지닌다. 그러나 이런 결정들도 그리스도교 진리에 대한 한 시대적인 표현일 뿐이다. 이것은 그리스도인들에게는 복음을 왜곡하지 않고 보존하기 위한 성령의 도우심이 있다는 것을 의미하는 것뿐이다. 결코 교황 개인을 높이거나 그가 하는 일의 실효성을 보장하는 것이 아니다. 교황 개인은 그 인간 됨됨이 그대로 있는 것이다. 비범할 수도 있고 평범할 수도 있으며, 민주적일 수도 있고 권위주의적일 수도 있다.

가톨릭 교회는 사회조직을 위해서는 민주화를 지지하면서 교회 자체를 위해서는 비민주적 조직을 고수하고 있다. 이것은 현대인들이 이해할 수 없는, 소외의 원인이다. 이렇게 비실효적 조직을 고수하는 이론은 하느님이 교회를 세우시면서 교회의 구조마저 직접 정하셨다는 것이다. 교황과 주교들의 권위는 그리스도로부터 주어진 것이지 하느님 백성이나 교구의 위임사항이 아니라는 것이다.

교회가 그 권위와 교계제도를 강조한 나머지, 교회 자체가 지닌 진리, 특히 예수 그리스도로 말미암은, 해방하는 자유를 은폐하면, 교회는 구원을 선포하는 하느님의 백성이 되지 못한다. 예수 시대 율사와 제관들이 유대교에 대해 주장하던 것과 차이가 없을 것이다. 오늘날 신앙인들은 신앙의 구원적 성격이 교회의 교도적(敎導的) 권위에 그 근거가 있다고 생각하지 않는다. 그렇게 생각하는 사람들은 점점 줄고 있다. 교회가 소중히 생각해야 하는 진리는 사람들을 "자유롭게 하는"(요한 8,36) 하느님의 자기계시이다. 하느님의 자기계시는 먼저 죽고 부활하신 주님이신 예수 그리스도 안에 역사적 형태를 지니고 나타났다. 그리고 그 진리는 선포와 제도화라는 구체적 역사 형태 안에 자리잡고 있다. 교회의 선포와 제도화는 예수 그리스도에 준하는 것이라야 한다. 교회가 권위를 가지고 말하려면 먼저 권위를 가진 예수 그리스도의 실천이 교회 안에 있어야 한다.

3. 예수 그리스도의 실천

예수의 삶은 제자들에게 어떤 해방과 기쁨이었고 그들을 위한 진리였다. 그들은 그 삶을 오늘 우리가 가진 복음서들의 언어 안에 축소하여 담아놓았다. 그러나 언어는 우리 삶의 이야기를 그대로 다 담아내지 못한다. 시대가 달라지고 문화적 여건이 달라지면 옛날 사람들의 언어는 우리의 언어와 또 달라진다. 원초에 그들이 예수의 삶 안에서 발견한 그 해방과 기쁨을 오늘 우리가 새롭게 해석하면서 우리의 언어와 삶 안에 살려내어야 하는 것이다. 새로운 해석을 하지 못하고 과거의 언어만 반복하면, 우리는 옛날 언어 안에 박제된 삶의 이야기만 만날 것이다. 박제된 것은 생명이 없기에 우리의 삶을 움직이지 못한다.

그 시대 예수의 제자들에게 예수의 생애는 인간 자유를 위한 투쟁이었다. 철저하게 종교적 규율들을 강요하는 유대교의 기득권층이었다. 율법과 제사의례는 인간에게 노예적 순종을 강요하고 있었다. 예수는 그런 것이 하느님 앞에 선 인간의 자유가 아님을 가르치고 "영과 진리 안에서 예배하는"(요한 4.24) 참다운 자유를 실천하셨다. 하느님은 인간이 자유롭기를 원하시는 분이었다. "이집트에서 이스라엘 백성을 데리고 나오신 아버지"라는 구약성서의 하느님에 대한 호칭이 이것을 말한다. 하느님은 인간이 참으로 자유롭도록 인간이 만든 모든 차별을 없애시는 아버지이시다. 부모의 사랑은 자녀들의 차별을 원하지 않는다. "하느님은 사람을 차별 대우하지 않으신다"(사도 10.34).

우리는 차별을 정당한 것으로 생각하면서 살아간다. 재물을 두고 우리는 가진 자와 가지지 못한 자의 차별이 당연하다고 생각한다.

권력과 지위를 두고도 강자와 높은 자가 약자와 낮은 자 위에 군림하고 횡포하는 것을 우리는 당연한 질서라고 생각한다. 혈연血緣, 지연地緣, 학연學緣 등 우리는 연고만 있으면 차별을 만들고 그것을 우리의 당연한 질서인 듯 생각한다. 유대인들에게 율법과 성전도 차별을 만드는 기회가 되었고, 그 차별은 하느님의 이름으로 정당화되고 절대화되었다. 건강은 하느님이 주신 축복이었고, 병고는 하느님이 죄인들에게 내리신 벌이었다.

예수는 이런 차별을 거슬러서 해야 할 실천이 있음을 가르친 분이다. "가진 것을 모두 팔아 가난한 사람에게 주시오"(마르 10,21)라는 예수의 말씀이 있다. 베푸는 사람으로 변한 세리 자캐오를 보고 예수는 "오늘 이 집에 구원이 내렸습니다"(루가 19,9)라고 말씀하신다. 재물은 많이 가져서 사람들 사이에 차별을 만드는 수단이 아니라, 베풀어서 차별을 없애는 수단으로 삼을 때 구원이 있다는 말씀이다. 예수는 사람이 사람 위에 군림할 수 없다고 보았고, 당신 자신도 섬기는 사람으로서 제자들 가운데 계시다고 말씀하셨다. 권력은 군림을 위한 것이 아니라 종과 같이 섬기면서 차별을 없애는 수단이 된다는 것을 가르치셨다(마르 10,43). "안식일이 사람을 위해 생겼지 사람이 안식일을 위해서 생기지 않았습니다"(마르 2,27)고 말하면서 율법이 사람을 차별하는 수단이 되지 말아야 한다고 주장하였다. 복음서들 안에 반복되는 "당신의 죄는 용서받았소"라는 말씀이나 예수께서 실천하신 병고침은 하느님을 빙자하여 차별을 만들어서는 안된다는 것을 보여주는 행위들이다. 죄인들과 세리들에게 당시 사람들은 차별 대우하는 것이 당연하다고 생각하였다. 그러나 예수는 그들과 어울리면서(마태 9,11-12) 그들을 차별 대우하지 말아야 한다는 것을 몸소 보여주신 분이다.

흔히들 하느님은 거룩하시고 우리는 죄인이라 생각한다. 그러면 하느님은 또 차별의 원인이다. 그러나 실제로 성서 안의 하느님은 차별이 아니라 초대이다. 복음에 자주 나오는 잔치의 비유는 하느님의 거룩하심이 우리의 참여를 기대하는 초대라는 것을 말한다. 하느님을 높고 강한 분으로, 그래서 우리와 차별되는 분으로 생각하는 것은, 높고 강한 사람들이 많은 우리 삶의 이야기를 하느님에게 투사投射한 것이다. 그것은 하느님의 이야기가 아니다. 하느님의 거룩하심은 차별을 없애는 우리의 노력으로 실천되어야 한다. 그래서 "아버지의 이름은 거룩히 빛나시라"고 우리가 기도하는 것이다.

예수는 차별을 없애는 실천을 하다가 목숨을 잃었다. 차별 안에 안전과 보람을 찾는 그 사회의 기득권자들이 예수를 제거한 것이다. 예수는 하느님에 대해 논하지 않았다. 예수는 함께 계시는 하느님에 준해서 행동할 것을 사람들에게 촉구하신 분이다. 하느님으로 말미암아 사람이 변하고 새로운 실천이 있을 때 하느님의 나라가 있다.

오늘 교회가 선포하는 예수 그리스도는 과연 차별을 없애시는 분인가? 그래서 그분은 우리에게 기쁜 소식이고 진리인가? 예수를 믿는 사람은 구원받고 예수를 믿지 않는 사람은 구원받지 못한다고 생각한다면, 예수는 차별을 만드는 분이지 모든 사람을 위한 구원이 아니다. 하느님께 많이 바치면 많이 구원받는다는 것이 우리의 신앙언어라면 예수는 차별을 없애시는 분이 아니다. 하느님으로부터 받은 권한과 지위가 있다고 생각하는 기득권층이 교회 안에 있다면, 예수 그리스도를 빙자하여 차별을 조장하는 집단일 수는 있어도 예수를 실천하는 교회라고 말할 수는 없다.

오늘 우리의 사회가 안고 있는 문제들, 환경오염, 인종차별, 특히 우리 나라의 외국 근로자들에 대한 부당한 대우, 남녀 성차별, 교통 혼잡 등을 위한 우리의 사명은 외면하고 교리를 믿고 성사에 참여하여 은총을 받으라고 강요한다면 우리는 예수를 따르는 사람이라고 말할 수 없다. 성당이 속하는 그 지역사회 안에서 차별을 없애는 노력은 전혀 하지 않으면서 미사를 위한 교통혼잡과 소음만 일으키는 공동체라면 차별을 조장하는 공동체일 것이다. 그러면 예수는 "모든 백성에게 큰 기쁨"(루가 2.10)일 수 없다. 사이비 종교집단은 그 사회가 안고 있는 문제들은 외면하고 재물과 권력으로 사람을 철저히 차별한다. 재물과 권력은 교주와 그 집단의 기득권층에게 집중되고 사람들은 사회에서 격리되고 다스려지고 죽는다.

예수님 시대에 하느님이 율법 안에 혹은 성전 안에 계시지 않았듯이, 오늘 하느님은 우리의 교리언어 안에 격리 수용되지 않았고, 높다는 사람들과도 함께 계시지 않는다. 하느님은 차별을 없애기 위해 노력하는 겸손한 사람들과 함께 계시다. 사람을 위하고 섬기는 사람들 안에 계시다.

예수로 말미암아 시작된 그리스도교 신앙은 우리 사회가 통념적으로 정당화하는 차별을 없애기 위한 노력을 하라는 우리 자유에의 호소이다. 그 노력이 있는 곳에 하느님은 우리의 숨결로, 우리가 실천해야 하는 진리로, 또 우리 생명의 기원이신 아버지로 우리와 함께 계시다.

4. 성령이 살아 계시는 교회

사도행전이 성령강림 장면(2.1-4)을 각색하여 전하는 것은 교회의 시작은 성령이 하신 일이며 교회 안에 살아 계시는 하느님의 숨결이 있음을 말하기 위함이다. 성령은 교회 안에 있는 모든 권위의 근본이며 원천이다. "성령에 힘입어 말하지 않으면 아무도 '예수는 주님이시다' 라고 할 수 없습니다"(1고린 12,3).

교회 안에 있는 직무의 권위는 성령으로 말미암아 예수의 실천을 발생시키는 데에 있다. "진리의 영, 그분이 오시면 여러분을 모든 진리 안에 인도하실 것입니다. … 그분은 나를 영광스럽게 하실 것이니, 이는 내 것을 받아서 여러분에게 알려주시겠기 때문입니다"(요한 16,13-14). 성령이 오시면 예수 그리스도의 실천이 나타나게 한다는 말씀이다. 봉사직무는 높은 사람이 낮은 사람에게 행사하는 형식적 권위를 주는 것이 아니다. 봉사직무는 하느님으로부터 "맡겨진 것"(1디모 6,20; 2디모 1,14)이다. "아버지께서 맡겨주신 사람들"(요한 17,6 참조)을 위해 예수는 죽기까지 봉사하셨다.

성령은 바벨탑과 같이 획일성을 강요하지 않는다. 성령은 기적이나 방언과 같은 비일상적인 능력을 주는 분도 아니다. 성령은 베풀고 살리면서 차별을 없애시는 하느님의 숨결이다. 성령은 우리의 일상적인 생활 안에서 각자의 창의력을 동원하여 다양한 봉사를 가능하게 하시는 분이다. 하느님의 자비로우심과 용서하심이 우리 안에 발생하게 하시는 분이다. 이해타산과 권력의 남용으로 얼룩진 우리의 세상에 하느님으로 말미암은 구원의 기쁨이 발생하게 하시는 힘이다. 배타적으로 흐르기 쉬운 종교인들의 언어와 권위주의로 흐르기 쉬운 봉사직무자들의 언어를 넘어서 하느님 일하심의 보편성을 나타내시는 분이다. 하느님의 영은 모든 사람 안에서 인간의 자유를 존중하면서 일하신다.

하느님은 역사 안에 계시지만 황제나 권력자나 고위 성직자와 같은 모습으로 계시지는 않는다. 교회 안에 주인과 종, 또는 다스리는 자와 다스림을 받는 자의 관계는 없다. 교회 안에 성령을 빙자하여 지배자로 행세할 수 있는 사람은 없다(루가 22,25-27). 교회 안에 신분적 서열이나 계급은 있을 수 없다(갈라 3,28; 골로 3,11 참조). 교회 공동체가 지닌 피라미드식의 교계제도적 구조에 얽매이지 않는 성령이시다. 피라미드식 제도는 신자들을 저변으로 밀어냈다. 신자들 안에 일하시는 성령이 외면당하면 교회는 그 본연의 성격을 상실한다. 로마 가톨릭 교회는 교계제도라는 권력구조를 하느님의 이름으로 포장하여 성령의 일하심을 봉쇄하고 있다. 신앙은 세상의 말에 귀기울인다. 권위와 지도력은 신자들 안에 일하시는 성령을 들음으로써 발생한다. 기득권을 주장하면 듣지 못한다. 성령의 일하심을 믿는 것이 그리스도인이다.

나오면서

교회의 조직과 제도를 예수의 지상 생애와 관련지으려는 노력은 부질없는 일이다. 교회도 사람들의 모임이다. 그 시대에 있던 가장 이상적인 단체 조직을 흉내내어 교회를 조직한다는 것은 지극히 당연하다. 교회는 "역사 안의 사회적 실재"이며 그 시대 사회로부터 "여러 가지 도움을 받는 것이다"[7]고 제2차 바티칸 공의회는 말한다. 로마 제국 시대의 교회가, 그 조직에 있어서 로마를 중심으로 한 제국의 중앙집권적 제국주의 제도를 가장 이상적인 것으로 보았다고 해서 탓할 일은 결코 아니다. 중세 유럽 봉건사회의 교회가 봉건제도의 문물文物, 곧 세속 영주와 같은 주교직, 복장, 관습, 의례 등을 수용하였다고 해서 탓할 일은 아니다. 그 시대에 가장 효율성있는 조직과 제도는 그것밖에 볼 수 없었기 때문이다.

오늘날 한 단체의 실효성이 군주제도나 봉건제도로써 보장되지 않는다는 것을 우리는 알고 있다. 서로 다른 사람들의 다양한 의견을 수렴하고, 각자가 자유스럽게 기여할 수 있게 하는 제도만이 그 단체의 목적을 효율적으로 달성할 수 있게 한다. 이것을 위해 우리 가톨릭 교회는 다시 태어나는 노력을 해야 한다.

우리는 오늘 우리 교회의 제도와 문물이 어떤 실효성을 지니는지를 물어야 한다. 복음은 친교와 봉사를 요구하고 있다. 현재 우리의 제도는 과연 자유스런 친교와 봉사를 조장하는 것인지, 혹은 사람들을 차별하여 봉사하고 싶은 마음마저 좌절시키는 것인지 물어보아야 한다. 스스로 새로워지지 않는 생명체는 살아남지 못한다. 스스로를

---

[7] 제2차 바티칸 공의회,「현대세계의 사목헌장」, 44항.

쇄신하지 못하는 집단은 그 집단의 목적을 달성하지 못한다.

오늘과 같은 정보 다원 세계 안에서 본당이나 교구의 인사와 재정의 모든 권한이 한 사람에게 집중되고, 그것이 장기적으로 보장되면, 인간의 일이라 여러 가지 폐단이 생기게 마련이다. 권한을 가졌다는 사람은 사람들의 다양한 의견을 존중하여 듣고 중의를 모으는 수고를 하지 않을 것이다. 자기 귀에 거슬리는 말은 멀리하고 찬양하는 말에만 귀를 기울일 것이다. 이런 상황에서 취해지는 결정들은 그 공동체를 위해 최선의 것일 수 없다. 듣기 싫은 말을 하는 사람들을 경청하고 그것을 고맙게 생각할 줄 알아야 한다. 이것은 현대 다원사회 안에서 한 인간이 인간 노릇을 하며 살기 위한 최소한의 덕목이다.

권한을 가진 사람이 한 인간으로 미성숙하거나 함량 미달이면 그 공동체를 위해서는 비극이다. 이런 사람들일수록 자기에게 주어진 권한이라는 것을 분별없이 남용하게 마련이다. 이런 경우에 그 공동체가 입는 물질적·정신적 피해는 막대한 것이다. 한마디로 말하면 교회의 아성 안에서도 책임있는 자리에 기한 없이 장기로 있으면 부패가 생긴다는 것이다. 그래도 하느님이 주신 조직과 제도라고 생각하고 하느님이 하신 일이라 놀랍게만 보고 있어야 하나?

한국 가톨릭 교회에는 관보官報는 있어도 언론은 없다. 공론과 비판이 없는 단체는 발전하지도 못하지만 부패하게 마련이다. 신앙은 높다는 사람들을 찬양하는 데에 있지 않다. 우리가 복음 앞에서 함께 반성하고 비판하면서 창의력을 모아 예수 그리스도를 실천해야 하는 것이다. 자기를 찬양하는 사람은 신앙이 있고, 자기를 비판하는 사람은 신앙이 없다고 생각하는 사목자는 그야말로 하느님도 두려워하지 않는 사람이다. 신앙이 있고 없고는 하느님이 아시는 일이지 사람이 판단할 일이 아니다. 예수를 재판하고 처형한 제관들과 원로들의 논리가 바로 그런 것이었다.

현재 한국 교회 안에 강론은 위기를 겪고 있다. 우리는 복음 앞에 겸손해야 한다. 우리가 무엇을 어떻게 알아듣고 어떻게 실천해야 하는지를 생각하면서 복음을 읽어야 한다. 스스로 높다고 생각하는 사람이 사람들을 가르치기 위한 자료로 복음에 접근하면 복음은 말하는 것이 없다. 예수는 섬김을 살았다. 군림을 위한 지혜를 제공하지 않았다.

사람들이 그리스도교의 실천에서 해방과 구원을 느끼지 못하고, 그와 반대로 억압과 빼앗김과 굴욕을 느낀다면 하느님은 우리의 실천 안에 계시지 않는다. 고해성사, 미사, 헌금, 이런 것이 사람들을 돌보아주는 하느님을 넓은 세상 안에서 드러내기 위한 수단이 되지 않으면, 예수 그리스도는 우리에게 해방도 구원도 아니다. 성당 안에서 우리가 하는 실천들은 성당 밖의 넓은 세상에서 하느님의 함께 계심을 살기 위한 활력소가 되어야 한다. 성당 안의 실천 그 자체가 우리를 하느님에게 인도하는 것이 아니다. 우리 삶의 현장은 성당 안이 아니다. 성당 안에서 결말을 내라고 주신 우리의 생명이 아니다.

한국 교회는 최근 막대한 투자를 하여 여러 교구가 신학교를 지었다. 신자들의 큰 희생이 있었다. 물론 예상했던 대로 입학 정원은 반도 차지 않는다. 한국 교회가 신학교를 일곱 개나 운영할 만큼 많은 교수 요원을 가졌는지도 의문이다. 1975년 광주 대건신학대학 교수들의 집단사퇴 파동 때에도 주교들은 학생들이 받을 교육의 수준 같은 것은 별로 중요하게 생각하지 않았다.[8] 주교에게 순종 잘하는 신부들을 만들라는 주문이었다. 윗사람이 정보를 독점하지 않은 현대 다원사회 안에 순종은 사람의 실효성을 제고提高하는 것이 아니라 저하시킨다는 것을 알아야 한다.

---

[8] 『신학전망』. 28호. 광주 가톨릭대학. 1975년 봄호. 24-49 참조.

사제직을 지망하는 젊은이들은 종합대학과 같은 넓은 곳에서 다른 젊은이들과 어울려서 자기의 신앙과 소명에 대해 말해 보면서 영성적으로 성숙할 수 있을 것이다. 옛날 중세사회와 같은 단순한 세상이 아니다. 다른 사람들에게서 격리되면 될수록 영성이 발생하는 것은 아니다.

　양식있는 신자들이 교회를 외면하고 있다. 그들의 솔직한 말을 들어야 한다. 그리고 우리의 문제가 어디 있는지를 알아야 한다. 그들은 듣기 싫어하는 사람들 앞에서는 말하지 않는다. 앞으로도 더 많은 사람들이 떠날 것이다. 제도권에 몸담은 사람들의 대오각성이 있어야 한다. 아니면 평신도 신학자들을 집중적으로 양성해서 삶의 장에 새로운 복음체험과 표현들이 발생하게 해야 한다. 높은 사람 존경받고 낮은 사람들 할 일 없는 우민愚民 교회를 만들지 말자. 현실을 보는 눈이 있어야 하고 들을 귀가 있어야 한다.

⑫

교회의 권위주의

들어가면서
1. 현재의 국가경제 위기와 권위주의
2. 교회 권위주의의 진원지(震源地)
3. 교회 안에 보이는 권위주의 병폐
4. 예수 그리스도의 복음
나오면서

들어가면서

1995년 6월 29일 삼풍백화점이 붕괴되었을 때 7월 9일자 『평화신문』은 그 일면 머릿기사로 "삼풍 참사는 회개 촉구 징표"라는 제목을 뽑아서 보도한 일이 있었다. 같은 『평화신문』 최근호(98.2.8일자)는 현재의 경제난국을 "회개의 기회이자 은혜의 때"라는 제목을 뽑고 일면 머릿기사로 보도하였다. 이런 식의 말들은 그런 참사나 난국을 하느님이 우리의 구원을 위해 주셨다는 인상을 풍긴다. 아무것이나 하느님과 연결해서 말하는 것이 신앙언어라고 생각하는 것 같다. 이 세상의 높은 사람 또는 권력자는 사람들에게 좋은 일도 주고 나쁜 일도 주지만 하느님은 그런 분이 아니시다. 예수는 하느님은 "유일하게 선하신 분"(마르 10,18), "자비로우신 아버지"(루가 6,36)라고 말했다. 또 한 가지 더 지적해야 할 것은 위에 언급한 기사들의 제목이 내포하고 있는 권위주의이다. 이런 제목을 뽑는 사람들은 일반 사람들이 모르는 하느님에 대한 진리를 자기들은 알고 있다는 자세이다. "예수 구원, 불신 지옥"을 자신감에 넘쳐서 외치는 거리의 전도사들이 보여주는 권위주의와 같은 발상이다. 어떤 경로를 거쳐서 그런 결론에 이르렀는지를 말해야 한다. 모르는 것은 말하지 말아야 하는 것이 현대사회이다.

　옛날 제국주의 내지 봉건주의 사회에서는 높은 사람이 정보를 더 많이 가지고 있었다. 따라서 일반 사람들은 몰라도 높은 사람들만이 가지고 있는 정보가 있었다. 그러나 오늘 현대사회에서는 모든 사람이 평등하게 정보를 공유하고 있다. 신문을 읽고 텔레비전을 보지 않는 사람이 없고, 책을 읽지 못하는 사람도 없다. 신앙언어를 위해서도 신앙인이 조금만 노력하면 성서와 신앙 전통이 주는 정보에 쉽게 접할 수 있다. 높은 사람이 독점하고 있는 것도 없고, 하느님이 높은 사람에게 비밀리에 계시하지 않으신다는 사실도 우리는 모두 잘 알고 있다. 따라서 하나의 사태를 하느님과 연결시켜서 말하려면 성서와 신앙 전통의 문서들 안에서 근거있게 설명해야 한다. 듣는 사람이 과연 그렇겠다는 수긍이 가게 말해야 한다. 하느님에게 물어볼 수 없을 테니 아무렇게나 자기 마음대로 말하고 보자는 식이면 문제가 있는 것이다.

교회 쇄신의 가장 큰 주제는 권위주의의 탈피라고 생각한다. 오늘 한국이 겪고 있는 경제난국의 발생도 국가경영 책임을 진 일부 사람들의 권위주의에 그 원인이 있었음은 부인할 수 없는 사실이다. 이 글은 현재의 경제난국을 초래하게 된 권위주의 현상들을 국민 한 사람의 상식으로 짚어보고 오늘의 가톨릭 교회, 특히 한국의 가톨릭 교회 쇄신을 위해 걸림돌이 되고 있는 권위주의 현상들을 생각해 보는 것을 목적으로 한다. 바로 보지 않고는 고칠 수 없고, 고치지 않고는 살아남을 수 없다. 바로 보는 노력은 한 사람이 할 수 있는 일이 아니다. 솔직한 대화와 토론이 있을 때만 가능하다. 권위주의 현상들이 사라지고 대화와 토론이 교회 안에 있을 것을 기대한다.

1. 현재의 국가경제 위기와 권위주의

한국 사람들은 지금 국가부도 위험, 기업들의 연쇄부도, 근로자들의 대량 해고, 물가의 폭등 등 그야말로 총체적 위기 앞에 침통함과 참담함을 가슴에 안고 숨가쁘게 살고 있다. 얼마 전까지만 해도 "세계화", "선진국 대열에의 진입", "OECD 가입" "국민소득 만 불" 등 자신에 찬 장밋빛 표어들이 언론을 장식하였다. 북한에 기근이 심하니까 "외국에서 쌀을 사서라도 돕겠다"고 대통령이 호언장담하던 모습도 우리의 기억에 선명하게 남아 있다. 그런데 어느 날 갑자기 천문학적 액수의 외채가 있고 그것을 갚아나갈 길도 없이 살림을 꾸려온 정부였다는 사실을 우리는 알게 되었다. 어마어마한 액수의 구제금융을 외국에서 빌리지 않고는 국가부도 위기를 넘길 수 없다는 사실도 알게 되었다. 도무지 믿어지지 않는 것이 오늘의 경제난국이다. 국민은 배신감과 분노를 품고 있다.

  1950년의 한국 전쟁 때와 양상이 비슷하다. 무방비 상태에서 북한의 남침을 당했다. 서울은 안전하다고 방송을 해놓고 정부는 서울을 떠나 피난길에 올랐다. 정부의 발표만 믿고 서울에 남았던 시민들은 그 비극을 감수해야 했다. 많은 사람이 살상되고 재산을 잃었다. 그때의 정부 수반이었던 이승만은 국방을 무방비 상태로 두었던 사실과 서울 시민을 속인 사실에 대해 아무런 책임을 지지 않았다. 그는 1960년 부정선거로 대통령에 네번째 당선되었었다. 결국 4·19의 유혈 시위로 그는 물러났다. 우리는 그때 누구를 위한 권력이며 누구를 위한 정부였는지를 묻지 않을 수 없었다. 나라의 해방과 독립을 위해 목숨 바친 선열들이 누구를 위해 희생하였는지를 묻고 싶었다.

오늘의 경제위기가 국민에게 책임이 있는 듯이 말하는 사람들이 있다. 위에서 언급한 예의『평화신문』최근호에도 "경제난국은 정부의 실정에도 큰 이유가 있으나 국민 대다수가 각성하지도 성실하지도 않은 생각과 생활을 했기 때문에 자초한 화"라고 어떤 인사의 말을 인용하여 보도하고 있다. 국민을 오도하고 경제대국이 된다는 환상에 빠지게 한 책임은 국민에게 있지 않다. 국민은 그런 국가부도 위험을 눈앞에 두고 있다는 사실을 전혀 몰랐다. 난국을 헤쳐나가기 위해 고통을 분담하자는 말은 할 수 있어도 국민에게 일차적으로 책임이 있는 듯한 이런 발언은 권위주의적 양비론兩非論에 불과하다. 신앙은 시비是非도 가릴 줄 모르고 무조건 "내 탓이오"만 외치는 바보를 만들지 않는다.

국가를 관리하는 사람들이 그 업무의 품질관리를 소홀히하면 국민은 큰 피해를 입을 수밖에 없다. 최근 외화 부족 사태가 발생했을 때 정부는 외채의 규모가 얼마나 되는지도 파악하지 못하고 있었던 것으로 보도되었다. 믿을 수 없는 일이다. 김영삼 정부가 들어서면서부터 문제는 있었다. 김영삼 씨는 취임사에서 "가진 자에게 고통을 주겠다"고 호언했었다. 국가 관리를 책임진 사람은 온 국민이 행복할 수 있도록 노력해야 한다. 고통을 주겠다니, 어디서 그런 오만과 무례함이 나오는가? 가진 자에게 고통을 주면 가지지 못한 자들이 먼저 피해를 입는다는 사실을 생각했어야 한다. 결국 온 국민을 도탄에 빠트리고 말았다. 취임 후부터 연속된 "깜짝쇼"들은 인사는 "만사"가 아니라 "망사"라는 비웃음을 낳게 했다. "건강은 못 빌려도 머리는 빌릴 수 있다"고 말했는데, 머리는 빌려서만 되는 것이 아니다. 어느 머리가 필요한 머리인지를 식별할 수 있는 정도의 머리를 본인이 갖고 있어야 했다. 언론매체에 보도되는 사진을 보면 대통령이 임석한 회의 장면들은 군사정권 때와 별로 다르지 않았다. 대통령은 지시하고 장관들과 참모들은 받아적고 있었다. 이것은 주군主君과 가신家臣들의 회의이다. 이런 회의에 참석하여 열심히 기록한 장관들과 참모들은 자기 사무실에서 하급자들에게 권위를 가지고 또 지시를 하였을 것이다. 그리고 그들이 한 일의 품질은 저질이었다.

오늘과 같은 정보사회, 다원多元사회에서 이런 권위주의적 회의들은 실효성있는 의견 수렴과 결정을 하지 못할 것이다. 한 사람이 많은 정보를 가지고 다른 사람들에게 지시하며 일하던 권위주의사회는 벌써 지나갔다. 작은 기업 하나도 그런 식으로 경영하면 발전은 고사하고 존속도 하지 못한다. 오만한 정치권력은 남의 말을 듣지 않는다. 견제를 받지 않는 권력의 파괴력이 어떤 것인지를 우리는 보았다. 사실 권력은 "바보의 존경, 어린이의 감탄, 부자의 선망, 현명한 자의 모욕을 자아내는 것"이라는 말이 있다.

현대사회 안에서 다른 사람의 말을 듣지 않으면 아무리 권위로 무장하여도 본인 스스로 무용지물이 되고 만다. 권위주의는 의사결정 과정을 무시한다. 의사결정 과정의 투명성을 보장하여 능력있는 사람들이 참여하고 기여할 수 있게 하지 못하면 현대와 같은 다원사회 안에서는 그 집단의 품질과 실효성이 떨어진다. 어떤 형태의 것이든 권위주의는 비극을 초래할 뿐이다.

오늘 한국 사회의 비극을 생각할 때 언론기관들의 자성도 조금은 있어야 할 것 같다. 언론기관을 일컬어 사회의 목탁木鐸 혹은 파수꾼이라 한다. 이번 사태에 언론기관은 그 역할을 다했는지 스스로 물어보아야 할 것이다. 유명인사 하나가 비리 의혹으로 검찰에 출두하면 그것을 취재하느라 큰 혼잡을 이루고, 전직 대통령들이 형집행정지로 출감하면 떼지어 몰려가서 사진 찍고 한말씀하시라고 마이크를 들이댄다. 외환 위기가 알려지기 전에 그 위기를 감지하여 알리는 파수꾼의 역할이 좀더 있었어야 했고, 외화 절약을 위한 국민운동을 일으켜서 목탁의 역할을 좀더 했었으면 하는 아쉬움이다.

약자에게 강하고 강자에게 약한 언론이면 사회를 위한 그 역할을 다한다고 말하지 못할 것이다. 여기서도 우리는 권위주의의 잔재를 본다.

2. 교회 권위주의의 진원지震源地

　권위주의에 대해 말하자면 우리 가톨릭 교회만큼 찬란한 데도 없다. 교회는 로마 제국주의 문화권 안에서 탄생하여 유럽 중세 봉건주의 문화권 안에서 성장하고 그 기본구조와 제도를 갖추었다. 로마 제국의 국교였던 그리스도교는 5세기부터 유입된 게르만족이 유럽에 정착하고 문화적 조직을 가지기까지 크게 기여하였다. 교회는 로마 제국의 조직과 제도를 귀감으로 스스로를 조직하고 제도화하였다. 제국의 문물이 대단히 권위주의적이라는 사실이야 말할 필요도 없다.

　중세 봉건사회의 권위주의는 11세기부터 유럽 곳곳에 세운 고딕식 성당들이 잘 보여준다. 사람이 이 성당에 들어서면 먼저 위를 쳐다보고 자기의 왜소함을 깨달아야 한다. 모든 것은 정상에 위치한 머릿돌에서 아래로 흐른다는 감을 주는 건축양식이다. 하느님은 그 높은 머릿돌 위에 계시다. 높고 낮음의 서열이 한눈에 뚜렷이 보인다. 그 서열의 높은 곳에 자리잡은 사람은 낮은 곳에 있는 자보다 하느님에게 더 가깝다. 하느님은 그 서열을 존중하신다. 쌓아올린 돌들을 보면 위의 돌은 밑의 돌을 잘 밟고 자기 하중을 맡기고 있다. 밑에 있는 돌은 그 위의 돌에 잘 붙어 있다. 이것이 봉건사회의 조직과 질서이다. 위에 있는 돌은 권위를 가졌고 밑에 있는 돌은 순종하고 있다.

　이런 사회에서 모든 것은 하느님의 이름으로 정당화된다. 황제와 왕의 정통성을 보장하는 것은 성당에서 거행되는 그들의 대관식이다. 그것으로 그들은 하느님으로부터 국가의 머릿돌로 앉혀지고 축성된 것이다. 주교는 서품식, 교구장은 착좌식, 신부들은 서품식, 기사騎士들은 기사직 수여식이다. 하느님이 그들에게 주신 권한이고 권위이다. 이런 사고방식에서 대중은 아무런 중요성을 지니지 못한다. 보이는 세계보다 보이지 않는 하느님이 더 중요하다. 보이는 육신보다 보이지 않는 영혼이 더 중요하다. 아무데서나 쉽게 볼 수 있는 백성이 중요한 것이 아니라 잘 보이지 않는 군주가 더 중요하다. 따라서 보이는 백성의 뜻보다는 보이지 않는 군주나 하느님의 뜻이 더 중요하다.

보이지 않는 하느님의 뜻은 서열이 높은 사람들을 통해서 보이지 않는 방식으로 드러난다. 군주의 머리 안에 무엇이 들어 있고 무엇이 나올지 모른다. 그러나 나오면 온 백성의 운명을 좌우한다. 중요한 결정들이나 인선은 서열이 높은 사람들만 모인 밀실에서 이루어진다. 교황 선출이 추기경들만 모인 콘클라베conclave라는 밀실에서 아직도 행해진다. 이 자리를 외부세계와 온전히 단절하여 밀실로 만든 데는 중세 세속군주들의 개입을 피하기 위해서였다는 사실은 우리가 잘 아는 바이다. 주교의 인선은 주교들만 모인 밀실에서 이루어지고 로마 교황청이 임명한다. 본당신부의 인사는 주교와 그 자문기구인 참사회라는 밀실에서 이루어진다. 신자들의 반응은 전혀 고려되지 않는다.

이런 권위주의적 인선은 현재 많은 문제들을 노출하고 있다. 오늘날 하느님의 뜻은 밀실에 모인 높은 사람들을 통해서 내리지 않는다는 사실을 우리는 알고 있다. 과거 유럽 중세사회에서는 정치권력자와 주교, 신부, 수도자들만이 글을 읽을 수 있었다. 일반 대중은 문맹이었다. 글을 아는 사람은 권위있는 사람이었다. 서민은 순종해야 했다. 이 길만이 문맹인 서민의 실효성을 보장하는 길이었다. 하느님의 뜻이야 당연히 글을 아는 높은 사람들을 통해서 내릴 수밖에 없다고 생각하던 시대였다.

오늘 우리가 사는 사회는 평등사회이다. "하느님께서는 사람 차별을 아니하신다"(로마 2,11)는 사실을 알고 있는 사회이다. 하느님은 우리 모두의 하느님이시다. 밀실에서 이루어지는 인선은 신학적으로도 사회적으로도 오늘날 정당화될 수 없다. 그 인선 과정이 투명하지 않기 때문이다. 1979년 작고하신 윤형중尹亨重 신부님은 회고록(『진실의 빛 속을』, 가톨릭출판사 1989. 142쪽)에서 1942년 로마가 노기남 신부를 서울 교구 주교로 임명한 사실에 대해 다음과 같이 기록하고 있다. "노기남 신부가 주교가 된 이런 제도는 틀렸다. 주교가 교구를 망쳐놓아도 아무런 대책이 있을 수 없는 제도다." 이런 선각자의 올바른 지적은 전혀 고려도 논의도 될 수 없는 우리 교회의 현실이다. 주교들의 인선만 문제가 아니다. 본당에 임명된 신부들에 대한 신자들의 의견은 전혀 참작되지 않는다. 외국 교포 사목을 위해 파견된 신부들에 대한 현지 신자들의 반응이 완전히 무시되고 있다. 주교들이 그 멀리까지 사목 방문을 하면서도 현지 신자들의 의견은 별로 듣지 않는다고 알려져 있다.

인선만이 문제가 아니다. 한번 교구장이 되면 75세까지 교구장으로 있게 한 현행 교회법은 현대적 상식과 인간 조건을 완전히 무시한 제도를 만들었다. 김영삼 씨는 나라 살림을 망쳤지만 그래도 5년 만에 물러나니까 피해는 그것으로 끝날 수도 있고, 다른 사람이 개선의 노력을 할 수도 있다. 우리 교회에는 주교들이 만 75세까지 교구 관리 책임을 지기에 그 폐해는 심각하다. 20년 혹은 30년씩 예사로 한다. 교회에는 부도위기도 없고 구제금융의 필요성도 없기 때문인가? 로마 제국의 황제가 종신직이었고, 유럽 중세 영주와 군주들이 종신직이었다. 주교들도 종신직이었지만, 제2차 바티칸 공의회(1963~1965) 이후 개정한 것이 75세까지로 된 것이다.

인간이 한 자리에서 10년 이상 일한다는 것은 어려운 일이다. 본인의 의욕과 실효성도 떨어지고, 오랫동안 여러 사람 위에 군림하면 독선으로 떨어질 위험성이 다분히 있다. 일 앞에 짜증스러워하는 모습들을 쉽게 볼 수 있다. 권력은 어디서나 "존경하는 바보, 감탄하는 어린이, 그 그늘에서 득 좀 보겠다는 가신들"을 만난다. 과거 군사정권 시기에 국가권력이 그 정통성을 잃었어도 권력자의 가신이 되어 권좌를 누린 사람들이 많았다. 사람들이 미련해서 그런 일이 일어나는 것도 아니었다. 지성인들이 모였다는 대학에서도 총장 인사가 한번 잘못되면 갖가지 추태들이 벌어진다. 모자라는 총장 밑에서라도 그 가신이 되어 보직 하나 얻어보겠다고 줄을 잇는다. 그런데 75세까지 할 수 있는 교구장직을 이상한 사람이 맡았다고 생각해 보라. 교회가 수십년 동안 입는 피해는 심각하다. 그런 인물일수록 가신들과 찬양대를 그 주변에 둔다. 업무에는 아무리 태만해도 지적할 수 있는 사람이 없다. 화투치기를 좋아하면 화투만 치고 살아도 75세까지 버틸 수 있다. 복음전파에는 의욕 없고 "고스톱" 보급에만 열을 올린다. 일년에 한번 하는 본당 사목방문을 하루에 네 본당 혹은 다섯 본당씩 그야말로 주마간산走馬看山식으로 해도 충고할 사람이 없다. 믿을 수가 없는 이야기이지만 사실임에는 틀림이 없다. 신부들도 소용없고 신자들도 볼 일이 없다. 하느님도 두렵지 않다. 무소불위無所不爲의 자리이다. 그래도 "존경하는 바보와 감탄하는 어린이와 그 그늘에서 득 좀 보겠다는 가신들"은 있다. 견제받지 않는 권력의 파괴력은 치명적이다. 우리 교회에는 그런 것을 지적하고 말할 수 있는 사람이 없다.

 필리핀 민다나오 섬 어느 교구의 교구장으로 10년을 일하고 그 자리를 떠나서 여기저기 연수회와 피정에 강사로 다니던 주교가 계셨다. 클레버Claver라는 이름이었던 것으로 기억한다. 1970년대 말경 부산 교구에 초청되어 와서 신부들 피정을 지도한 일이 있는 분이다. 그분의 말씀이다. 교구장으로 10년을 일하고 나니까 새로운 생각도 없고, 자기 자신이 교구를 위해 아무런 도움이 되지 못한다는 사실을 알게 되었단다. 교구장 사직서를 로마에 보냈더니 75세까지 하라는 분부와 더불어 사직서가 반려되었더란다. 그래서 그분은 그 교구를 위해 보좌주교를 선출하여 교구장 계승권을 준 다음 교구를 떠나서 여기저기 강사로 유익한 여생을 보내고 있다는 말이었다. 그분이 강론한 피정은 우리 신부들에게 대단히 유익한 것이었다. 그분의 교회 사랑과 사심이나 노욕老慾이 없는 봉사정신을 읽을 수 있었다.

멀리 필리핀까지 가지 않아도 된다. 20년 동안 안동 교구장으로 일하신 두봉 주교도 계시다. 1990년 61세의 젊은(?) 나이로 교구장을 은퇴하고 서울 행주공소에 계시면서 신자들을 위해 또 신부들과 수도자들을 위해 강연과 피정을 해주고 계시다. 『평화신문』 최근호에 그분에 대한 기사가 한 면 실렸다. 무척 보람있고 행복하신 모습이다. 또 한 분이 더 있다. 왜관 베네딕도회의 아빠스로 최근까지 계셨던 이덕근 아빠스이다. 베네딕도회 아빠스가 종신직이라는 것을 생각하면 그분의 용단도 우리가 배워야 할 점이다. 아빠스로 취임하여 정확히 10년을 일하고 1995년에 물러나서 현재 경북 군위에 있는 피정집에서 피정을 지도하고 계시다. 성격이 철저한 분이라 한 단체의 책임자가 어떻게 처신하는 것이 그 단체를 참으로 위하는 길인지를 철저하게 보여주었다.

이분들은 자기가 교구나 수도회에 도움이 되지 않을 때를 알고 물러날 줄을 안 분들이다. 자유스러운 분들이다. 교회의 현행법이 보장하는 75세까지 혹은 평생토록 권리행사를 할 수 있는 혜택을 누리지 않고 교회를 위해 봉사한 분들이다. 더 잘 섬길 수 있는 자리를 찾아 떠나는 용기를 보인 분들이다. 마음이 있으면 길은 있는 법이다. 예수는 돌아가시기 전에 기도를 하셨다. "아버지께서 세상에서 택하여 제게 주신 사람들에게 저는 아버지의 이름을 드러냈습니다. 그들은 아버지의 사람들입니다"(요한 17.6). 아버지의 사람들은 아버지께 맡기고 떠날 줄도 알아야 한다.

3. 교회 안에 보이는 권위주의 병폐

주교직이 교회 권위주의의 진원지이다. 현재 가톨릭 교회는 과거 권위주의적 문화가 남겨준 화석 위에 세워져 있다. 화석이라 말했다. 화석에는 생명도 따뜻함도 부드러움도 없다. 복음은 기쁜 소식이고 사람을 살리는 생명을 위한 소식이다. 그러나 과거 표현의 화석을 강요당하기 때문에 사람들에게 많은 상처를 주는 복음이 되었다.

권위와 순종이라는 종적 관계가 아직도 도처에서 강요되고 있다. 본당에는 사목협의회라는 것이 있다. 그 회장으로부터 위원까지 전부 본당신부가 임명한다. 본당신부가 아무리 젊어도 흔히 백발인 사목회장을 본당신부가 "임명"한다. 긴말 할 필요가 없다. 앞에 인용한 윤형중 신부님의 회고록 한 구절을 더 읽어보자. "주교 밑에 교구평의회가 있기는 하나 이것은 자문기관에 불과하다. 그리고 이 평의회는 주교가 마음대로 지명하니 못난 주교가 못난이들만 골라서 평의회를 구성하면 그만이다"(위의 책, 같은 곳). 교구나 본당이나 마찬가지이다. 못난 본당신부가 못난이들만 골라서 사목협의회를 구성하면 그만이다. 이렇게 해놓고 공사도 벌이고, 멀쩡한 사제관도 헐어버리고 다시 짓는다. 은경축, 회갑잔치, 고희잔치도 한다. 사제 서품 50주년까지 살 자신이 없는 사람은 40주년 잔치를 한다. 갖가지 폐단을 다 나열해서 무엇하겠나? 물론 이런 폐단은 극소수의 본당에서 일어나고 있다. 성실하고 겸손하게 신자들을 위해서 참으로 봉사하는 신부들도 많다.

한국의 경제 발전과 더불어 대도시에서는 대형 성당들을 많이 지었다. 거액의 돈을 들여서 지었다. 그런데 최근에 와서 성당의 대형화가 냉담 신자를 증가시켰다고 하면서 성당을 소형화한단다. 크게 지어 놓은 성당들에는 미사마다 자리가 남아도는데 그 인근에 또 수십억원을 들여서 부지를 확보하고 새 성당을 짓는단다. 대형 성당을 짓기 위해서 그 많은 돈을 모금한 지 불과 몇 년 후 또 소형화하기 위해 다시 모금을 하게 되었으니 이 시행착오에 대해서는 누가 책임을 져야 하나? 신자들은 봉인가? 이런 본당 신자들은 죽을 지경이다. 그래도 하느님의 집을 짓는 데 참여하는 영광을 받았으니 감사해야 하나? 이것도 하느님이 하시는 일이라 신자들은 놀랍게만 보고 있으란 말인가?

현대사회에서 권위는 위로부터 주어지지 않고 순종을 요구하지도 않는다. 인간이 노력하여 자기의 실효성을 높이면 권위있는 사람이 된다. 권위는 순종과 관계있는 것이 아니라 사람들이 인정하는 것이다. 현대사회에서는 한 사람이 정보를 독점하지 못한다. 다원사회이다. 따라서 수평적 원활한 관계만이 인간의 실효성을 높여준다. 아직도 고딕식 수직의 관계를 고집하는 교회는 인간의 실효성을 저하시키고 있다. 고딕식 머릿돌이라고 스스로 생각하는 사람들은 자기의 실효성이 머릿돌로서 존속하기에 부족함을 보면서 실효성의 제고提高를, 하느님이 주셨다는 권위에서 찾으려 한다. 이런 사고방식은 수평적인 정당한 인간관계를 불가능하게 만들고 있다. 기득권층의 권위주의는 무조건 "존경하는 바보와 감탄하는 어린이들"만 교회 안에 남게 만들 것이다. 그리고 양식있고 현명한 사람들은 남아 있기 힘들 것이다.

교리와 강론이 위기를 겪고 있다. 중세언어가 그리스도교 본연의 언어인 양 생각하기 때문에 현대인에게 메시지를 발생시키지 않는다. 모든 것을 수직적으로 이해하는 사목자들의 일방적인 자세는 유럽 중세를 벗어나지 못한 작태이다. 제도교회는 가르치고 사목을 하기 위해, 현대인들이 살아가는 그 사회 안에서 인간 실존의 여건이 어떤 것이며, 통용되는 언어가 어떤 것인지 배워야 한다. 현대인으로서 성서를 다시 읽고 이해하며 실천을 해야 한다. 그러면서 그리스도교 언어도 새로워질 것이다. 교회의 사목은 그 시대의 염원과 필요성을 감안해야 한다. 이미 모든 것을 가진 교회라는 생각을 버려야 한다. 그런 생각이 스스로를 머릿돌로 착각하는 우월감을 낳고 그 우월감이 세상의 현실을 외면하게 만든다. 세상을 외면하면 그 세상을 위한 복음의 메시지가 사라진다는 것을 알아야 한다.

4. 예수 그리스도의 복음

이스라엘의 신앙을 모태로 한 그리스도교 신앙은 인간 안에 내재하는 권위주의를 하느님으로 극복할 것을 요구한다. 전능하신 하느님과 그 아들 예수 그리스도를 믿는 것은 "존경하는 바보, 감탄하는 어린이, 야심있는 가신"이 되는 것이 아니다. 유대-그리스도교 신앙사에 보면 사람들은 하느님을 구실로 권위주의에 계속 빠지고 하느님은 그것을 저지하시는 분으로 나타난다.

성서는 강자 밑에 사람들이 하나로 뭉쳐서 같은 말을 하며 하늘에까지 닿는 탑을 쌓는 것이 사람이 할 일이 아님을 말한다(창세 11,1-9). 제국주의, 전체주의, 전제주의 등의 단어가 의미하는 하나됨의 질서이다. 하느님은 그런 질서를 원하시지 않는다는 것이 바벨탑의 이야기이다. 사도행전이 전하는 성령강림 장면(2,1-13)은 성령이 각자 위에 내려오자 각자는 자기 언어로 말하고 각자는 자기 언어로 알아들었다는 보도이다. 바벨탑이 지향하던, 권위 안에 하나되는 사회가 아니라 다양함 안에 하느님이 원하시는 친교와 하나됨이 있는 새로운 세계를 여는 성령이라는 말이다.

이스라엘 신앙의 기원인 모세와의 계약은 하느님이 인간과 함께 계시다(출애 3,12)는 것이고 인간은 하느님을 모시고 있다는 사실에 입각하여 살아야 한다는 것이다. 함께 계시는 하느님의 모습을 보여 달라는 모세의 기도에 하느님으로 말미암아 "돌보아주고 가엾이 여기는" 사람이 된 사람들의 모습 안에서 당신을 보라는 대답이다(출애 33,18-23). 하느님이 함께 계시면 권위가 생기는 것이 아니라 "돌보아주고 가엾이 여기는" 모습이 발생한다는 말씀이다. 창세기가 전하는 인간 창조의 이야기 안에 "선과 악을 알게 하는 나무 열매"는 먹지 말라(2.17)는 말씀도 선악의 기준을 자기 안에 두고 자기를 중심으로 판단하는, 곧 자기 스스로를 긍정하는 사람이 되지 말라는 말씀이다. 이스라엘 역사 안에 나타나는 예언자들의 노력도 정치적 통치자와 종교 지도자들의 권위주의 폐단에 대한 비판이라 말할 수 있다.

예수는 유대교 지도자들의 권위주의에 도전했다가 희생당한 분이다. 유대 종교 기득권층은 세리와 죄인들을 하느님이 버렸다고 가르쳤다. 예수는 "세리들과 죄인들의 친구"(마태 11.19)라는 평을 들은 분이다. 그 시대 유대 종교 권위는 병이나 재앙은 하느님이 벌주신 것으로 가르쳤다. 예수의 병 고침과 마귀 쫓음은 하느님은 벌주시는 분이 아니라 고치고 살리는 분이라는 사실을 보여주는 예언자적 행위들이었다. "아버지께서 일하고 계시며 나도 일하고 있습니다"(요한 5.17)는 예수의 말씀이다. 이것은 모세와의 계약에서 볼 수 있는 "돌보아주고 가엾이 여기시는" 하느님을 실천하는 일이었다. "하느님 나라는 지켜보는 가운데 오는 것이 아닙니다"(루가 17.20)라는 말씀이다. 하느님의 일을 실천하는 곳에 하느님의 나라가 있다는 말씀이다.

그리스도교 신앙은 하느님의 일을 하는 데에 있다. 이것을 복음은 "내 사랑 안에 머무시오"(요한 15.9)라는 예수의 말씀으로 표현한다. 하느님은 사람들에게 행사할 권한이나 권위를 주시지 않았다. 스승, 아버지, 지도자라는 호칭으로 불리지 말라는 예수의 말씀(마태 23.8-10)이다. 인간이 자기 자신을 중심으로 열리는 세계를 만들지 않고, 하느님의 자비로운 마음에 스스로를 내어맡겨서 열리는 세계에 충실하게 하는 신앙이다. "하느님은 은혜를 모르는 사람들과 악한 사람들에게도 인자하시고 … 자비로우신 분이다"(루가 6.35-36). 하느님은 당신의 이해利害와 권위에 얽매이지 않는 분이다. 사랑은 스스로를 주인공으로 생각하지 않고 사랑하는 사람을 위주로 생각하고 판단하는 삶의 방식이다. 권위주의가 추구하는 바와는 전혀 다르다.

가진 자와 높은 자의 뜻 안에 가지지 못한 자와 낮은 자를 하나되게 하는 것은 권위주의가 추구하는 것이다. 재물이나 권력의 권위를 가진 자에게 권위를 가지지 못한 자가 순종하는 것이다. 예수는 "그들이 모두 하나가 되게 하소서"(요한 17,21)라고 기도하셨다. 예수가 지향한 하나됨의 방식은 전혀 다르다. 가지지 못한 자와 낮은 자를 중심으로 가진 자와 높은 자가 변하는 것이다. 그래서 하나가 되는 방식이다. "길 잃은 양 한 마리를 찾아나선 목자"(루가 15,1-7)가 하는 일이고 신앙인의 삶을 위해 최종적 판단 기준을 제시하는 "최후심판"(마태 25,31-46) 장면이 보여주는 자세이다. 굶주린 사람을 중심으로 굶주리지 않은 사람이 움직이고, 목마른 사람을 중심으로 목마르지 않은 사람이 움직인다. 병든 사람을 중심으로 병들지 않은 사람이 움직이고, 감옥에 갇힌 사람을 중심으로 감옥에 갇히지 않은 사람이 움직인다. 자캐오(루가 19,1-10)는 남의 돈을 거둬들이는 권위를 가진 사람이지만, "가난한 사람들과 자기가 등쳐먹은" 약자들을 중심으로 변하면서 "오늘 이 집에 구원이 내렸습니다"라는 예수의 말씀을 듣는다.

"백성을 다스린다는 사람들은 엄하게 지배하고 그 높은 사람들은 백성들을 억압합니다. 그러나 여러분 사이에는 그럴 수 없습니다. 오히려 여러분 가운데서 크게 되고자 하는 사람은 여러분을 섬기는 사람이 되어야 합니다. … 사실 인자도 섬김을 받으러 온 것이 아니라 오히려 섬기러 … 자기 목숨을 내주러 왔습니다"(마르 10,42-45). 종교적이거나 정치적이거나 모든 형태의 권력은 권위주의, 옹졸함, 횡포 등의 유혹에 빠지기 쉽다. 권력은 인간의 더 큰 자유와 질서있는 공동생활을 위해 있는 것이다. 그러나 봉사라는 미명하에 권력은 즉시 자체를 목적으로 하고 권력을 가진 자를 중심으로 세상을 변하게 한다. 예수는 사람들을 섬기고 당신 스스로를 내어줌에 당신의 일이 있음을 말씀하셨다.

나오면서

교회는 성찬을 하는 사람들의 모임이다. 성찬은 예수의 몸과 피라는 빵과 포도주를 먹고 마시면서 예수의 "내어줌과 쏟음"을 자기의 실천으로 하겠다는 성사이다. 요한 복음서는 100년경 예수의 최후 만찬기를 새삼 소개하기보다, 그때 이미 교회 안에 보편적으로 자리잡은 성찬이 그 본연의 의미를 상실하고 허례허식이 되지 않게 하기 위하여, 예수가 제자들의 발을 씻은 이야기(요한 13.1-17)를 최후 만찬기 대신 소개한다. 예수 생애를 요약하는 "내어줌과 쏟음"은 사람들의 발을 씻는 섬김에 있다는 것이다. 남의 발을 씻는 것은 종의 몫이다. 성찬은 이런 봉사의 실천을 발생시키는 성사다. 권위주의는 성찬의 의미마저 거스른다.

현재 교회를 지배하고 있는 권위주의는 청산되어야 한다. 권위주의에 중독되었거나 그 권위 밑에서 가신으로 행복한 사람들은 이것이 어떤 불행을 향해 교회를 치닫게 하고 있는지를 모른다. 성당에 다니다 중단하는 사람들의 이야기를 좀 들어보아야 한다. 양식있고 열심한 사람들은 현재 괴롭다. 가톨릭 교회의 언론기관이라 할 수 있는 신문사나 방송사에서 일하는 사람들의 솔직한 말을 들어보아야 한다. 무조건 "존경하는 바보와 감탄하는 어린이"를 제외한 모든 이들이 괴롭다. 김영삼 정부의 실정에 언론기관들도 일조를 하였다고 앞에서 말했다. 가톨릭 교회에는 언론이 도무지 없다. 그런 기관에 일하는 사람들은 높은 분들의 권위가 베푼 재갈을 단단히 물고 있다.

복장으로 자기 신분을 나타내는 것은 중세 봉건사회의 권위주의가 화석화된 좋은 예이다. 옷으로 자기가 지닌 권위를 나타내겠다는 것이다. 법정에서 법관이 법복을 입는 것은 법의 권위를 나타낼 필요가 있기 때문이다. 별을 붙인 장군의 복장과 무궁화를 붙인 경찰 고위 간부들의 견장은 국방과 치안을 담당해야 하는 국가 공권력이라는 권위를 나타낸다. 그러면 교회의 인사들은 무슨 권위를 위해 특수 복장을 하나? 하느님이나 예수는 권위를 원하시지 않는다. 교회가 현재 애용하고 있는 보랏빛이나 붉은 빛은 과거 황제나 군주의 위세를 나타내던 복장의 빛이다. 오늘 현대세계에서는 그런 위용(偉容)들이 자취를 감춘 지 오래되었다. 그런 것은 박제로 남은 과거 권위주의 사회의 허례허식이다. 박제에는 생명이 없다. 그런 것을 청산하고, 기쁘고 자유스런 삶을 되찾기 바란다. 옷부터 다른 이들과 같이 입어야 다른 이들과 함께 대등하게 말하고 듣는 인간이 될 것이다. 정직한 말을 들으려면 권위주의적이지 말아야 한다. 들을 귀가 아닌 귀에는 아무도 진실을 말해주지 않는다. 진실을 들을 수 있어야 우리가 하는 일의 품질도 혁신할 수 있을 것이다.

⑬

그리스도 신앙교육
─『가톨릭 교회 교리서』를 중심으로

들어가면서
1. 일반적 문제점들
2. 성서와 전통
3. 예수 그리스도
3.1 하향적 그리스도론
3.2 역사비평적 성서 이해의 외면
3.3 예수의 지상생활
3.4 예수의 죽음
3.5 예수의 부활, 승천, 성령강림
나오면서

들어가면서

교리서는 신앙교육서이다. 그리스도교 신앙은 예수라는 분으로 말미암아 발생한 생활운동이다. 이 운동은 2,000년 동안 여러 문화권 안에서 지속되면서 그리스도교 신앙 고유의 언어들과 삶의 전통을 낳았다. 그리스도교 교리교육은 사람들이 이 언어 전통에 입문하면서 예수 그리스도로 말미암은 체험과 삶의 변화를 가지게 하는 데에 그 목적이 있다.

제2차 바티칸 공의회 개막 30주년이 되는 1992년 10월 11일자로 교황 요한 바오로 2세는 교령「신앙의 유산」*Fidei Depositum*을 선포하면서 『가톨릭 교회 교리서』[1]라 불리는 새 교리서를 공표했다. 가톨릭 교회 정기간행물들은 "4세기 만의 새 교리서"라고 대서특필하였다. 400년 동안 교리서가 전혀 없었다는 말인가? 한국의「가톨릭신문」과 『평화신문』도 "제2차 바티칸 공의회 정신 구현", "21세기 복음화를 위한 장거壯擧", "영원한 진리 현대에 맞게 표현", "미신자, 타종교인에게도 유익", "교황청 새 교리서 곧 20개 국어 번역", "새 교리서 9개 국어 300만부 발간" 등의 큼직한 제호로써『교리서』에 대해 극찬을 아끼지 않았다.

이『교리서』의 원본은 프랑스어이며 800쪽에 달하는 방대한 분량이다. 1985년 1월 25일 소집된 세계 주교 대의원회의 임시총회에서 "신앙과 도덕에 관한 모든 가톨릭 교리를 망라하는 교리서나 그 개요서가 편찬되어야 한다"(『교리서』 한국어판 4쪽)는 제안이 있었다. 교황은 이 제안을 받아들여 1986년부터 "위원장 라찡거 추기경을 비롯

---

[1] 가톨릭 중앙협의회 간행. 이하『교리서』라 칭한다.

열두 명의 추기경과 주교들로 구성된 위원회에 세계 주교 대의원회의 교부들이 요청한 교리서의 편찬 임무를 맡겼다"(5쪽).

『교리서』는 "한편으로는 성 비오 5세의 교리서가 따랐던 전통적인 '옛' 순서를 다시 취하여 그 내용을 네 부분으로, 즉 신경, 성사를 비롯한 거룩한 전례, 십계명의 설명으로 시작되는 그리스도인의 삶, 끝으로 그리스도인의 기도순으로 배열하였다"(7쪽)고 말한다. 여기서 성 비오 5세의 교리서라는 것은 트렌토 공의회 이후 로마 교황청이 본당신부들을 위해 만들어서 공표한 교리서[2]를 의미한다.

제1차 바티칸 공의회는 신자들의 교리교수용으로 교황이 교리서를 발간하도록 결의를 하였지만, 그것은 실천에 옮겨지지 않았다. 제2차 바티칸 공의회는 제1차 바티칸 공의회가 실현하지 못한 교리서를 발간하기보다는 각국 주교회가 교리서를 만드는 데 참고가 될 수 있는 전체 지방교회들을 위한 교리 지침서를 발간해 줄 것을 건의했다.

트렌토 공의회 이후 모든 가톨릭 신자들을 위한 교리서가 없었다는 의미에서 이 『교리서』는 새로운 것이라고 말할 수 있겠다. 현대사회가 처하고 있는 문제들에 대해서도 생각한 것은 사실이다. 가령 "살인하지 말라"(출애 20.13)는 제5계명을 해설하면서 마약, 폭력, 인질, 무기 경쟁, 낙태 등의 문제들에 대해 언급하고 있다(2258-2330항). 트렌토 공의회의 교리서가 16세기 종교개혁으로 위협을 당하던 가톨릭의 정체성正體性을 표현하기 위함이었다면, 이 『교리서』는 세속화世俗化와 무관심無關心 및 다원주의多元主義로 위협당하는 가톨릭 교회의 정체성을 표현하려 한다고 말할 수 있겠다.

교황은 이 책의 서문에서 『교리서』가 "참조의 텍스트"라는 사실을 세 번이나 반복해서 말한다. 우리말 번역서에는 그 뜻을 더욱 강화

---

[2] *Catechismus ad parochos*, 1566.

하여 "규범서"(4,5,8쪽)라고 표현하였다. 교황은 다음과 같이 표현한다. "이 교리서는 교회의 권위, 즉 교구장 주교와 주교회의의 승인을 받았거나 더욱이 사도좌의 승인을 받은 지역 교리서들을 대체하기 위한 것이 아닙니다. 이 교리서는 오히려 다양한 상황과 문화를 고려하면서도 신앙의 일치와 가톨릭 교리에 대한 충실성을 애써 간직하고자 하는 새로운 지역 교리서들의 편찬을 고무하고 또 도와주기 위한 것입니다"(9쪽).

필자는 이 『교리서』를 읽고 느끼는 바를 그리스도에 관한 가르침을 중심으로 개진하고자 한다. 먼저 『교리서』가 지니고 있는 일반적 문제점들 몇 가지를 지적하고, 예수 그리스도에 관한 가르침을 논하기에 필수적인 성서와 전통에 대한 『교리서』의 가르침을 생각해 본 다음, 예수 그리스도에 관한 이 책의 가르침이 안고 있는 문제점들에 대해 논하고자 한다.

1. 일반적 문제점들

트렌토 공의회의 교리서가 교리를 가르쳐야 하는 본당의 신부들을 위한 것이었다면, 이『교리서』는 먼저 주교들을 위한 것이라고 말한다.『교리서』의 서문은 다음과 같이 쓰고 있다. "이 교리서는 주로 교리교육 담당자들을 위한 것이다. 우선 신앙의 교사이며 교회의 목자인 주교들을 대상으로 한다. 이 교리서는 하느님의 백성을 가르쳐야 하는 그들의 임무를 완수하기 위한 도구로서 제공되는 것이다. 이 교리서는 주교들뿐 아니라, 교리서를 편찬하는 이들과 사제들, 그리고 교리교사들을 대상으로 한다. 또한 모든 그리스도인들이 읽는 것도 유익할 것이다"(12항). 상품에 대한 오판을 하고 있는 서문이다. 모든 그리스도인들, 곧 신학교육을 특별히 받지 않은 사람들에게 이 책이 어떤 도움이 된다고 생각하나?

16세기 본당신부들이 교리서를 필요로 했던 그만큼 오늘의 주교들이 교리서를 필요로 하느냐는 문제가 있다. 주교들을 위한 것이라고 말하고 이『교리서』는 다른 사람들도 독자가 될 수 있음을 말한다. 이 책을 대중을 위해 팔고 있는 것을 보면 일반 신자들도 고객으로 생각하는 것은 확실하다. 그러면 신자들 중에 이 책을 읽을 수 있는 사람들은 과연 얼마나 될까? "내용이 어렵고 어지러울 정도로 다양한 자료를 담아놓고 있다. 신자들이 산다면 책장 장식용밖에 더 되겠나?"[3]

『교리서』에는 성서 인용이 대단히 많다. 하나의 주제를 논리적으로 전개하는 교리서 안에서 성서 텍스트를 접하는 것과 성서 안에

---

[3] René Marlé, "Un catéchisme de l'Eglise catholique", *Etudes*, décembre 1992, 694.

서 텍스트를 만나는 것은 서로 다르다. 제2차 바티칸 공의회 이후 가톨릭 교회 안에 성서를 공부하는 모임들은 많다. 이런 모임에서 말씀에 접한 신앙인들은 『교리서』의 성서 인용방식에 만족하지 않을 것이다. 『교리서』의 저자는 자기가 제시하는 교리를 정당화하기 위해서 인용하는 구절이 들어 있는 성서 각권의 성격이나 맥락을 전혀 고려하지 않고 난도질하여 인용한다.

  공의회의 문서들, 교황의 회칙들과 교황의 강론 등이 그 문서의 중요성에 대한 아무런 비판 없이 인용되었다. 일부 중세 문헌들은, 전문가가 아닌 독자들이 그 역사적 배경을 모르기에 이해하기 어렵다. 제대로 이해하지 못하면 신앙이 오도될 가능성을 가진 문서들이다. 『교리서』의 저자는 각 조항을 위해 성서, 교부들의 저서들, 공의회 문헌들, 신학자들과 성인들의 글들, 교회법전 등을 종횡으로 인용한다. 인용된 가장 최근의 신학자는 뉴만J. H. Newman이고 성인으로서는 시에나의 가타리나Caterina와 심지어는 잔 다르크Jeanne d'Arc까지 인용되었다. 이 교리서는 인용문집引用文集이라는 인상을 줄 정도로 많은 문헌들을 길게 인용하고 있다.[4] 이런 모든 인용들이 같은 중요성을 지니는 것은 물론 아니다. 복음서들과 나란히 놓을 수 있는 것은 더욱 아니다. 이 책을 대하면 무엇이 중요한지도 모르고 이름만 붙여서 잔뜩 전시해 놓은 박물관 전시품들 사이를 걸어다니는 사람의 답답함을 느끼게 만든다. 과거의 모든 것을 무작정 보전하라고 강요하는 것 같다. 이렇게 되면 전통이 아니라 하나의 괴물이 되고 만다. 신앙 전통은 그리스도에 대해 살아 있는 기억으로서의 증언의 역사이다. 여기에는 삶을 움직이는 역동성이 있고 동화同化와 폐기廢棄의 실천이 있다. 『교리서』는 나무는 보아도 숲은 못 보

---

[4] 인용문들 중에는 『교리서』의 본문에 아무런 도움이 되지 않는 것들도 보인다. 예를 들면 예수의 영혼이 분리되었지만 그 육신은 부패하지 않는다는 것을 말하기 위해 인용된 니사의 그레고리오의 글(625, 650항) 같은 것이다.

게 만든다. 한 시대에 중요한 역할을 한 언어도 그 시대가 지나면 우리가 버려야 하는 것이 있다. 『교리서』는 이런 원칙을 전혀 모른다. 복음의 상징성과 새로움을 제시하지 못하는 교리서이다.

『교리서』는 그 서론에서 "가톨릭 교리와 윤리의 핵심적이고 기본적인 내용을, 유기적이고 체계적으로 제시하는"(11항) 것이 목적이라고 말한다. 그러나 유기적이고 체계적인 것은 찾아보기 어렵다. 교리와 윤리에 대해 사소한 것과 부차적인 것뿐 아니라 민속적인 성격을 지닌 것까지 모두 함께 나란히 놓는 것이 유기적이거나 체계적인 것이라 할 수는 없다. 모든 명제들이 같은 수준에 나열되어 있다. 제2차 바티칸 공의회가 말한 "가톨릭 교리들 사이에 질서와 서열이 있다는 사실"(『일치운동에 관한 교령』 11)을 『교리서』는 알고 있다(90항). 그러나 그 "질서와 서열"은 전혀 반영되지 않았다. 그리스도교 신앙은 실천이다. 교리는 그 실천을 위해 하나의 상징세계를 제공하는 것이다. 삶이 변하도록 가치들의 체계와 구조를 제공하는 것이라 말해도 좋다. 모든 것이 같은 수준에 있는 듯이 말하면 신앙이 주는 역동성이나 전망을 제공하지 못하고 사람을 혼란에 빠지게 한다.

이 책은 "신비"라는 단어를 많이 사용하고 있다. 그러나 모든 명제들이 같은 수준에 진열되었기에 신비에의 접근은 불가능하다. 이 책의 시야에서는 하느님의 신비를 위한 여러 가지 길이 있다는 것도 상상할 수 없으며, 다양한 이해, 다양한 신학, 다양한 영성이 있을 수 있는 여지도 없다. 하나의 원리가 주어졌고, 하나의 논리가 있으며, 신앙인의 삶의 구조도 하나가 있을 뿐이다. 유기적 원리가 사라졌기에 모든 것이 신앙이다. 따라서 신앙인이기 위해서 무엇을 믿고 무엇을 실천해야 하는지가 실종되어 버렸다.

하나의 교리서는 메시지에도 충실해야 하지만 그것을 듣는 사람이 공감하고 받아들일 수 있는 언어를 사용해야 한다. 그러나 『교리서』는 진리라고 주장하는 모든 것을 사람들에게 제시하고, 제시된 그대로 받아들일 것을 강요한다. 이 책은 난해한 주입식 교과서 같기도 하고, 유기적으로 이해할 것을 요구하지 않는 명제집命題集 같기도 하다. 제2차 바티칸 공의회 이전까지 신학교에서 사용되던 라틴어 신학 교과서의 순서와 내용을 옮겨놓았다는 인상을 준다. 『교리서』는 보편성을 주장하지만 그 언어는 유럽 중세적인 것이다. 로마가 관여하여 만들었으니 보편적이 되는것도 아니다.

『교리서』는 신앙과 문화의 관계에 대해 전혀 알지 못한다. 『교리서』는 초시대적이고 초문화적인 것이 되고자 한다. 그러면서 아리스토텔레스 시대와 중세의 언어를 반영하고 있다. 메시지의 보편성은 언어의 획일성으로 보장되는 것이 아니다. 모든 민족과 모든 문화를 위해 하나의 교리서가 있을 수 있다고 생각하지 말아야 한다. 다양함 안에 보편성이 있다. 다른 언어의 발생을 저지하고 획일적인 언어를 강요하면서 보편성을 주장하지 말아야 한다. 보편성을 지닌 교리서는 서로 다른 문화적 표현의 언어들 안에서 가능할 수 있다. 우리는 "한 가지 말을 쓰는"(창세 11.1) 그리스도교 중세 문화권의 사람들이 아니다. "각자 자기 말을 하고 … 각자 자기 말로 알아듣는"(사도 2.1-13) 사람들이다.

『교리서』는 다른 종교에 속하는 사람들과 타교파 그리스도인들에게 아무런 자리를 주지 않는다. 오늘날 종교신학이 말하는 바를 전혀 모르고 있다. 구원의 길로서의 타종교들에 대한 언급도 전혀 없다. 제2차 바티칸 공의회가 열어놓은 길을 닫아버렸다. 한국과 같은 다종교사회多宗教社會에서 이런 식의 보편성으로 위장된 획일성을 교리에서 가르친다면 그리스도인들은 시대에 뒤떨어지고, 유아기적幼兒期的 아집에 사로잡힌 사람들이 되고 말 것이다. 그런 자세는 복음적인 것도 아니다. 지구촌에 살면서 균형잡힌 사고를 하는 현대인은 그렇게 편협한 신앙관을 가지지도 않고, 그런 배타성을 수용하지도 않는다.

교회일치 운동에 대한 『교리서』의 무지無知와 침묵은 놀라운 일이다. 가톨릭 신자만이 그리스도인임을 말하고 있다. 진리는 가톨릭의 진리만이다. 제2차 바티칸 공의회가 교회일치를 위해 개척한 길은 외면하고, 공의회 문헌들을 그 나무에서 잘라내어 생명이 없는 문자로 만들어서 필요한 대로 인용하고 있다. 교회를 말할 때 이 『교리서』는 복수로 "교회들"이라는 말을 사용하지 않는다(748-816항). 교회는 하느님 나라와 구별이 잘 되지 않는다(763-766항).

『교리서』는 교회가 죄에 물든 것이 아니라고 말한다. "죄인들로 이루어진 죄없는 교회"(867항)이다. 제2차 바티칸 공의회는 "항상 정화되어야 하기에 끊임없이 회개와 쇄신을 계속하는"(『교회헌장』 8) 교회라고 말했다. "교회 밖에는 구원이 없다"라는 표현은 중세 그리스도교 사회를 벗어나면서 독선적 오해의 원인이 되었던 표어이다. 로마 교황청이 1943년 미국 보스턴Boston 교구 대주교에게 보낸 서간에서 이 표현을 쓰지 말도록 지시하고 있다.[5] 그러나 『교리서』는 이 표현을 한 단원의 제목으로 사용하고 있다(846항). 놀라운 일이다. 어쩌자는 말인가? 그래도 중세사회가 좋다는 말인가?

신앙의 자유에 대해서도 제2차 바티칸 공의회의 문헌이 말하는 것과 많이 다르다(2104-2105항). 신앙을 위해서는 어떤 오류도 용납되지 않는다(2108-2109항). 믿지 않을 수 있는 자유도 전혀 인정되지 않는다(2136-2137항). 종교재판 시대의 독선이 엿보인다.

교도권의 무류성에 대해서도 과거에 하던 말을 반복하고 있을 뿐 새롭게 생각해 보는 자세가 전혀 보이지 않는다.[6] 사도들의 후계자들, 특별히 베드로의 후계자가 "일반적 교도권"을 행사할 때는 하느님의 도우심이 주어진다는 것이다(2035-2036항). 신자들은 이런 가르침

---

[5] DS 3866-3873 참조. 이 표현을 고집하던 Boston College의 Leonard Feeney 신부는 1953년 2월 4일에 파문당했다.

[6] P. Valadier, "Le dernier catéchisme", *Le Monde*, 1992. 12. 25. 참조.

에 대해서는 "성실한 존경심으로 따라야 하는데, 이것은 … 신앙의 동의를 연장하는 것"(892항)이기 때문이다. 그러나 우리는 교회사 안에서 신앙과 과학 특히 신앙과 역사학에 대해서 교회의 교도권이 얼마나 많은 잘못을 범하였는지를 잘 알고 있다.

2. 성서와 전통

『교리서』가 성서와 전통을 보는 눈은 트렌토 공의회의 것이다. 성서와 전통의 관계를 설명하는 단원(80-83항)은 제2차 바티칸 공의회의 「계시헌장」 9항을 인용하고 있다. 이 부분은 트렌토 공의회의 정신을 살려놓은 단원이다. 16세기 개혁운동이 전통을 배척하고 "성서만으로"를 주장한 것에 반해서 트렌토 공의회는 "기록된 성서와 기록되지 않은 전통 안에"(DS 1501) 진리가 주어졌음을 역설하였다. 제2차 바티칸 공의회는 그 「계시헌장」에서 "성경만으로써는 교회가 모든 계시에 대한 확실성을 얻을 수 없다"(9항)고 선언함으로써 트렌토의 입장을 외면하지 않으려 했고 『교리서』는 그 부분을 집중적으로 인용하고 있다. 트렌토 공의회를 전후해서 사용하던 성서와 전통의 대립적 개념을 그대로 강요한다.

그러나 이 문제는 오늘날 신학에서 극복되었다. "성서만으로"를 주장하는 신학자도 거의 없고 성서와 전통을 나란히 놓고 둘의 중요성을 강조하는 사람도 없다. 신앙의 초기에 예수를 따르던 하나의 백성이 있었고, 이 백성의 삶이 전통을 이루는 가운데, 역사의 어느 시점에 기록된 텍스트들을 발생시킨 것이다. 이 기록된 성서는 그리스도교 신앙 전통의 한가운데에 판단과 설정의 한 순간이 요지부동의 성격을 지녔음을 말해준다. 성서는 그리스도교 진리의 역사적 설정을 반영하고 있다. 신앙인들이 역사의 어느 시점에 그들 삶의 이야기를 문자화하여 남긴 것이다. 신약성서는 우리가 나자렛의 예수에게 역사적으로 접근할 수 있게 해주는 가장 신뢰할 수 있는 문서다.

그리스도교 신앙은 예수로 말미암은 역사적 체험을 기원으로 하고 있다. 신앙은 결단이지만 이 기원으로 말미암은 증언이고 전승하는 행위이다. 그리스도교 신앙은 하나의 역사를 여는 자유의 체험이다. 이 역사는 단순한 반복이 아니라 새로움과 창조의 장소이다. 그리스도교 진리의 표현은 항상 육화된 것으로서 시간과 장소에 매여 있고, 인간의 사회적·문화적 투쟁의 영향을 받는다. 따라서 진리는 족보적族譜的 성격을 지닌다고 말할 수 있다. 동일한 기원의 생명이지만 시간과 장소에 따라 나타나는 형태가 다르다는 말이다. 성서가 역사 비평적으로 해석되어야 하는 이유가 여기에 있다. 그리스도교 진리는 하느님 말씀으로 충만하고, 명백하고, 충분한 것으로 나타나지 않는다. 그리스도교만이 알고 있는 문자 그대로의 하느님 말씀은 없다. 진리는 교의적敎義的 결정으로도 나타나지 않는다. 진리는 그리스도인의 삶 안에 증언되어 나타나는 예수 그리스도의 삶이다. 문자화된 성서와 삶의 전통은 같은 예수 그리스도의 삶을 우리에게 전한다는 의미에서 둘이 아니라 하나이다.

『교리서』는 역사비평적 성서 독서를 전혀 알지 못한다. "성서 저자들의 의도를 찾아내기 위해서는 그들의 시대와 문화의 상황, 당시에 사용되던 문학 유형, 그 당시에 이해하고 표현하고 이야기하던 방식 등을 염두에 두어야 한다"(110항)는 것이 이 교리서가 역사비평적 방식에 대해서 언급하는 전부이다. 실제로 『교리서』는 역사비평적 접근을 온전히 외면한다. 오늘날 신자들의 성서 독서 모임에서도 어느 정도의 역사비평적 접근은 실천되고 있다.

『교리서』는 성서와 전통에 대한 유권적 해석은 "교회의 살아 있는 교도권에만 맡겨져 있다. 즉, 로마 주교인 베드로의 후계자와 일치를 이루는 주교들에게 맡겨져 있는 것이다"(85항)라고 말한다. 그리고 계속한다. "예수께서는 사도들에게 '여러분의 말을 듣는 사람은 나의 말을 듣는 것입니다'(루가 10.16) 하고 말씀하셨다. 신자들은 이 말씀을 명심하여 그들의 목자들이 여러 형태로 주는 가르침과 지도를 온순하게 받아들인다"(87항). 착하고 온순하게 말을 잘 듣는 양떼로 있으라는 말이다. 계몽사상 이전 유럽 중세사회 안에서 통용되던 말이다. 이런 자세를 고수해 온 유럽 교회가 오늘날 그리스도인들로부터 어떤 외면을 당하고 있는지를 심각하게 생각하고 반성한다면, 그야말로 분골쇄신粉骨碎身하는 마음으로 환골탈태換骨奪胎하여 오늘을 위한 기쁜 소식으로서의 복음을 살려내도록 노력해야 할 것이다. 신자들은 목자를 필요로 하는 온순하게 길들여진 양떼가 아니다. 구약성서에서는 하느님이 목자이시고 신약성서에서는 부활하신 예수가 목자이시다. 예수의 자리를 빼앗지 말아야 한다. 부활하신 예수가 베드로에게 양을 치라고 말씀하실 때도 철저하게 "내 양들"(요한 21,15-17)이지 사도직에 임하는 사람의 양들이 아니다. 예수는 "아버지께서 세상에서 택하여 제게 주신 사람들 … 그들은 아버지의 사람들이었는데 아버지께서 그들을 제게 주셨습니다"(요한 17,6)라고 말하면서 아버지께 기도하신다. 오늘의 신자들은 유럽 중세사회의 신자들같이 문맹도 아니고 위만 쳐다보고 자기의 정체성을 인식하면서 황공하게 사는 사람들도 아니다. 신자들의 수준에 대해 착각하지 말아야 한다. 그들은 "아버지의 사람들"이고 "예수님의 사람들"이다

『교리서』는 성서를 포함한 신앙 유산에 대한 해석은 교회의 교도권敎導權(Magisterium)이 하는 일이라고 말한다. 교도권이라는 단어를 교회가 사용하는 것은 19세기부터이다.[7] 신약성서에서 유래하고, 교회가 전통적으로 사용해 온 단어는 친교 koinônia를 위한 봉사 diakonia이다. 이 단어는 라틴어로 작다는 말(minor)과 관련이 있는 봉사직무 Ministerium로 번역되었다. 교도권이라는 단어는 크다는 뜻(magis-major)과 관련이 있다. 교계제도가 진리 전수(傳授)를 위해 가지는 권한을 표

---

[7] J. Doré, "Institution du Magistère", Recherches de Science Religieuse, 71 (1983), 13-36, 참조. B. Sesboüé, "Autorité du Magistère et vie de foi ecclésiale", Nouvelle Revue théologique, t. 93, avril 1971, 337-62 참조.

현하기 위한 단어이다. 오늘날 가톨릭 교회 안에서 이 단어는 기능적 의미보다는 진리를 표현하는 데에 특권적 권한을 가지는 주체들을 지칭하는 것으로 통용되고 있다. 신앙 유산에 대한 해석을 위해 교도권을 강조하는 것은 『교리서』가 트렌토 공의회 시대의 언어를 아직도 사용하고 있기 때문이다. 트렌토 공의회부터 제2차 바티칸 공의회 때까지 가톨릭 교회의 신학은 반개신교적 논법을 벗어나지 못하였다.

『교리서』는 성서 해석은 성령이 하신다고 길게 설명한다(109-119항). 솔직히 말해서 무엇을 말하고자 하는지를 알 수 없다. "전체교회의 살아 있는 성전(전통)에 따라 성서를 읽을 것"을 가르치면서 『교리서』는 "교부들의 격언에 의하면 성서는 물질적인 수단⁸에 의한 표현들 안에서보다는 오히려 교회의 마음 안에서 더욱 바르게 읽혀진다. 실제로 교회는 성전 안에 하느님 말씀의 생생한 기억을 간직하고 있으며, 교회에게 성서의 영적 해석을 내려주시는 분은 성령이시다"(113항)고 말하고 있다. 『교리서』가 신자들은 목자들의 가르침과 지도를 온순하게 받아들이면 된다고 말한 다음이라, 이 항에 나타나는 "교회의 마음", "성전", "영적 해석" 등은 모두 교도권에 순종함으로써만 비로소 우리가 도달할 수 있는 경지로 이해하도록 유도하고 있다고 평하면 일관성없는 『교리서』 안에서 일관성을 너무 찾는 우를 범하는 것일까? 이 단원의 말미에는 "성서 주석의 방법에 관한 모든 것은 궁극적으로 교회의 판단에 속하므로, 교회는 하느님의 말씀을 보존하고 해석하라는 하느님의 명령과 직무를 수행한다"(119항)고 말한 다음, "만일 가톨릭 교회의 권위가 나를 이끌어주지 않는다면, 나는 복음을 믿지 않을 것입니다"라는 아우구스티노

---

⁸ "물질적인 수단에 의한 표현들"이라는 말은 "표현들의 자구적인 해석에 얽매인 의미"로 의역을 해야 할 것이다.

의 말씀을 인용한다. 결국 교도권이 교회라는 말이다.『교리서』는 성서 독서를 위해 한번 더 교도권의 권위를 강조한 셈이다.

그러나 "교회생활 안의 성서"라는 단원(131-133)에 가면 "그리스도인에게는 성서를 가까이할 많은 기회를 주어야 한다"는 제2차 바티칸 공의회의「계시헌장」한 구절을 인용하였다. 그리고『교리서』는 또 말한다. "교회는 모든 그리스도인들이 자주 성서를 읽음으로써 예수 그리스도께 대한 탁월한 지식을 얻도록 간곡히 그리고 특별히 권고한다"(133항)고 표현하고, "사실 성서에 대한 무지는 그리스도께 대한 무지입니다"라는 성 예로니모의 말씀을 인용하였다. 신자들은 성서를 읽어야 하는지 아니면 그들 목자들의 말만 들어야 하는지를 알 수 없다.『교리서』의 저자 자신이 이 문제에 대한 생각을 정리하지도 못하고 기억나는 대로 아무것이나 말하고 있다는 인상을 준다. 성서를 읽어야 하는 신자들에게 실천적인 지침도 전혀 주지 못하고 있다. 사람들을 피곤하게 만드는 교리서다.

3. 예수 그리스도

『교리서』가 제시하는 예수 그리스도에 대한 교리도 피곤하고 어지럽다. 교리서라면 사람이 읽고 이해할 수 있어야 하고, 그리스도인의 체험과 삶을 발생시키는 복음적 초대가 들어 있어야 할 것이다. 예수 그리스도에 대한 부분을 도입하면서 하는 다음과 같은 말은 무엇을 전달하기 위함인지 알 수 없다. "그리스도를 가르치도록 불린 사람은 우선 무엇보다 고귀한 그리스도께 대한 인식을 얻기 위해 노력해야 하며 '그리스도를 얻고 그분 안에 머물기 위해 …', 그리고 '그분과 그분 부활의 힘을 깨닫고, 그분 수난에 동참함을 깨닫기 위함이니, 그리하여 죽은 자의 부활에까지 도달하기 위해서'(필립 3,8-11) 모든 것을 잃을 각오를 해야 한다"(427항).

인용만이 능사인지는 모르겠지만 무엇을 말하려는 것인지 알 수 없다. 예수 그리스도가 어떤 분인지 알기도 전에 모든 것을 잃을 각오부터 하고 시작하자는 말이다. 『교리서』 전체가 이런 화법이니 독자의 이해는 전혀 고려치 않는 일방적인 문서이다. 하나의 교리서라면 읽어서 알아듣고 신앙체험을 할 수 있어야 한다.

3.1 하향적 그리스도론

『교리서』가 제공하는 예수 그리스도에 대한 언어는 니카이아 공의회와 칼케돈 공의회의 교의가 있은 후 그리스도교 신학이 사용하던 것이고, 제2차 바티칸 공의회까지 신학교 신학 교과서에서 가르치던 것이다. 19세기말 성서에 대한 역사비평적 독서 방법이 계발되고 20세기 후반에 들어와서 널리 보급되기까지 신앙언어는 모든 것을 수직적으로 이해하였다. 이런 그리스도론적 언어를 "하향적 그리스도론" 혹은 "위로부터의 그리스도론"이라 부른다. 이 그리스도론의 시발점은 하느님이 사람이 되셨다는 강생에 있다. 이 그리스도론에서는 하느님 아들의 선재先在사상이 존재론적인 것으로 이해되었다. 이러한 존재론적 긍정을 바탕으로 예수 그리스도에 대한 이해를 시도하는 방식이다. 그러나 오늘날 성서에 대한 이해를 통해 이 "하향적 그리스도론"이 시기적으로 늦게 형성되었다는 사실과, 선재사상으로 말미암은 예수에 대한 존재론적 언어는 성서가 지니고 있는 역동성을 잃게 했다는 사실을 우리는 알게 되었다. 로마 제국의 수직적 사회질서에서 중세 봉건사회를 거쳐 근대의 절대군주 사회의 질서에 이르기까지 수직적 사고방식이 지배하였기에 "하향적 그리스도론"은 그 시대의 염원과 의식구조를 반영한 성서 독서 방법이었다. 그러나 오늘 우리가 보면 "신약성서의 원초적·지배적 그리스도론은 상향적 그리스도론이다. 그것은 역사적 예수의 인품과 업적에서 출발하여 십자가의 죽음을 강조하고 이어서 부활로써 이룩된 새로운 전기를 고찰하는 그리스도론이다. 상향적 그리스도론의 특징은 예수 그리스도를 동적動的으로, 기능적으로 이해하려는 것이다. 그리하여 예수의 인품과 사건을 중요시한다".[9]

『교리서』는 예수 그리스도에 대한 교리를 그분의 이름과 호칭들의 설명으로 시작한다.

> 예수라는 이름은 바로 하느님의 이름이, 인간을 죄로부터 보편적으로 그리고 결정적으로 구해내시기 위해 인간이 되신 당신의 아들 안에 현존하고 있다는 사실을 의미한다. 이 이름만이 구원을 가져

---

[9] Arno Schilson, 정양모 역, 「기독론 연구 현황」, 『현대신학동향』, 신학총서 제24권(분도출판사 1984), 179-80.

다줄 수 있는 하느님의 이름이다. … "사람들에게 주어진 이름들 가운데 우리가 의지하여 구원받아야 할 또 다른 이름은 하늘 아래 없습니다"(사도 4.12)(432항).

여기서 『교리서』가 말하는 구원은 인간을 그 죄에서 구해주는 것이다. 오직 예수만이다. 사도행전에 있는 말이라고 그냥 반복하면 되는 것이 아니다. 그 말이 발생한 지평이 있고 우리가 사는 지평이 있다. 지평이 다르면 표현도 달라져야 한다. 수직적이고 배타적인 지평에서 우리는 살지 않는다. 중세 봉건사회에서 사람들은 영주의 땅에서 죄송하게 살았다. "군주의 미움은 죽음"이었다. 따라서 높은 사람 앞에 죄스러움의 체험은 쉽게 하는 것이었다. 하느님 앞에 죄가 있다는 것은 하느님이 높으신 그만큼 당연한 것으로 수용되는 지평이었다.

『교리서』는 그리스도라는 호칭을 이렇게 소개한다.

> 그리스도라는 이름은 "기름부음을 받은 이"를 뜻하는 히브리어 "메시아"의 그리스어 번역에서 온 것이다(436항).
>
> 메시아는 왕이며 사제로서, 또한 예언자로서 주님의 성령으로 기름부음을 받아야 했다. 예수께서는 사제, 예언자, 왕으로서의 삼중 역할 안에서 메시아에 대한 이스라엘의 희망을 채워주셨다(437항).
>
> 그분은 하늘에서 내려온 사람의 아들의 초월적 신분의 참된 내용을 밝혀주시고 … 메시아적 왕권의 참된 내용을 밝혀주셨다(440항).

"기름부음"이라는 단어가 이 부분에 11번이나 반복되었다. 그렇게도 중요한 말인가? 모든 것은 하늘에서 내려왔기에 "참되다"는 말이다. 이해되지 않는다.

『교리서』는 예수를 하느님의 아들이라고 다음과 같이 말한다.

> 예수께서는 자신을 가리켜 "하느님의 외아들"이라고 하시며, 이 칭호를 통해서 당신께서 영원으로부터 계시는 분이심을 확언하신다. 예수께서는 "하느님의 외아들의 이름"으로 믿는 신앙을 요구하신다(444항).

모든 것은 위로부터 주어졌다. 『교리서』는 예수 그리스도에 대한 이런 호칭들이 어떻게 발생하였는지를 전혀 말하지 않는다. 성서 각 권의 성격도 고려하지 않고 성서 안에 있는 말은 모두 같은 수준의 존재론적 긍정으로 받아들이고 있다. 현대인은 스스로 확인할 수 없는 것은 받아들이지 않는다. 성서에 나타나는 이런 신앙고백적 호칭들은 그 발생 과정과 그것이 발생할 때 사람들이 그 안에 실어 놓은 그들의 체험을 말할 수 있으면서 비로소 의미를 지닌다는 사실을 알아야 한다. 신앙은 무조건 아무것에나 동의하는 행위가 아니다.

오늘 성서 독서를 체계적으로 하는 사람이면 예수가 스스로 메시아로 자처하지 않았다는 사실을 잘 알고 있다. 예수는 그 시대 유대인들이 기대하던 신정적(神政的) 메시아 사상에 동의하지 않았다. 예수의 죽음과 부활 후 초대교회 공동체가 예수를 메시아로 고백하는 것은 그분으로 시작된 복음적 삶의 전승이 있다는 것을 말하기 위함이다. 유대인들이 메시아에게 기대하던, "이스라엘을 위하여 나라를 재건하는"(사도 1.6) 일은 사람들이 해야 하는 일이다. 예수는 사람이 해야 하는 일을 대신 해주는 메시아가 아니다. 예수는 십자가에서 스스로를 준, 그래서 스스로를 주는 삶의 전승을 시작한 메시아이다. 예수의 뒤를 따라 "주는 몸"과 "쏟는 피"의 삶을 사는 사람들의 나라를 여신 분이다.

예수를 하느님의 아들로 고백한 것은 초대교회 신앙인들이 회상하는 예수의 모습 안에 예수가 가르친 하느님이 겹쳐서 보였던 것이다. "나를 본 사람은 이미 아버지를 보았습니다"(요한 14.9)는 말씀이 반영하고 있는 사실이다. 아들은 아버지로부터 받은 생명을 사는 사람이다. 예수가 하느님의 아들인 것은 하느님의 생명을 철저히 사셨다는 것을 의미한다. 아들은 또한 아버지를 밀어내고 자신을 나타내지 않는다. 예수는 하느님에 대해서 말하였지, 자기 자신에 대해서는 전혀 말하지 않은 분이다.

3.2 역사비평적 성서 이해의 외면

『교리서』는 현대 역사비평적 성서 독서를 철저하게 외면하였다. 오늘날 역사비평학에 대해 조금이라도 아는 사람이면 복음서의 모든 설화들을 사실화하지 않는다. 특히 마태오 복음 1-2장과 루가 복음 1-2장, 곧 우리가 "유년복음"이라 부르는 부분은 역사적 진술이 아니라, 구약성서 언어를 바탕으로 하여 그 시대 문학 유형으로 만들어진 신학적 작품이라는 것이 오늘 성서학의 상식이다. 그러나 『교리서』는 이 부분도 온전히 역사적 진술로 취급하여 모든 것을 사실화하였다. 니카이아 공의회가 정의한 "실체적 동일함"*homoousios*(465항)과 에페소 공의회가 정의한 "하느님의 어머니"*theotokos*(466, 495항)를 소개한 다음, 『교리서』는 마리아의 평생 동정성에 대해 다음과 같이 말한다.

> 마리아가 동정으로 어머니가 되었다고 하는 신앙을 더 깊이 파고들어감에 따라, 교회는 마리아가 인간이 된 하느님의 아들을 낳는 그 순간에도, 실제로 그리고 평생 동정이었다는 것을 고백하기에 이른다. 사실 그리스도의 출생은 당신 어머니의 완전한 동정성을 감소시키지 않았을 뿐더러 오히려 성화했다. 교회 전례는 마리아를 평생 동정녀로 찬미한다(499항).

마리아가 예수의 어머니이기에 초대 그리스도교 신앙 공동체가 특별한 관심을 가졌던 것은 사실이다. 그러나 마리아의 동정성에 대한 과거의 모든 언어들을 현대인에게 강요할 필요는 없다. 인류 역사 안에 한 여인인 마리아가 동정이었다는 사실은 우리의 신앙에 큰 의미를 지니지 않는다. "아들을 낳는 그 순간에도" 동정이었다는 것이 오늘날 무슨 의미를 지니는가? 과거 언어의 무비판적 반복은 그리스도교 신앙의 기원이 하나의 신화神話로 전락하는 위험을 안고 있다. 영웅의 기적적 탄생신화는 도처에 많이 있다.

그리스도교 신앙은 역사 안에 바탕을 두고 있다. 말씀이 강생하여 사람이 되었다는 것은 역사의 우연성 안에 하느님의 말씀이 주어졌다는 것을 의미한다. 인간 예수의 가르침과 활동의 역사 안에서 우리를 위한 하느님의 말씀을 들어야 한다. 이렇게 말씀을 들은 사람들이 자기들이 회상하는 예수를 자기들의 체험과 삶의 변화와 더불어 언어화하여 문자로 정착시킨 것이 복음서들이다. 이 성서 안에는 말씀에 대한 그들의 그 시대적인 해석이 들어 있다. 그리스도교 신앙 전통은 각 시대 해석들의 전승이다. 물론 이 해석에는 삶이 포함되어 있다. 이 전통의 지속은 모방으로 복제複製된 획일성 안에 있는 것이 아니라, 시대적인 창의력이 동원된 창조적 노력 안에서 된다. 새로움은 배격해야 하는 것이 아니다. 생명이 있으면 새로움이 있는 것이다. 따라서 그리스도교 신앙언어도 새롭게 해석되어 오늘의 사람들이 이해할 수 있는 새로운 것이 되어야 한다.

마리아가 처녀인데 예수를 잉태하였다는 마태오 복음과 루가 복음의 언급은 구약성서의 수태치 못하는 여인들이, 하느님의 특별한 배려로, 구원 역사 안에 중요한 인물들을 탄생시켰다는 전승을 이어받은 것이다. 루가 복음서의 예수 탄생 예고 장면(1.26-38)은 수태치 못하는 여인들, 곧 사무엘의 어머니 한나, 이사악의 어머니 사라에 대해 암시하고, 세례자 요한의 어머니 엘리사벳을 직접 언급하고 있다. 수태치 못하는 여인들의 역사 안에서 마리아의 동정성을 이해하라는 말이다. 복음서들은 신앙을 위한 책이지 생리학의 지식을 제공하는 문서가 아니다. 수태치 못하는 여인들과 처녀 마리아의 기적적 출산 이야기들은 하느님의 구원은 인류의 생산력이 가져다주는 것이 아니라는 것을 의미한다. 인간의 힘이 자라지 않는 곳에 하느님의 특별한 배려로 나타나는 구원이라는 말씀이다. 마리아가 처녀라는 말은 하느님이 처녀를 더 좋아하신다는 오해를 낳을 수 있는 것으로 전락해서는 안된다. 마리아의 동정성은 모든 남녀노소 그리스도인들을 위한 메시지가 되어야 한다.

3.3 예수의 지상생활

『교리서』는 예수의 지상생활에 대해서 말하면서 "신비"라는 단어로 포장을 해버렸다. 말씀이 강생하여 사람이 되었으면, 그 지상적 삶을 제대로 조명하여 우리를 위한 메시지를 들어야 한다. 『교리서』 저자의 뇌리에 형이상학적 이원론이 강하게 작용하고 있기에 현세적이고 가시적인 삶은 하느님을 말하기에 부족한 것으로 보인다. 따라서 예수의 현세적 생활은 보이지 않는 어떤 진리, 곧 "신비"를 반영하는 것으로 말하고자 한다. 『교리서』는 모든 것을 신비로 보도록 유도한다. "그리스도의 전 생애는 신비다"(514항), "예수의 어린 시절과 나자렛 생활의 신비들"(522항), "성탄의 신비"(525항), "예수 유년의 신비"(527항), "예수의 나자렛 생활의 신비"(531항), "예수의 공생활의 신비"(535항), 이렇게 제목들만 보아도 그 내용을 짐작할 수 있다.

눈에 보이는 것, 곧 우연偶然 뒤에 보이지 않는 초자연적인 필연必然을 보도록 하려는 『교리서』의 시도는 인간 예수가 하신 말씀이나 활동이 지닌 기쁜 소식으로서의 고유함을 은폐하고 말았다. 예수 시대 사람들이 그분으로 말미암아 느꼈던 해방감과 하느님 아버지의 자비하심이 주는 기쁨의 체험은 모두 사라지고 말았다. 『교리서』는 무엇인지 알아들을 수 없는 "신비"가 예수의 지상생활 뒤에 있으니까 하느님과 교회의 권위를 믿고 무조건 받아들이고 순종하라는 식이다. 그러나 오늘날 말하는 사람의 권위 때문에 믿을 사람은 없다. 초대교회가 전하는 예수의 모습을 잘 부각했어야 했다. 특히 그 시대 유대 기득권층의 율법주의와 권위주의가 사람들을 죄인으로 단죄하고 소외시키는 마당에, 예수의 측은히 여기심, 불쌍히 여기심, 가련히 여기심, 죄인들과 세리들과 어울리심, 사람들의 죄를 용서하심, 병자를 고치심, 살리심 등이 그 시대 사람들에게 어떤 기쁜 소식으로 보였는지를 조명했어야 한다. 예수가 하신 이런 "선한 행실"(마태 5,16)을 실천하여 사람들이 하느님을 알게 하는 것이 예수를 따르는 사람들이 해야 하는 일이다.

3.4 예수의 죽음

『교리서』는 철저하게 "하향적" 그리스도관을 고수한다. 예수의 죽음에 대한 교리에서도 그 죽음의 역사적 원인, 곧 예수의 활동이 빚은 유대 종교 기득권층과의 갈등을 외면하고, 수직적이고 초월적인 원인만 나열한다. "하느님께서 정하신 계획대로 넘겨지신 예수"(599항), "성서 말씀대로 우리 죄를 위해서 죽으셨다"(601항), "하느님께서는 우리를 위해 그분을 죄로 만드셨다"(602항) 등의 초대교회 신앙고백의 언어를 역사화해서 설명한다. 예수가 왜 그렇게 일찍 "어떤 폭력의 희생이 되어 횡사橫死"[10]하였는지를 설명했어야 한다. 예수가 가진 그 시대 사람들과의 역사적 관계 안에서 우리가 확인할 수 있는 그분 죽음의 원인은 덮어두고, 확인해 볼 길도 없는 초월적인 것들만 말한다면 현대인들은 이해하지 못한다.

---

[10] W. 카스퍼, 『예수 그리스도』, 박상래 역(신학총서 13, 분도출판사, 1977), 204.

예수의 죽음에 대해 『교리서』가 부여하는 의미도 알아들을 수 없다. "하느님께서는 구속하시는 보편적 사랑을 먼저 보여주신다"는 제목하에 다음과 같이 설명하고 있다.

> 하느님께서는 우리 죄 때문에 당신 아들을 넘겨주심으로써 당신의 계획이 우리의 어떤 공로보다도 앞서 존재하는 관대한 사랑의 계획이라는 것을 나타내신다(604항).

물론 이 말을 정당화하기 위해 성서 구절 두 개(1요한 4.10; 로마 5.8)를 인용하고 있다. 이 단원을 읽고 하느님의 "관대한 사랑"을 느낄 사람은 없다. 옛날 사회의 군주나 영주들의 "관대한 사랑의 계획"은 백성들이 어차피 이해할 수 없는 것이지만, 높은 사람이 그렇다고 말하면 낮은 사람은 "그런가보다!" 하고 살아야 하는 것이었다.

『교리서』는 예수의 죽음이 우리 죄 때문이라 말한다. 물론 초대교회의 신앙고백에 있는 말이다. 그러나 새롭게 해석되어야 하는 말이다. 예수를 죽인 유대 종교 기득권층과 사형을 집행한 빌라도 안에 볼 수 있는 독선적 권위주의, 옹졸함, 이기심, 비겁함, 인간 생명 경시 등이 우리 안에도 있기에 "우리 죄 때문"이라는 신앙고백이 있었다. 2,000년 전 예수가 나의 죄 때문에 죽었다고 말하면 그것을 수긍할 사람은 없다. 하느님은 베푸시는 분이고 예수의 죽음은 그 베푸심을 "끝까지"(요한 13.1) 실천하신 행위였다. 스스로를 주고 쏟으신 예수의 죽음은 이기적利己的인 우리를 위해 새로운 삶의 장場을 열어주는 일이었다. 그래서 예수의 죽음은 또한 "우리를 위한" 일이었다.

『교리서』는 예수 그리스도에 대한 단원을 열기 전에 이미 원죄설화를 역사화하였다. 원조들의 죄(55항), 노아와 홍수(56-58항)의 이야기들은 모두 역사적 사실 보고서와 같이 취급되었다. 첫 조상들은 "원초적 거룩함과 의로움"(375항)이라는 과성過性 은혜를 받아 "죽지도 않고 고통도 당하지 않는"(376항)다. 그러나 죄가 죽음을 들어오게 했다.

교회의 교도권은 죽음이 사람의 죄 때문에 세상에 들어왔다고 가르친다. 비록 사람이 죽을 본성을 지니고 있지만 하느님께서는 사람을 죽지 않도록 정하셨다. 그러므로 죽음은 창조주 하느님의 뜻과 어긋나는 것이었으며, 죄의 결과로 죽음이 세상에 들어왔다(1008항).

그렇다면 인간은 본시 죽지 않는 존재였다는 말인가? 이해되지 않는 말이다.

『교리서』는 "타락"이라는 단원(385-412항)을 만들어, 천사의 타락을 비롯해서 사람들의 원죄를 모두 사실화하여 장황하게 설명했다. 타락이라는 단어는 성서적인 것도 아니다. 천사들의 타락(391-395항), 인간의 불순명(397항), 성덕을 잃음(399항) 등이다. 세상에 죄가 침입해서 들어왔다(401항). 죄는 행위가 아니라 상태와 같이 묘사되었다(402-409항). 죄는 모방으로 전달되지 않고 번식으로 전달된다(419항). 20세기 후반에 이런 말들을 하면서 신앙을 설명하겠다는 것은 용납되지 않는다. 창세기 1장부터 11장까지는 역사서가 아니라는 것은 이미 오래 전부터 신학계가 인정하는 것이다. 『교리서』를 쓴 사람들만 모르고 있는 사실이다.

원죄에 대한 『교리서』의 이런 인식은 예수로 말미암은 구원을 "그리스도께서는 우리 죄 때문에 당신 자신을 성부께 바치셨다"(606항)는 표현으로 요약할 수밖에 없다. 결국 예수의 구원 의미는 우리를 위한 속죄인 것이다.

그리스도의 이 희생제사는 유일하며, 모든 제사들을 완성하고 초월한다. 이 희생제사는 우선 하느님 아버지께서 주신 선물이다. 바로 성부께서 우리를 당신과 화해시키기 위해 당신 아들을 내어주신 것이다. 이와 동시에 그리스도의 희생제사는 사람이 되신 하느님의 아들이 자유로이, 사랑으로, 성령을 통해서 우리의 불순종을 보상하기 위해 성부께 당신의 생명을 바치시는 봉헌이다(614항).

무엇을 알아들으라는 말인가? 좋은 단어들이 나열되어 있지만 도무지 의미가 발생하지 않는 말들이다. 11세기 안셀모Anselm of Canterbury의 보상이론이다. 유럽 중세 봉건사회가 지닌 염원 중의 하나가 각자 자기 잘못에 대해 책임을 지는 것이다. 이 책임의식은 잘못에 대한 보상으로 실천된다. 그리스도의 보상이론은 중세적 염원을 가지고 성서를 읽은 결과이다. 인간이 무엇을 이해한다는 것은 시대적 제한이 붙은 것이다.

3.5 예수의 부활, 승천, 성령강림

『교리서』가 말하는 부활은 하느님이 "당신의 아들 그리스도를 되살리시고 그로써 그의 인성을 그 육신과 함께, 삼위일체 안으로 완전히 이끌어들이신 … 피조물과 역사 안의 초월적 개입"(648항)이다. 부활은 또한 "그리스도께서 약속하셨던 당신의 신적 권위에 대한 결정적인 증거를"(651항) 보여주신 행위이다. 부활은 예수의 신성神性을 확인해 주는 사건(653항)이라는 것이다.

예수가 부활하셨다는 말은 예수가 현세적 삶으로 환생還生하셨다는 말이 아니다. 예수는 살아 계실 때 당신의 신적 권위나 당신의 신성을 주장하시지 않았다. 부활이 당신 신성이나 권위를 보여주기 위함이었다면 유대인들이 그를 십자가에 달아놓고 거기서 내려와 보라고 조롱할 때, 내려와서 당신의 신적 권능을 보여주었어야 했다. 그러나 예수는 하느님이 침묵을 지키시는 가운데 실패의 인물로, 그러나 하느님 아버지를 부르면서 죽어가셨다.

죽은 예수가 살아 계시다는 부활사건은 우리 확인의 언어가 표현하지 못하는 영역의 일이다. 빈 무덤의 발견과 부활하신 예수의 발현이라는, 복음서들이 전하는 두 종류의 사화史話들에는 죽은 예수가 살아 계시다는 증언이 지배하고 있다. 증언은 증언하는 사람이 그 말 안에 자기 스스로를 담아서 전하는 가장 강력한 언어양식이다. 예수가 부활하셨다는 말은 하느님이 그를 거두시고 당신과 같은 모습으로 계시게 했다는 말이다. 하느님과 부활하신 분은 우리가 관찰하거나 확인할 수 없다. "내 얼굴은 보지 못하겠지만, 내 뒷모습은 볼 수 있으리라"(출애 33,23)는 말씀같이 우리의 삶 안에서 그분의 "뒷모습", 곧 그분으로 말미암아 변한 우리의 삶인 그분의 흔적만 볼 수 있다. 부활하신 분으로 말미암아 제자들이 변하면서 증언이 있다.

따라서 죽은 예수가 살아 계시다는 신앙 증언에는 제자들 삶의 변화가 포함된다. "진리의 영, 그분이 오시면 여러분을 모든 진리 안에 인도하실 것입니다. … 그분은 내 것을 받아서 여러분에게 알려주실 것입니다"(요한 16,13-14)는 말씀이나, "누구든지 나를 사랑하면 내 말을 지킬 것입니다. 그러면 내 아버지께서도 그를 사랑하시겠고 우리는 그에게로 가서 그와 함께 살 것입니다"(요한 14,23)는 말씀은 제자들의 삶 안에서 확인되는 부활하신 예수 그리스도라는 것을 의미한다. 성령이 우리 안에 오시면 예수의 실천이 우리 안에서 발생하고 예수의 실천 안에는 하느님이 함께 계시다. "나는 세상 종말까지 어느 날이나 항상 여러분과 함께 있습니다"(마태 28,20)는 말씀도 있다.

예수의 승천은 예수라는 개체의 역사적 개별성을 넘어서 하느님의 보편성 안에서 그분 실천의 의미를 보아야 한다는 말이다. 예수는 지도자로 이 세상에 군림하시지 않는다는 의미도 된다. 사도행전이 각색한 성령강림 장면은 그리스도교 복음은 이제 모든 사람을 위한 것인데, 그것은 바벨탑의 이야기같이 모두가 하나의 언어를 말하게 제도화되고 규격화된 것이 아니라, 각자 자기의 고유한 방식으로 복음을 알아듣고 실천한다는 것이다.

『교리서』는 수직적인 관계만을 고수하기에 하느님 높으시고, 예수 그리스도 높으시고, 그 다음으로 교회가 높다고 생각한다.

> 하늘로 올려지고 영광스럽게 되어 당신의 사명을 완수하신 그리스도께서는 지상에서는 교회 안에 머무르신다. 구속은 성령의 힘으로 교회에 행사하는 그리스도의 권위의 원천이다. 신비스럽게 이미 현존하고 있는 그리스도 나라인 교회는 지상에서 이미 이 나라의 시작과 싹이 된 것이다(669항).

여기서 말하는 교회는 그리스도의 권위를 행사하고, 그리스도의 나라가 현존하는 기관이다. 『교리서』의 정신에 교회는 물론 교도권을 의미하는 것으로 이해된다. 그리스도교 신앙은 사람이 높아지는 길이 아니다. 스승 행세도, 아버지 행세도, 지도자 행세도 하지 말라는 예수의 말씀이었다(마태 23.8-10). 예수 그리스도가 성령으로 우리와 함께 계시면 "나는 여러분 가운데서 섬기는 사람으로 처신합니다"(루가 22.27)는 말씀의 처신들이 나타날 것이다. "지극히 작은 형제들"(마태 25.40) 안에 예수를 보는 실천도 보일 것이다.

『교리서』는 보이는 예수의 삶 뒤에 보이지 않는 신비만 말하다가 복음의 핵심을 잃고 말았다. 우리의 자유가 움직이고 우리의 삶이 변하는 곳에 하느님이 계시다. 『교리서』는 "신비"만 말하려다 강생하신 예수를 잃고 복음도 잃었다. 교회는 "신비스럽게 이미 현존하고 있는 그리스도의 나라"이며 "지상에서 이미 불완전하게나마 참된 성덕을 지니고 있기 때문에"(670항) 예수 그리스도의 "신비"를 못 알아듣는 사람들은 교회의 말에나 순종해야 한다는 인상이다.

나오면서

신약성서의 기원에 예수와 제자들의 만남이 있었다. 예수로 말미암아 제자들은 구원에 대한 체험을 하게 되고 그들은 이 체험을 문자로 정착시켰다. 모든 체험은 표현되면서 그 시대의 언어로 해석된다. 따라서 신약성서는 초기 교회의 언어로 해석된 일련의 구원체험을 보도하는 문서이다. 체험이 언어화되면서 메시지 형태로 정착되었고 이 메시지는 듣는 사람에게 어떤 삶의 체험을 발생시키면서 전달된다. 그리스도교 계시는 그 기원에 있어서 하나의 교리나 지식으로 주어진 것이 아니다. 인간 예수의 역사적 "사실들"안에 스스로를 나타내어 당신 자신을 전달해 오는 하느님의 자유로운 주도권을 보여준다. 신앙언어는 교리를 내포하지만 그것이 일차적 요소는 아니다. 일차적 요소는 체험이다. 교리는 기원에 있었던 체험들의 내용을 인간이 반성하고 숙고하여 다시 표현한 것이다. 교리는 구원체험을 전달하고 활성화시키는 것을 그 목적으로 하고 있다. 교리를 배운다는 것은 그리스도교 시원始原에 있었던 체험을 자기 것으로 하면서 살아 있는 그리스도교 전승 안으로 들어가는 것이다. 신앙인들의 삶 안에 이 체험은 지속되고 전통을 이룬다.

  이 전통이 지속되기 위해 전달되는 신앙언어는 오늘의 사람들에게도 이해되는 것이라야 한다. 현대인은 메시지를 전하는 제도적 권위 때문에 그것을 수용하지는 않는다. 신앙체험은 초현세적인 것도, 초역사적인 것도 아니다. 신앙체험은 인간체험들을 가지고 하는 체험이다. 따라서 신앙체험은 인간적이고 현세적인 체험들 안에서 하는 개별적 확신과 체험이다. 그리스도교 신앙언어는 체험에 대한 하나의 교육적 제안을 내포하고 있다. 이 교육은 인간체험들에 대한 해석이고 인간 존재의 의미를 탐구하는 성격을 지닌다. 따라서 그리스도교 신앙언어는 과거의 것만 반복하고 주입하는 것이 아니라, 그 시대 인간이 제기하는, 사람에 대한 질문에 해방적 성격을 지닌 응답으로서 체험될 수 있는 것이라야 한다. 교리교육은 신앙의 전통적 표현들과 그 시대 인간체험 사이에 교류가 가능하도록 하는 사명을 지니고 있다. 이것을 위해 교리교육은 한 시기에 성서 안에 설정된 신앙언어와 그 언어의 실천적 해석으로 나타난 그리스도교 전통에 대한 현대적 해석을 해야 한다. 현대인을 위한 삶의 언어로 다시 표현해야 한다.

현대사회의 과학화 및 다원화는 신앙언어의 가치를 상실하게 하지 않는다. 인간이 하는 현세적 자기이해는 하느님을 향해 열려 있다. 실재에 대한 근본적 신뢰, 타인을 위한 투신, 선을 행하고 악을 거슬러 싸우는 것 등은 인간의 현세적 체험 안에 항존한다. 현대의 과학화와 다원화는 신앙언어의 새로운 해석을 요구한다. 현대인이 하는 자기이해가 자기 자신을 극복하고 생명과 실재의 신비로 접근하도록 신앙언어가 도와야 한다. 인간의 자기극복과 생명의 신비는 예수 그리스도의 모습 안에 결정적으로 계시되었다. 신앙이 긍정하는 것들은 현대적 체험의 언어로 포장되어야 한다. 교리서는 현대인의 체험을 조명하고 세상을 살아가는 현대인의 체험에 말하는 바가 있어서 자유가 움직이고 어떤 실천이 발생하게 해야 한다. 그것을 하지 못하면 신앙언어는 전달하는 것이 없을 것이다.

신앙언어가 인간체험을 조명하고 인간체험에 전달하는 바가 있기 위해서는 그 시대 인간 삶의 여건을 외면하지 말아야 한다. 오늘날 인류는 고딕 성당이 상징하는 수직적인 사회에서 살지 않는다. 고딕식의 건축물에서는 모든 돌들이 머릿돌을 정상으로 수직적으로 연결되어 각자 자기의 자리를 고수하고 있다. 머릿돌에 더 가까이 있다는 것은 그 돌이 더 고위高位에 있다는 것을 의미한다. 모든 것은 상하 수직적인 관계에서 그 정체성을 얻는다. 위의 것에 잘 붙어 있으면서 밑의 것을 잘 밟고 있는 것이 제자리를 지키는 길이며 건물 전체의 안전을 보장하는 수단이다. 이런 사회 안에서는 모든 것이 수직적으로 이해된다. 사람은 태어나면서 부모를 잘 만나야 한다. 부모가 귀족이면 자식도 귀족이다. 자라면서는 선생님을 잘 만나야 한다. 위로부터 좋은 지식이 주입되어야 한다. 세상에 나가서는 자기 위의 사람을 잘 만나야 한다. 따라서 그리스도관도 수직적인 것이었다. 소위 "하향적 그리스도론"이라는 것이다.

그러나 오늘 우리가 살고 있는 세상은 다르다. 수평적인 관계가 더 중요하다. 인간은 자기의 기원이 무엇이든 주변에서 많은 정보를 받아서 자기의 실효성을 보장한다. 권위는 위로부터 주어지는 것이 아니다. 실효성이 있으면 권위가 있다. 능력이 있어 자기 기능을 잘 수행하면 사람들이 그 권위를 인정한다. 따라서 권위는 수직적 순종을 요구하지 않고 수평적 인정을 부른다. 현대인의 이런 감수성에서 성서를 읽으면 계시는 초역사적으로, 수직적으로 주어진 것이 아니다. 신앙언어는 위로부터 주어진 형이상학적 진리를 전달하는 것이 아니다. 예수의 역사로 말미암아 발생한 신앙인들의 체험과 언어가 있다. 예수의 역사 안에 하느님의 일하심을 보면서 예수에 대한 신앙고백적인 언어들이 발생한 것이다. 교리서는 기원의 체험과 신앙고백 발생의 과정을 조명하면서 현대인의 삶 안에 어떤 응답이 요구되는지를 말해야 한다. 신앙은 초역사적 지식을 무조건 수용하는 것이 아니라 그 시대적 성격을 살린 이해이며 실천이다. "각자는 자기 방식으로 수용한다"[11]는 토마스 아퀴나스의 말씀이다.

『교리서』는 현대세계에 대해서 완전히 착각하였다. 중세적 언어를 고수하면서 강요하기에 현대인에게는 이해되지 않는 언어가 되

---

[11] Quidquid recipitur, ad modum recipientis recipitur.

고 말았다. 현대인을 위한 신앙의 이해도, 실천도 불가능하게 만들었다. 어느 특정 시기의 신앙언어를 절대화하는 것은 "예수 그리스도는 역사의 주님"이라는 신앙고백을 거부하는 것이다. 그리스도교 신앙과 신앙언어의 역사성을 무시하면 신앙언어는 고립된 집단의 언어가 되고 메시지는 사라진다. 그러면 그 언어는 신앙체험을 전달하지 못하고 언어로서의 존재 가치가 사라진다. 이런 현상이 일어나면 그 집단의 신앙 수준은 저하되고 그 집단의 어느 특수 계층을 위한 언어가 되고 말 것이다. 권력의 남용은 항상 언어의 남용을 동반한다. 교회와 교도권이 중요한 것이 아니다. 예수 그리스도로 말미암은 하느님 체험과 실천이 중요하다. 그것을 가르치는 교리서가 되어야 한다.